LE GÉNÉRAL ET LE JOURNALISTE

DES MÊMES AUTEURS

Œuvres de Jean Mauriac

Mort du général de Gaulle, Grasset, 1972 (Les Cahiers rouges, 1999)
Malagar, Sables, 1999
L'Après de Gaulle, Fayard, 2006
François Mauriac à Malagar, Fayard, 2008

Œuvres de Jean-Luc Barré

Le Seigneur-chat (Philippe Berthelot), Plon, 1988 (rééd. 1998)
Les Mendiants du ciel (Jacques et Raïssa Maritain), Stock, 1995 (rééd. Fayard 2008)
Algérie, l'espoir fraternel, Stock, 1997
Devenir de Gaulle, Perrin et Le Grand Livre du mois, 2003
Dominique de Roux, le Provocateur, Fayard, 2005
La Reconquête, Mémorial de Caen, 2006

Édition et présentation

Mémoires de Charles de Gaulle, Bibliothèque de la Pléiade, Gallimard, 2000
L'Après-de Gaulle, de Jean Mauriac, Fayard, 2006
Il faut partir, de Dominique de Roux, Fayard, 2007

Jean Mauriac

LE GÉNÉRAL ET LE JOURNALISTE

Conversations avec Jean-Luc Barré

Fayard

Cet ouvrage paraît dans la collection
« Témoignages pour l'Histoire »
sous la direction de Jean-Luc Barré.

DÉJÀ PARUS

Pierre Mendès France, *Choisir. Une certaine idée de la gauche.*
Conversations avec Jean Bothorel, 2007.

Raymond Barre, *L'Expérience du pouvoir.*
Conversations avec Jean Bothorel, 2007.

Otto de Habsbourg, *Le Nouveau Défi européen.*
Conversations avec Jean-Paul Picaper, 2007.

Georges Wilson, *Le Fil d'or.*
Conversations avec Claude Baignères et Sylvie Perez, 2007.

Théo Klein, *Une manière d'être juif.*
Conversations avec Jean Bothorel, 2007.

Cardinal Roger Etchegaray, *J'ai senti battre le cœur du monde.*
Conversations avec Bernard Lecomte, 2007.

ISBN : 978-2-213-63201-8

PRÉFACE

Le général de Gaulle se faisait une certaine idée des journalistes. De Raymond Aron – « ... ce personnage, raillait-il, qui est journaliste au Collège de France et professeur au *Figaro* » – à Hubert Beuve-Méry, le premier directeur du *Monde*, qu'il surnommait « Monsieur Faut qu'ça rate », la plupart d'entre eux, dont il avait dû subir la méfiance ou l'hostilité permanente, lui inspiraient plus de sarcasmes que de considération. Évoquant l'indiscrétion de certains chroniqueurs, il ironisait : « Bah ! Cela fait dix mille ans que ça dure !... Dans l'Antiquité, déjà, les Passeron picoraient et les Tournoux écoutaient aux portes... » Et d'ajouter, lui qui jugeait toujours un peu suspect qu'un de ses ministres s'entendît trop bien avec les gens de presse : « Recevoir un grand nombre de journalistes est un plaisir. Un petit nombre : un ennui. Un seul d'entre eux : un supplice. »

C'est dire la difficulté pour un correspondant de l'AFP de faire accepter, a priori, sa présence rapprochée sans paraître tôt ou tard importun ou encombrant. Accrédité auprès du chef du Gouvernement provisoire dès le mois d'août 1944, Jean Mauriac est cependant le seul journaliste qui ait réussi, durant vingt-six ans, à s'insérer dans le « paysage » du Général au point d'en devenir partie intégrante. Grâce non seulement au patronyme illustre qu'il portait – sa filiation avec un écrivain que de Gaulle admirait entre tous et dont le soutien lui fut rarement refusé, conférant, à l'évidence, au jeune journaliste un statut à part – mais en raison surtout d'une rigueur professionnelle vite reconnue et appréciée.

Certes, Jean Mauriac n'a jamais fait mystère de son admiration, ni même de sa dévotion – « j'étais entré en religion », avoue-t-il – à l'égard de l'homme qu'il avait mission de suivre quasiment pas à pas, en rapportant ses moindres faits et gestes. Mais il ne suffisait pas d'être acquis à sa cause pour se voir en quelque sorte adoubé par le Général. Encore fallait-il s'imposer par des qualités spécifiques et, pour un journaliste surtout, réussir à instaurer avec lui une véritable relation de confiance. Relation qui excluait, en toute hypothèse, la familiarité et plus encore le mélange des genres, mais supposait néanmoins de parvenir à ce degré de connivence qui permit à Jean Mauriac d'être jugé fiable par le Général sans jamais être pour autant à son service, et de concilier sa fidélité à l'homme du 18 juin avec, selon la formule d'Alain Peyrefitte, « son attachement au devoir exigeant d'informer ». Un devoir d'autant plus contraignant que Jean Mauriac, comme le souligne encore Peyrefitte, avait choisi, en entrant dans la profession, la forme du journalisme « la plus austère et peut-être la plus authentique : celle du journaliste d'agence, dont l'unique objet est le fait vrai, qui oblige le journaliste à s'effacer derrière ce qu'il rapporte ».

Dans l'évocation passionnante qu'il fait de sa jeunesse, du milieu littéraire et intellectuel au sein duquel il évolua dès son plus jeune âge, et de l'atmosphère de veillée d'armes qui marqua son adolescence, Jean Mauriac montre, en réalité, comment il est devenu journaliste au contact des personnages d'exception qu'il ne cessait alors de côtoyer et des événements politiques dont son entourage lui permit très tôt de prendre conscience. Sa vocation d'observateur est née à ce moment-là. Elle s'est nourrie d'emblée des multiples expériences que lui offrait la présence, même lointaine parfois, d'un père hors normes, François

Mauriac, engagé dans tous les débats du siècle et pesant sur eux avec une force et une autorité incomparables.

Le reporter de vingt ans qui, en août 1944, se voit confier la tâche de « suivre » de Gaulle, à peine entré à l'Agence France Presse, n'est donc pas spécialement novice en matière de « grands hommes ». Mais il a tout à apprendre de celui-ci, le moins commode qui soit à appréhender, et s'initier à de Gaulle ne sera pas une tâche facile, comme en témoigne le récit de la traversée du Pacifique qu'ils effectuèrent ensemble en 1956. Un véritable examen de passage, au terme duquel finira par se nouer une proximité unique en son genre entre le jeune journaliste invité à bord, mais prié de ne rien divulguer de ce qu'il entend, et un Général prompt à exercer à ses dépens son humour noir et son ironie souvent cinglante.

C'est ainsi que Jean Mauriac sera, à peine deux ans plus tard, l'un des premiers informés par le chef de l'État, à titre évidemment confidentiel, des arrière-pensées ou des intentions encore secrètes qui sont les siennes à propos de l'hypothétique Communauté franco-africaine qu'il envisage, peu après son retour au pouvoir, de fonder sans trop y croire, puis, dès 1959, du sort de l'Algérie, dont l'indépendance lui paraît déjà inéluctable, enfin du message pour le moins percutant qu'il entend délivrer, en 1967, aux Québécois.

Mais ce privilège se traduit pour le journaliste par un dilemme incessant : celui de parvenir à tirer le meilleur parti de ses « sources » sans jamais trahir la confiance de De Gaulle ni le mettre en difficulté par des révélations trop précipitées. Situation délicate qui vaudra à Jean Mauriac, notamment durant la guerre d'Algérie, lors de la fameuse « tournée des popotes » ou des négociations officieuses avec le FLN, de se trouver fréquemment sur la brèche, à la fois mieux renseigné que ses confrères et pourtant contraint de ne jamais relater dans ses dépêches que la part brute, immédiate, d'une vérité plus complexe et ambiguë – quitte à lever parfois un coin du rideau avec le consentement tacite et un rien amusé du Général...

Durant la longue aventure commencée à la Libération et close à jamais un soir de novembre 1970, Jean Mauriac a ainsi bénéficié du meilleur poste d'observation qui soit pour un journaliste politique, même assorti d'un certain devoir de réserve. Rares sont les photographies des voyages officiels, en province ou à l'étranger, où l'on ne reconnaisse pas, côtoyant de près le Général ou légèrement à l'écart, mais toujours aux aguets, la silhouette mince, le visage acéré et le regard concentré du correspondant de l'AFP. Présent partout, à Mexico comme à Auschwitz, à Washington, à Moscou, à Montréal comme au fin fond de chaque département français, Jean Mauriac a vécu intensément chacune des étapes et des péripéties de la dernière grande épopée gaullienne. Mais en se bornant à consigner dans ses carnets, par discrétion ou faute de temps, le contenu des dépêches qui crépiteraient bientôt sur les téléscripteurs, avant d'être reprises et commentées dans les journaux du monde entier.

On peut regretter naturellement que Jean Mauriac ne soit pas allé plus loin et qu'il n'ait pas rédigé sous le règne du général de Gaulle les mêmes « notes confidentielles [1] » qu'il engrangea minutieusement après son départ du pouvoir. Mais force est de constater, près de quarante ans plus tard, que les moments essentiels qu'il passa auprès du Général, les impressions, les émotions qu'il ressentit à ses côtés, et la connaissance intime qu'il eut de son personnage, n'ont rien perdu, chez l'ancien journaliste, de leur précision ni de leur densité. Quoi qu'il en dise, sa mémoire n'a guère souffert de l'épreuve du temps : tout au plus a-t-elle fait le tri qui s'imposait. Et l'âge, loin d'atténuer ses capacités d'enthousiasme ou d'indignation, n'a fait qu'aiguiser ce francparler, cette causticité, ce goût de la provocation qui donnent

1. *L'Après de Gaulle*, Fayard, 2006.

aujourd'hui à ses souvenirs une vivacité et une acuité peu communes.

Mieux que des mémoires trop élaborés ou qu'un simple journal de bord, c'est une chronique fervente et inspirée des périodes majeures de son existence que Jean Mauriac a conçue au fil de nos conversations et en répondant, le plus souvent par écrit, aux questions que je lui posais. D'abord réticent et souvent sceptique quant à l'intérêt d'une telle entreprise, il s'est peu à peu laissé prendre au jeu, retrouvant sa fibre de reporter et le plaisir de l'investigation pour reconstituer, avec le plus d'exactitude et de véracité possibles, les événements et les rencontres qui jalonnèrent sa traversée du siècle.

Mais ce livre va plus loin, en réalité, qu'un récit purement journalistique. Jean Mauriac s'y affranchit pleinement, pour la première fois, de la réserve à laquelle il s'est astreint durant toute sa carrière, fidèle à la règle d'anonymat qui s'impose à tout rédacteur de l'AFP, fût-il le plus connu. Il parle enfin librement de lui-même, de ses bonheurs, de ses angoisses, de ses partis pris, et révèle ici bien des similitudes avec cet « adolescent d'autrefois » qu'il est resté, lui aussi, à sa manière.

Jean-Luc Barré,
décembre 2007.

CHAPITRE PREMIER

Une jeunesse mauriacienne

Depuis votre départ de l'AFP en mars 1988, après quarante ans de service, dont vingt-six passés auprès du général de Gaulle, nombreux sont ceux qui, à l'instar d'Alain Peyrefitte, vous ont incité à livrer vos souvenirs, « la somme de toutes ces dépêches que vous vous êtes retenu de lancer sur les fils de l'actualité, disait-il, et qu'il vous revient de lancer sur les fils de l'Histoire ». Pourquoi avoir refusé jusqu'à ce jour de témoigner, alors même que votre proximité avec de Gaulle, constante de 1944 à sa mort, fait de vous un observateur de premier plan ?

Pour deux raisons. La première est que je ne suis pas un écrivain mais seulement un journaliste et, dans la catégorie des journalistes, tout au plus un reporter. La majeure partie de mon temps professionnel a été consacrée, en fin de compte, à des reportages, à des enquêtes, à l'actualité la plus immédiate. La seconde raison tient chez moi à une sorte de moquerie instinctive à l'égard des gens qui relatent leur vie personnelle, des auteurs de mémoires, de journaux, qui se racontent avec une certaine admiration d'eux-mêmes, une sorte de nombrilisme qui m'a toujours gêné et souvent fait rire. Ah ! ces anciens ministres, ces anciens ambassadeurs qui narrent leur vie dans le détail et prennent des poses avantageuses : quel ennui, quelle prétention !

Comment peuvent-ils croire qu'ils nous intéressent ? J'espère, en répondant aujourd'hui à vos questions, ne pas tomber dans ce travers.

En cela, vous êtes sur la même longueur d'onde que votre père, lui-même assez réticent à l'égard des autobiographies qu'il jugeait toujours plus ou moins truquées, et des confessions publiques. Accordait-il volontiers des interviews ?

Mon père recevait souvent des journalistes, surtout des étrangers, toujours avec curiosité et même avec plaisir, à condition qu'ils aient préparé leur travail et qu'ils connaissent bien leur sujet. Que de fois ne l'ai-je pas entendu dire : « J'ai reçu une idiote – ses victimes semblaient être plutôt des femmes – qui ne connaissait même pas le nom de la rue où je suis né à Bordeaux. »

À la vérité, il a dit beaucoup sur lui et dans de nombreux livres. Pour qui sait bien lire, évidemment. Hormis quelques souvenirs d'enfance et de jeunesse – *Commencements d'une vie*, *Journal d'un homme de trente ans* –, son texte le plus autobiographique est sans doute *Souffrances et bonheur du chrétien*, où il évoque le moment de sa vie qui a été pour lui le plus douloureux. Ce qu'il ne voulait ou ne pouvait exprimer, c'était l'aspect le plus intime et, par là, le plus secret de son être et de sa destinée. Il a ainsi dédicacé à l'un de ses amis sa *Vie de Jean Racine* : « À Bernard Barbey, qui me reconnaîtra sous cette perruque ».

Le fait que votre frère Claude ait largement divulgué, quant à lui, à travers les multiples volumes du Temps immobile, *ses propres souvenirs personnels et familiaux, semble vous avoir toujours agacé. Pourquoi ?*

Agacé ? Le mot est faible. Claude Mauriac est devenu, quelques années après la guerre, un personnage pour lequel je n'avais pas beaucoup d'estime et il ne serait pas bien de vous dire tout le mal que je pense de lui.

Il n'en est pas moins vrai que son témoignage peut aider à mieux connaître l'œuvre et le personnage de François Mauriac. Vous n'avez jamais évoqué votre enfance ni votre jeunesse et c'est de cette partie de votre vie que je voudrais d'abord m'entretenir avec vous.

Vos origines familiales ont fait de vous, à l'évidence, un journaliste singulier. Parlons de François Mauriac. Quel père a-t-il été pour vous ?

Je réfléchis pour vous répondre. Cela me rendrait malade de le traiter injustement. En fait, j'ai toujours eu le sentiment qu'il ne s'était jamais occupé de moi quand j'étais enfant. Ni, je crois pouvoir le dire, d'aucun de nous quatre, puisqu'il l'a reconnu lui-même dans les *Nouveaux Mémoires intérieurs*. Il a, à notre sujet, exprimé ses regrets. Davantage même : « Claude et Jean, Claire et Luce [...], je voudrais dire à leur sujet un de mes remords [...], c'est d'avoir été un jeune père aussi indifférent que je l'ai été à ces petites vies autour de moi dont je me déchargeais sur leur mère qui, elle, leur donnait chaque instant de ses jours et de ses nuits. » Mais ces regrets, ces remords ne l'ont jamais vraiment inquiété. S'ils ont pu lui traverser l'esprit à un moment de sa vie, il s'en est vite remis : « Mais quoi ! ajoute-t-il. Sur ce chapitre-là, celui du père, comme sur tous les autres, je trace dans la marge le *deleatur* : la copie est à refaire, décidément. Et elle ne peut pas être refaite ; elle est écrite pour toujours ; elle est cotée à jamais. » Tout est dit.

Avez-vous souffert de cette présumée indifférence ?

Inconsciemment, je crois, beaucoup. Au fond, je n'ai pas eu véritablement de père. Il détestait toutes les manifestations de tendresse. Je n'irai pas jusqu'à écrire, comme Claude, qu'il détournait la tête quand on voulait l'embrasser. Mais, enfin, il n'aimait pas cela. Matin et soir, nous embrassions nos parents. C'était la règle. Je sentais que, pour papa, c'était une véritable corvée. Je me consolais avec maman que je couvrais et qui me couvrait de baisers.

D'abord, de quel François Mauriac parlons-nous ? De celui du temps où j'étais enfant, puis adolescent ? Du Mauriac de la Libération ? De celui du prix Nobel ou de la fin de sa vie ? Enfant, il me faisait peur : je me souviens de sa colère le jour où j'ai cassé un petit figuier qu'il venait de faire planter dans le verger de Malagar. Et mon plus lointain souvenir est une fessée – la seule que j'aie reçue de toute ma vie – avec une ravissante canne de jonc à poignée de cuir que j'ai plus tard donnée au centre François-Mauriac de Malagar, comme ses autres cannes, comme son chapeau haut de forme, ses escarpins vernis au petit nœud de soie et tant d'autres choses, modestes témoins de sa vie et de toute une époque.

Je pense qu'enfant, puis adolescent, je me suis, en fait, assez facilement consolé de l'indifférence de mon père. J'ai très vite compris le choix que le destin aurait pu me proposer : ou bien un père proche et affectueux comme la plupart des pères – enfin, comme ils devraient l'être –, ou bien le grand écrivain célèbre en France et connu dans le monde entier, mais distant à l'égard de ses enfants et pas seulement d'eux. Un jour, il m'a avoué : « Mon plus grand péché aura été l'indifférence aux autres. » Égoïste, je ne le pense pas. Il voulait simplement se protéger. Et, par là, protéger son œuvre. Devant maman qui ne lui faisait grâce d'aucune de nos maladies d'enfant, d'aucune agonie de ses très vieilles amies, d'aucun accident, d'aucune mort, il s'exclamait : « Oh ! Jeanne, arrêtez, arrêtez, ayez pitié de moi ! » Ou bien, plus cruellement : « Écoutez, Jeanne, tant pis ! » C'est vrai, il avait, dans l'intimité, tendance à repousser le malheur des autres.

Et puis, il faut évoquer une certaine pudeur avec ses enfants. Les relations de père à fils n'étaient pas toujours faciles, naturelles, dans notre « milieu » et à notre époque. C'était la même chose chez son frère médecin, mon oncle Pierre, de Bordeaux. L'une de ses filles m'a dit un jour, en riant bien sûr : « Je ne crois pas que papa m'ait jamais adressé la parole ! »

J'avais une admiration absolue pour l'écrivain au style prodigieux, pour la poésie qu'il mettait dans la moindre phrase, pour le journaliste politique toujours engagé depuis sa jeunesse, pour l'étonnant visionnaire. Enfant, j'étais émerveillé de voir son nom si souvent dans la presse et en gros caractères. Adulte, je l'ai suivi dans tous ses engagements : sa résistance, la libération des pays du Maghreb, son gaullisme. Passionné par la politique, j'ai été toujours de son avis – ou presque toujours, car à deux reprises, le RPF et l'arrivée au pouvoir de Pompidou, je me suis séparé de lui avec tristesse.

Tout enfant, je savais bien que je n'avais pas un père ordinaire. Et j'ai aimé ce père-là, d'abord parce que j'étais fier de lui. Que serais-je devenu si je n'avais pas été son fils ? Toute ma vie, j'ai été le fils de François Mauriac. Et la chance de ma vie a été de l'être. Et bien plus que la chance, le bonheur.

Il a incroyablement pesé sur toute mon existence, aussi peu affectueux qu'il ait semblé être à l'égard de l'enfant, de l'adolescent, de l'homme que j'ai été. Il est mort depuis près de trente-huit ans, à l'âge de quatre-vingt-cinq ans, et rien n'a changé : je sens toujours sur moi son regard lointain. Un regard interrogateur, quelquefois étonné, souvent irrité, plein de reproches qu'il n'exprimait jamais, toujours froid et en même temps de braise, d'une braise qui me brûle encore. Je n'ai pas oublié la distance qu'il mettait entre lui et moi, surtout lorsque j'étais enfant. Dans la vie familiale, il pouvait être impatient, tendu, souvent nerveux, parfois méprisant, toujours susceptible et n'aimant pas la contradiction. Mais quelle importance au regard du caractère extraordinaire de l'homme ? Tout s'anéantissait devant la profondeur du personnage, devant son talent, j'allais dire son génie. Devant sa culture, sa foi en Dieu, ses combats, son courage, sa générosité, son amour de la vie. Et puis, il était toujours si drôle !

Ma vie a été une route heureuse – mais oui – pour beaucoup grâce à mon père. La part de bonheur qui lui revient dans l'homme, le vieillard que je suis aujourd'hui, je crois la connaître. Je suis le fils d'un personnage célèbre, d'un grand écrivain, le fils de François Mauriac. Je pense n'avoir existé aux yeux des autres que pour cette raison. On me voit, on me remarque, on me considère et on se souvient de moi seulement parce que je porte le nom de Mauriac. Et c'est très bien ainsi : c'était cela ou un quasi-anonymat. C'était cela dès l'école maternelle et le lycée, et jusqu'à aujourd'hui où l'on s'intéresse à moi avant tout parce que je suis son fils. Et combien de femmes, tout au long de ma vie, ne m'auront regardé que pour les yeux de François Mauriac ! À tous ceux qui me demandaient bizarrement : « Être le fils de François Mauriac, qu'est-ce que cela fait ? », je n'ai jamais su répondre.

Je n'ai jamais connu un homme aimant la vie autant que mon père. À le regarder vivre, il m'a appris à vivre, c'est-à-dire à jouir du plaisir d'exister. Dans les épreuves aussi : « Sois heureux même quand tu souffres, car la souffrance est aussi riche d'enseignements », m'écrivait-il en 1940.

Cher papa, vous m'aurez beaucoup apporté ! Cosette et Edmond Dantès, c'est vous ! Et aussi *Booz endormi* et *La Maison du berger* ! Le quintette en *sol* de Mozart, celui en *la* pour clarinette et cordes, l'*Ave Verum* et le *Laudate Dominum*, c'est vous ! C'est vous, certains vers de Racine et de Jammes que vous murmuriez à mi-voix et que je récite toujours en prenant votre ton, et aussi l'odeur de la forêt dans les Landes après une pluie d'orage ! *Don Juan* découvert au premier festival d'Aix ! Et les clairs de lune, les arcs-en-ciel de Malagar ! Et le touron et les loukoums et les chocolats de Noël ! Et Maurice Chevalier entendu à vos côtés un 14 Juillet, bien avant la guerre, sur une place de Belleville, c'est vous ! Et les merles et les martinets de

Paris, les rossignols des vacances de Pâques à Malagar ! C'est vous, c'est toujours vous ! Et les joies et les tristesses : j'ai partagé avec vous un vrai désespoir devant l'agonie de nos campagnes désormais sans oiseaux et sans grillons.

Curieusement, je ne souffre pas aujourd'hui, je n'ai pas souffert hier de la disparition de mon père. J'en souffre seulement quand je vois les tableaux qu'il aimait tant – *Le Concert champêtre, Les Pèlerins d'Emmaüs* –, quand je récite la poésie, celle qu'il adorait – « La paix qui m'envahit quand c'est vous qui souffrez » –, et quand j'entends les musiques qu'il ne pouvait écouter que les yeux fermés, la tête dans les mains. Alors, oui, il me manque : comment écouter du Mozart alors qu'il n'en entendra plus jamais ?

Cette présence de mon père dans ma vie actuelle est telle qu'instinctivement je cherche toujours son nom dans tous les articles de journaux, les pages des livres où je sais pouvoir le trouver. J'appelle alors ma sœur Luce, dernière survivante : « Tu as vu, on parle de papa... » Je préviens mes amis et vais jusqu'à remercier ceux qui l'ont cité du bonheur qu'ils m'ont apporté en écrivant simplement ce nom : François Mauriac. Merci Jean d'Ormesson, Angelo Rinaldi, Stéphane Denis, Philippe de Saint-Robert, Bernard-Henri Lévy, Philippe Sollers, Bertrand Poirot-Delpech qui ne m'entend hélas plus... Ils sont tous les amis de François Mauriac. Ils le sont donc de son fils.

Caroline, ma femme, qui n'a connu mon père, il est vrai, que durant les trois dernières années de sa vie, mais qui sent bien les choses, est très étonnée de mes jugements sur lui quand ils sont sévères : « Chaque fois que tu venais lui rendre visite, me dit-elle, tu te précipitais dans son petit bureau de travail où il était toujours allongé sur son divan. Il te posait beaucoup de questions. Comme il sortait peu, tu lui apportais un souffle de l'extérieur si précieux pour lui. J'ai toujours vu mon beau-père très heureux lorsque tu lui rendais visite, et attentif à toi. Et tu as reçu cent lettres de François Mauriac, parmi les plus belles et émouvantes qu'il a écrites... »

Oui, c'est vrai, une des plus belles lettres de mon père est celle qu'il m'a adressée alors que j'étais pensionnaire à Lourdes pendant la « drôle de guerre » : « La vie, bien sûr, elle est dure, amère, tragique et pourtant, telle qu'elle est, magnifique pour qui sait la dominer. On a souvent reproché à ton papa d'avoir écrit des livres trop sombres. Mais on n'a pas compris que pour lui, aimer la vie, c'est l'aimer sans la déguiser, comme on aime une créature, fût-elle pleine de misères... »

Grâce à votre père, vous avez baigné très tôt dans une atmosphère littéraire. Quelles ont été vos premières lectures ?

J'ai lu, enfant, toute la « Bibliothèque rose », cela va de soi. Sophie de Réan, les petites Fleurville et Rosbourg étaient des personnages vivants avec lesquels je partageais mes jours. Dans mon imagination, je les plaçais à Vémars, la propriété de ma grand-mère, dans les environs de Paris. Le général de Gaulle a dit lui aussi combien il avait aimé, enfant, les livres de la comtesse de Ségur. Il aimait citer le début des *Vacances* : « Tout était en l'air au château de Fleurville. » Pour moi, cette citation avait une résonance presque égale au « Longtemps je me suis couché de bonne heure ». Et le Général ajoutait : « La phrase la plus mélancolique de la littérature française est celle qui ouvre l'avant-dernier chapitre des *Vacances.* » Et de citer : « Les vacances étaient près de leur fin ; les enfants s'aimaient tous de plus en plus. » Merveilleux de Gaulle ! Je lisais et relisais *Les Malheurs de Sophie*, *Les Petites Filles modèles* et *Les Vacances* à Isabelle, ma fille, quand elle était enfant, et chaque fois que j'arrivais au dernier chapitre des *Vacances*, ma voix se voilait d'émotion et quelques larmes coulaient. Toute ma vie j'ai eu la larme facile. Sauf depuis quelques années, bien sûr. Les vieillards, c'est connu, ne pleurent plus, insensible au déclin des autres comme au leur. Le grand âge, c'est un dessèchement général. Les deuils qui bouleversent les enfants, souvent, ne les concernent plus. Ou si peu. Il est vrai qu'à mon âge seul compte le souvenir des morts...

Ce culte pour la comtesse de Ségur me vient sûrement de mon père. J'étais encore tout enfant – je ne savais pas lire – qu'il me citait :

> « *Paul* (à Sophie) : Comment, Sophie, tu m'avais oublié ?
> *Sophie* : Oublié, non. Mais tu dormais dans mon cœur et je n'osais te réveiller. »

Combien de fois mon père, de sa voix voilée, ne m'a-t-il pas cité *Les Vacances* ? Il en était ainsi de Racine, de certaines poésies de Victor Hugo, d'Alfred de Vigny, de Baudelaire, de Francis Jammes. Et puis il y avait un opéra : *Carmen*. Si je sais encore aujourd'hui par cœur une grande partie de *Carmen*, c'est bien sûr grâce à lui. Il avait une véritable passion pour *Carmen*. Il mettait le sublime dernier acte au-dessus de tout. « Rien de plus dramatique, de plus terrible que ce dernier acte », me disait-il. Et je l'entends encore chantonner : « Carmen, il est temps encore, oui il est temps encore, ô ma Carmen, ne me quitte pas, toi que j'adore... »

Un jour – au tout début des années trente –, il nous emmena tous, maman, mon frère et mes sœurs, voir *Carmen* à l'Opéra-Comique. C'était mon premier opéra. Je fus bien sûr ébloui. Pas mon père, qui fut indigné. Indigné de tout : de la direction de l'orchestre, de la mise en scène, des décors et surtout des chanteurs qui, selon lui, avaient « l'air de dormir ». Quelques jours après, un article sortait en première page de *L'Écho de Paris* : « Défense de *Carmen* », signé François Mauriac. Sa critique fut si dure – et si juste – que l'administrateur de l'Opéra-Comique fut renvoyé sur-le-champ. « Le rideau se lève sur la place où personne ne passe, écrivait-il, sur un plateau lugubre, occupé par des fonctionnaires résolus à "en mettre le moins possible" et qui, sans aucune bonne grâce, débitent leurs airs derrière un bureau de poste... » Je vous laisse découvrir la fin de l'article. Le *Bloc-Notes* le plus cruel, c'est de la « bibine » à côté, comme nous disions, enfants.

Quels étaient les auteurs préférés de votre père ?

Reportez-vous aux *Mémoires intérieurs* où tant de pages sont consacrées aux écrivains qu'il n'a jamais cessé de lire : Montaigne, Pascal, Racine, Balzac bien sûr, Baudelaire, Rimbaud, Proust, Gide... et jusqu'à Philippe Sollers et Jean-René Huguenin. Je n'ai jamais vu mon père sans un livre à la main. Il y avait pour lui, dans la littérature française, trois grandes périodes : la première, indépassable, la période classique, de Montaigne jusqu'au XVIIIe siècle, avec ses géants : Racine, Molière – ce dernier qu'il n'aimait pas beaucoup –, Corneille, La Fontaine, Bossuet, La Bruyère. La deuxième, le romantisme, qu'il faisait partir de Jean-Jacques Rousseau, jusqu'à Hugo et Balzac. La troisième est celle que j'ai vécue dans sa plus grande partie et qui va d'Anatole France, Barrès, Proust, Gide, Claudel et Valéry jusqu'à la fantastique pléiade d'écrivains que, grâce à mon père, j'aurai connus ou du moins côtoyés : Colette, Morand, Montherlant, Cocteau, Maurois, Malraux. Et, bien sûr, Mauriac lui-même. Il ne s'oubliait pas. Je me souviens que, tout enfant, il me disait : « Sais-tu que 1885 est l'année de la mort d'un grand poète, Victor Hugo ? » Et il ajoutait : « Heureusement, c'est celle aussi de la naissance d'un autre grand poète : François Mauriac ! » Il riait, mais moi, je le prenais au sérieux et j'étais un peu scandalisé.

Mon père travaillait tout le temps. Quand il n'écrivait pas, il lisait et dévorait les journaux et toutes les revues mensuelles que je lui faisais suivre quand il était à Malagar. J'ai hérité de ses « Pléiades ». Les dorures de beaucoup d'exemplaires ont disparu, tant ces volumes ont été ouverts sans relâche. Le *Montaigne*, par exemple, est dans un triste état. Les deux volumes de Shakespeare aussi. Je tiens particulièrement à l'édition dans la Pléiade du *Journal* de Gide : un jour, recherchant une citation, je l'ai ouverte. Quelle surprise ! J'y lus ceci, de sa belle, inimitable et émouvante écriture : « À François Mauriac, en affectueux souvenir de son ami – signé : André Gide – Malagar, juin 1939 ». Quelle précieuse trace j'avais ainsi, sans le savoir, du séjour de Gide à Malagar ! Une trace d'autant plus précieuse que Gide ne dédicaçait jamais son *Journal* de la Pléiade.

La première année de l'Occupation fut pour mon père un véritable festival de lectures : tout Walter Scott, Montaigne, les *Lettres* de Mme de Sévigné, *Les Mémoires d'outre-tombe*, les œuvres de sainte Marguerite de Cortone (il est vrai qu'il écrivait alors sa biographie)... À cette époque, la lecture était pour lui, plus que jamais, une délivrance.

Avec un tel père, vous avez dû beaucoup lire vous-même toute votre vie ?

Détrompez-vous. J'ai passé ma vie depuis la fin de la guerre à acheter des livres, mais des livres anciens, essentiellement des trois derniers siècles, que je n'ouvrais jamais sauf pour examiner leur état et voir les ex-libris, quand il y en avait. Je tiens à ma bibliothèque plus qu'à tout. Elle est toujours l'un des plus grands bonheurs de ma vie : des éditions du XVIIe, de ravissantes reliures romantiques « rocaille », des almanachs, des annuaires, des guides, des manuels – une collection « inestimable » de manuels Roret –, toutes les éditions Charpentier sur lesquelles je pouvais mettre la main, des reliures « plein maroquin »... J'ai passé ma vie à fréquenter, hanter les petites librairies de livres anciens et tous les bouquinistes parisiens, dont bien peu subsistent. J'y traînais ma femme et mes enfants, résignés ! J'ai trouvé des trésors en province et même à l'étranger : que de découvertes à Palerme, Rome, Venise, Stockholm !

Vous intéressiez-vous aussi aux auteurs contemporains ?

Oui, bien sûr ! Mais j'avais une fâcheuse tendance à obéir à la recommandation de Cocteau : « Un livre est fait pour être là, non pour être lu. » Entrer dans une librairie, longer les boîtes à quai, quels moments délicieux ! Encore aujourd'hui, à quatre-vingt-trois ans, j'achète souvent des livres à la librairie Fontaine de la rue d'Auteuil. Mais je ne les lis pas tous, loin de là. Récemment, j'ai acheté, feuilleté, reniflé le dernier Onfray et le dernier Sollers. J'ai un plaisir fou à les mettre en piles dans mon salon. Les voir, c'est déjà un bonheur. Pour un esprit simple comme le mien, la lecture n'est pas aisée. Et depuis qu'un célèbre ophtalmo m'a rendu presque borgne en ratant l'opération la plus simple qui puisse être, toute lecture m'est devenue très difficile. En 2007, c'est le livre de Pierre Bayard qui m'a donné le plus de plaisir : *Comment parler des livres que l'on n'a pas lus ?* Avec, en bandeau, cette phrase pour moi prémonitoire : « La non-lecture, une des clefs de la lecture. » Quelle jubilation ! Ce livre au titre génial – que je n'ai fait qu'entrouvrir – restera longtemps sur le haut des piles de livres qui s'entassent sur toutes les tables et les tapis de mon appartement. Mon père, toujours perspicace et souvent peu porté à l'indulgence, disait de moi à qui voulait l'entendre : « Jean n'a rien lu, mais il sait tout. » C'était bien sûr l'un de ces mots comme il aimait tant en faire, mais enfin... Et mon frère Claude – avant son mariage, il avait beaucoup d'humour –, quand il me surprenait à ranger mes derniers achats de livres anciens ou à déplacer mes piles d'auteurs contemporains, s'exclamait non sans justesse : « Voilà Jean en pleine séance de lecture ! » Quant aux livres écrits par François Mauriac, nombreux sont ceux que je n'ai pas lus, très nombreux même. C'est un aveu qui me coûte.

Mon père avait eu l'étrange idée de faire le partage entre ses enfants de toutes les éditions originales sur grand papier que ses éditeurs lui avaient données. Ah ! que de merveilles qu'on ne trouve plus maintenant ! Chaque édition des livres de mon père était tirée sur chine, japon nacré ou impérial, madagascar, vélin pur chiffon, vélin vert d'eau, etc. Et Claude, Claire, Luce et moi, c'est tout juste si nous ne nous battions pas pour les obtenir. Je hurlais, j'avais sept ou huit ans : « Mais Claude vient d'avoir un chine ! Luce a déjà deux madagascar ! » Papa riait et s'interrogeait à haute voix en contemplant notre pacifique bataille : « Mon Dieu, mes enfants, que se passera-t-il à ma mort, lors de ma succession ? » Mais il était enchanté de notre voracité pour ses livres. Heureusement, maman veillait à ce que je ne sois pas écrasé par « les trois grands ».

François Mauriac s'est quelquefois plaint de « cette façon idiote qu'ont les gens de faire dédicacer leurs livres ». Cela ne m'a pas empêché d'y céder. Il m'aura dédicacé tous ses livres ! Il s'y est toujours prêté avec patience et gentillesse. Je vous cite deux dédicaces auxquelles je tiens particulièrement :

Sur la page de garde de *La Fin de la nuit* (japon impérial n° V) : « Jean Mauriac ou le commencement du jour – Paris, 27 février 1936 ».

Sur l'exemplaire des *Maisons fugitives* : « À Jean Mauriac, fils de François Mauriac, petit-fils de Jean-Paul Mauriac, arrière-petit-fils de Jacques Mauriac, arrière-arrière-petit-fils de Jean Mauriac qui acheta Malagar et que ce livre étonnerait. À mon cher petit Jean, qui plus tard évoquera mon fantôme sous ces charmilles. Et d'autres Jean, d'autres Jacques, d'autres Jean-Paul tueront les merles, pilleront les muscats, s'ennuieront devant le "paysage", bâilleront sur leurs devoirs de vacances. Et les maisons continueront leur fuite éternelle au fond des cœurs éphémères, et cette course sans fin finira tout de même dans le cœur de Dieu... François Mauriac – Paris, 1er janvier 1940 ».

Quelquefois mon père écrivait des dédicaces qui pouvaient avoir quelque intérêt sur le plan littéraire. Ainsi apprenons-nous que le *Journal III*, 1932-1939, est, à ses yeux, son « meilleur livre ». C'est vrai qu'il contient les plus belles pages qu'il ait écrites : ses articles dans *Le Figaro*, juste au moment de la guerre : « Un certain regard », « Lettre à Francis Jammes », qui était en train de mourir, « Toucher la terre », « La Leçon de l'hiver »...

François Mauriac pouvait se montrer sévère et même féroce à l'égard de ses confrères. Mais ses amitiés littéraires ont été innombrables. Quels écrivains voyait-il, recevait-il ?

Il les fréquentait à peu près tous. Je suis né en 1924 et je me souviens parfaitement de ce que mes parents appelaient des « balcon-parties » avant 1930. Les invités aimaient à se retrouver, pendant les chaudes soirées de juin, sur un balcon qui faisait le tour d'une partie de notre appartement, au 89, rue de la Pompe. Les photos aident ma mémoire : Jean Prévost, sa femme Marcelle Auclair, Jacques de Lacretelle qui venait d'écrire *Silbermann*, François Le Grix qui, à la tête de *La Revue hebdomadaire*, tenait alors une place importante dans la vie littéraire parisienne et avait publié le premier article du général de Gaulle. Il y avait aussi Georges Poupet, Henri Muller, Bernard et Andrée Barbey, écrivain suisse et grand ami de notre famille, les deux autres « M » de Grasset : Maurois et Morand, et Jacques Février, pianiste alors célèbre, Madeleine Le Chevrel, égérie du Tout-Paris littéraire, Édouard et Denise Bourdet, Drieu La Rochelle, Raymonde Heudebert qui nous a laissé de merveilleux « crayons » de nos parents. Et puis, les amis intimes. Ai-je connu homme plus merveilleux que Georges Duhamel ? De femme plus exquise que Fred Vaudoyer ? Elle était, avec Jean-Louis, son mari, la plus ancienne amie de ma famille. Je n'ai pas connu homme plus raffiné que Jean-Louis : ses nœuds papillons, les revers de ses gilets, ses monocles avec cordon noir et son parfum Vétiver. Il ressemblait à Henri de Régnier et avait été l'un des intimes de Proust. Et quelle était sa culture dans tous les arts ! Sa passion ne pouvait donc être que l'Italie, thème de tant de ses livres.

Nos deux familles ont passé souvent leurs vacances ensemble. Nous étions, au cours de l'été 1937, à Argentières où, un soir, mon père nous a fait une extraordinaire lecture d'*Asmodée* qui, à la rentrée suivante, allait être joué à la Comédie-Française. Les Vaudoyer avaient deux filles : Geneviève, qui fut longtemps amoureuse du petit-fils de Maurice Barrès, et Daphné. Daphné, ma cadette, ravissante enfant, a toujours appelé mes parents par leurs prénoms. « Bonjour, François », disait-elle déjà, à quatre ans. J'étais stupéfait.

Jean-Louis Vaudoyer avait été, avant de diriger la Comédie-Française, le conservateur du musée Carnavalet. Le soir, quand il nous invitait à dîner, Daphné et moi courions dans les salles désertes du musée. Nous empruntions même la chaise roulante de Couthon, révolutionnaire paralysé – ce qui ne l'empêcha pas d'être guillotiné avec son ami Robespierre. Assis dans ce fauteuil historique qui roulait encore très bien, je filais ainsi à travers tout le musée Carnavalet...

Il y avait aussi Marcel Prévost, l'auteur des *Demi-Vierges*. Mais qui se souvient aujourd'hui de Marcel Prévost ? Depuis Malagar nous avions gagné son château, dans le Lot-et-Garonne, pour y déjeuner. C'était le 21 juillet 1938. J'ai gardé le menu écrit de sa main. Un déjeuner digne de ceux du XIXe siècle : sept plats, sans compter les desserts ! Marcel Prévost appartenait d'ailleurs plus à ce siècle qu'au nôtre. Il poussait le raffinement jusqu'à faire vieillir ses cigarettes Abdullah dans ses armoires à linge, entre des piles de draps parfumés aux rhizomes d'iris. Les pétales de rose qui entouraient les bouts des cigarettes étaient devenus tout jaunes en vieillissant...

Vous avez connu, en somme, une jeunesse très heureuse et protégée...

En fait, je me laissais vivre paisiblement dans le sillage de mes parents. Maman avait la manie des médecins. À cette époque bénie, c'étaient eux qui venaient chez nous. Il suffisait que je tousse le dimanche soir, le lundi matin, notre médecin venait : pas de classe. Diète. Ordre de garder le lit. Telle était toujours sa prescription. Tous quatre, nous étions soignés par les médecins amis de nos parents, c'est-à-dire les plus célèbres professeurs, cela va sans dire, académiciens la plupart du temps. Maman n'hésitait pas à faire appel à Robert Debré, pédiatre de renommée mondiale, pour un oui ou pour un non. Notre chirurgien attitré était bien sûr Henri Mondor, qui « adorait » mon père. Peut-être encore plus maman. C'est lui qui m'opéra de l'appendicite. Il me laissa une incroyable cicatrice, comme si j'avais reçu un coup de sabre en travers de l'abdomen. J'aimais beaucoup Mondor. C'était un personnage pittoresque avec son accent bourguignon, sa couronne de cheveux gris sur le cou et une cicatrice comme un petit trou sur le sommet du crâne. Plus tard, nous devînmes amis. J'allais le voir rue de Prony. Il me recevait toujours toutes affaires cessantes, entre deux consultations. Il était très porté sur les femmes. C'était son sujet de conversation favori, auquel je me prêtais volontiers. Il me donnait souvent des conseils du type : « Tu ne dois surtout pas te fatiguer. Tu restes sur le dos et tu te laisses faire... » Et d'autres, tout aussi inoubliables... Henri Mondor était un très grand médecin, mais aussi un grand écrivain, spécialiste de Mallarmé et membre de l'Académie française. Mon père, en signe de gratitude, lui donnait de temps à autre quelques-uns de ses manuscrits. Il me montra un jour celui du *Premier des nôtres*, le premier et fameux article que François Mauriac fit paraître dans *Le Figaro* à la Libération. Mondor l'avait fait relier en plein maroquin. Cet article se trouve aujourd'hui à la bibliothèque de Bordeaux.

Vous avez baigné très tôt dans les mondanités parisiennes...

Je n'avais pas cinq ans et je vois, j'entends cette foule d'invités qui me faisaient fête, m'embrassaient : « Voilà Jeannot », les jours de réception. Et je sens encore les parfums : l'odeur des petits-fours, des « doigts de fée » et des macarons tièdes, celle de tous les parfums des femmes, l'arôme du tabac blond, du chocolat, du whisky, du champagne. Et par les fenêtres grandes ouvertes sur un merveilleux seizième qui n'était alors que jardins montait l'odeur des gazons arrosés, des derniers lilas. Et le ciel était zébré de centaines de martinets aux cris perçants qui ne nous empêchaient pas d'entendre les merles chanter dans les marronniers en fleur.

Les souvenirs que je garde de cet avant-guerre, de 1924 à 1939, sont ceux d'une époque tout à fait spéciale, unique et qui ne ressemble en rien à celle qui a suivi, après la guerre. C'était pour moi des jours de fêtes, de réceptions, de vernissages, d'étonnantes mondanités, des jours de musiques, depuis les derniers fox-trot qu'adoraient mes parents jusqu'aux premières chansons de Charles Trenet qui nous émerveillaient. Les « Années folles » frôlaient l'enfant que j'étais.

Mon père connaissait le monde entier, comme on dit. Et moi, à travers lui, je trouvais tout naturel de bien le connaître aussi. J'étais, paraît-il, d'un commerce facile, pas timide, trop naturel peut-être avec tous. J'ai donc évolué tranquillement au milieu de toutes ces célébrités. Mais mes souvenirs se sont estompés. Un dîner, par exemple, avec Gide. Je le « vois » très bien seul sur le palier, attendant l'ascenseur : vaste cape noire sur les épaules, feutre noir à large bord, petites lunettes cerclées sur un visage glabre. Pour nous, enfants Mauriac, il était l'un des écrivains les plus célèbres du monde, avec Proust, bien entendu, que mon père « adorait ».

Cocteau, aussi. Il était monté un soir dans ma chambre. J'avais alors installé ce que j'appelais une « brousse » : des lions, des éléphants, des girafes qui évoluaient dans une savane et une forêt en carton-pâte que m'avait fabriquées ma sœur Claire. Cocteau avait éteint toutes les lumières, sauf une toute petite lampe dont il faisait zigzaguer la lumière au-dessus de ma « brousse » : c'étaient les éclairs d'un énorme orage. Les animaux étaient brusquement illuminés, puis plongés dans l'obscurité tandis que des grondements sourds sortaient de la bouche de Cocteau. Même dans ma chambre, avec des jouets, il était un metteur en scène prodigieux.

Je connaissais aussi Paul Valéry – pardonnez cette sotte familiarité – et garde de lui un souvenir ému. Il était tellement gentil avec l'enfant, puis l'adolescent que j'étais. J'avais fait sa connaissance à l'issue de la réception de mon père à l'Académie, en 1933. Il m'avait dit : « Je vous ai surveillé pendant toute la séance et vous vous êtes dissipé. » Dissipé, moi ? J'étais stupéfait parce que je croyais qu'on ne pouvait se dissiper qu'en classe. Il était très ami avec maman qui lui rendait visite chez lui, rue Villejust, devenue rue Paul-Valéry après sa mort. Je l'accompagnais quelquefois, tout à fait ignorant de l'immense poète avec qui je m'entretenais le plus tranquillement du monde. Je revois son bureau tout en désordre et, trônant sur un amas de feuilles éparses, une vieille machine à écrire sur laquelle il tapait directement ses poèmes.

Au début de l'Occupation, Paul Valéry souffrit, comme tous les Parisiens, des premières restrictions. Maman, qui toute sa vie fut la générosité même, lui envoyait des rôtis de bœuf par la poste. Nous étions alors à Malagar où les derniers bœufs du Bazadais avaient, par miracle, échappé aux réquisitions des Allemands. Ces envois à Valéry ne durèrent pas. La famine s'installa même à Malagar. Après notre retour à Paris, Valéry venait quelquefois rendre visite à mon père. Et je ne manquais jamais d'aller le saluer. J'appréciais ses plaisanteries, ses mots d'esprit, sa simplicité aussi.

Un jour, maman, qui aimait sortir et se rendre aux manifestations où les écrivains signaient leurs livres, me rapporta un ouvrage de Paul Valéry avec la dédicace suivante :

« Ex-libris Jean Mauriac.
Aimer des vers, c'est une forme de l'amour.

Ni les reprises infinies ni les découvertes inattendues
dans ce qu'on croyait le mieux connaître
Ni la jalousie même atroce n'y manquent,
Mon cher Jean Mauriac,

Paul Valéry ».

En feuilletant aujourd'hui ce livre – des morceaux choisis parus chez Gallimard en 1942 – je découvre, glissée entre les feuilles, une photographie de lui prise par ma mère sous l'Occupation. J'y revois ses cheveux blancs bien plaqués, sa grosse moustache. Et quelle élégance – son nœud papillon, une pochette débordante –, quelle allure, quel raffinement en tout ! Dans ce livre, je découvre aussi une lettre de sa fille Agathe, datée du 15 janvier 1965 : « Vous avez bien voulu vous intéresser au sort de deux jeunes détenus qui semblaient oubliés à la prison de Fresnes. Grâce à votre démarche, leurs noms ont été signalés au général de Gaulle et les voilà libérés... » Et aussi une plaquette de ses vers, car Agathe était poète.

Valéry mort, je reportai mon affection sur ses enfants. J'allais quelquefois voir Agathe, intelligente, pleine de fragilité et de charme, dans son appartement de Neuilly, au milieu de ses toiles d'impressionnistes, dont d'inoubliables Berthe Morizot. J'aimais bien aussi François Valéry, tellement intelligent qu'il rendait les autres intelligents le temps de la conversation, et dont je fis vraiment la connaissance à Nairobi pendant une interminable conférence générale de l'Unesco où il représentait notre pays.

Je ne résiste pas au plaisir d'évoquer aussi Marcel Pagnol. Pagnol était un homme exquis, toujours plongé dans une partie de dames qu'il faisait tout seul – « C'est beaucoup plus difficile que les échecs », me disait-il. Je l'ai connu à Saint-Tropez dans sa maison des Canoubiers, voisine de celle de Brigitte Bardot. Nous jouions à la pétanque en buvant du vin blanc. Jacqueline, son épouse, était là, belle, accueillante, joyeuse.

J'ai eu pour Pagnol une sorte de coup de foudre. C'est l'un des hommes les plus intelligents que j'aie connus, un des plus charmeurs, des plus charmants. Un être merveilleux. Et quelle extraordinaire culture : universelle, allant des mathématiques et des sciences jusqu'aux auteurs latins qu'il me récitait par cœur, et à l'anglais qu'il enseignait. Et j'allais oublier l'une de ses passions : il cherchait toujours de l'eau, une baguette à la main, sans doute parce que, toute sa vie, il eut peur d'en manquer, à Aubagne.

À mon retour de vacances, je trouvai un de ses livres dans mon courrier : « À Jean Mauriac, en souvenir de Saint-Tropez et d'une amitié toute neuve – 4 août 1966 ». C'est Pagnol lui-même qui éditait tous ses livres. Il avait créé sa propre maison d'édition, Éditions de Provence, dont il était le directeur. « Pour ne pas être volé », me disait-il. Il m'affirmait que tous les auteurs étaient roulés par leurs éditeurs : « Votre père est bien sûr volé par Grasset ! »

Nous nous revîmes à Paris. Mais cette « amitié toute neuve » ne dura pas très longtemps. Je ne quittais guère l'Élysée à cette époque. Je parcourais le monde sur les talons de De Gaulle. Marcel habitait tout au bout de l'avenue Foch, près de la porte Dauphine. Quelle amitié peut survivre à la vie parisienne ? C'est connu : à Paris, on ne se voit pas. Je n'ai revu Marcel que sur son lit de mort.

Georges Duhamel était l'un des plus proches amis de mon père, mais il était aussi mon ami. Il jouait de la flûte, chantonnait l'air de Mozart ou de Bach que vous lui demandiez. L'été, il nous invitait tous, quelquefois, à Valmondois. Nous déjeunions dehors et je vois encore la mère de Georges que nous appelions maman-ma.

Encore un mot sur un immense poète. On aime Paul Valéry. On peut aussi aimer Francis Jammes. Toute ma jeunesse a été bercée par les vers de Francis Jammes que mon père murmurait. D'abord avec sa voix d'avant son cancer de la gorge – voix dont je n'ai aucun souvenir et dont il n'existe aucun enregistrement –, puis avec celle, enrouée, voilée, mêlée à une respiration haletante, que tout le monde connaît. Toute ma vie j'ai entendu : « Le vieux village était rempli de roses... » ou : « Il va neiger dans quelques jours... »

En 1937, Jammes, qui ne quittait jamais Hasparren, dans les Pyrénées, est exceptionnellement venu à Paris. Il avait prononcé une conférence au Théâtre des Champs-Élysées, aux côtés de Paul Claudel et de mon père. Salle comble, accueil triomphal. Ferveur extraordinaire. Le soir, il dînait à la maison. Après le dîner, il me prit sur ses genoux. Sa barbe me pique encore. Il me dit : « J'aimerais te donner quelque chose. J'aimerais que tu aies un souvenir de moi. Que veux-tu ? » Je lui répondis : « Des vers de vous. » Une semaine plus tard, je reçus le poème suivant, de sa grosse et belle écriture, comme une calligraphie à l'encre de Chine avec une plume d'oie :

« À Jean François Mauriac,
Tu veux des vers de moi, fils de poète.
Jean dont le nom est de Jean dont la tête
Comme un bouquet bouclé de violettes
S'était posée en une amère fête
Contre le cœur de son agneau céleste.
Ô Jean, fils de François, prends la houlette
Et le pipeau que te tend un vieux lièvre
Et va garder des méchants qui le guettent
Pour lui lancer de la boue et des pierres
L'agneau qui fait à genoux sa prière.

Hasparren, 15 décembre 1937,
F. Jammes ».

Êtes-vous resté proche des écrivains durant votre vie professionnelle et jusqu'à aujourd'hui ?

Mes goûts, puis mon activité professionnelle me portaient plus vers la politique et les voyages que vers les écrivains et la littérature.

Mais comment ne pas évoquer Jean d'Ormesson ? Ne serait-ce que pour son admiration à l'égard de mon père, qu'il évoque si souvent. N'est-il pas aussi l'écrivain que j'ai le mieux connu, puisqu'il m'a accompagné presque chaque jour depuis quarante ans ? À la télévision, j'entends. J'ai toujours aimé ses intonations inimitables des gens du monde parisien ou de la noblesse. Jean, qui n'auras-tu pas séduit avec tes yeux bleu ciel, ton sourire malicieux et moqueur, tes premières rides et tes éternels complets de flanelle grise, toujours avec une chemise bleue et une cravate de tricot également bleu ? Et, j'allais oublier, tes pieds nus dans tes mocassins. Cher Jean, j'ai sauvé de l'éparpillement de la bibliothèque de François Mauriac, à sa mort, *L'Amour est un plaisir* et *Au revoir et merci*, pieusement dédicacés à mon père et qui se trouvent aujourd'hui à Malagar.

Maurice Druon, lui, je le connais depuis la Libération. Dans mon souvenir, nous nous retrouvions les week-ends chez Georges Izard, à Morsang-sur-Seine. Nous dînions dans un bistrot au bord de l'eau, après un bain délicieux dans une Seine frétillante de gardons et sentant bon les algues d'eau douce. Nous étions comme dans un décor impressionniste. Rien ne semblait avoir changé depuis Monet et nous ne savions pas que nos bains, nos dîners, nos rires allaient être les derniers.

Maurice Druon me rendit « célèbre » en me donnant un jour pour l'AFP une interview pour marquer son arrivée au ministère des Affaires culturelles : « Que l'on ne compte pas sur moi, y déclarait-il, pour subventionner les expressions dites artistiques qui n'ont d'autre but que de détruire nos institutions. » Et il fustigea ceux qui avaient à la main « la sébile et le cocktail Molotov ». L'embrasement fut général, stupéfiant, intense ; il gagna même l'Assemblée nationale où Druon fut traité de fasciste et où j'eus la surprise d'entendre pour la première fois citer mon nom à la tribune ! Mais en France, plus le soufflé monte, plus il retombe vite. D'un seul coup ce fut le silence et l'on ne parla plus du discours de Maurice Druon.

Ce dernier me fit aussi connaître Constantin Caramanlis, le chef du gouvernement grec, avec qui nous allions dîner quelquefois dans les « tavernes » d'Athènes. C'est Druon qui me décora de la médaille des arts et des lettres. Aujourd'hui encore, il me donne la joie d'entendre à la télévision sa voix profonde qui est à la fois celle de Gabin et de Sacha Guitry, et de vérifier que son élégance est restée la même : canne à pommeau d'argent, monocle, pochette débordante et mouchoir glissé dans sa manche, comme les officiers anglais de l'armée des Indes.

Si j'en crois les derniers volumes du Journal *de Julien Green, vous avez été aussi l'un de ses intimes...*

Je fis la connaissance de Julien Green à la fin de sa vie. Je le voyais alors très souvent dans son appartement de la rue Vaneau, à la fin de la journée. Bien sûr, c'est le souvenir de François Mauriac qui nous liait intimement. Il l'aimait beaucoup mais lui reprochait de s'être interdit ce qu'il estimait être sa tendance naturelle : l'homosexualité. Il me parlait souvent de la sienne, sans que je lui demande rien. Il revenait souvent à son compagnon Robert de Saint-Jean pour m'assurer que « rien » ne s'était passé entre eux durant leur longue cohabitation rue de Varenne.

Mais vous parliez aussi d'autre chose ?

Oui, naturellement. Vous n'avez qu'à ouvrir les derniers tomes de son journal. Il y évoque souvent et avec précision nos rencontres. Je ne me donnerai pas le ridicule de citer le bien que Julien dit de moi, mais je n'ai pas le courage de vous parler vraiment de lui. Dès que je parle de Julien Green, d'un seul coup mon chagrin revient, aussi vif, aussi profond qu'au moment de sa longue agonie.

Nous parlions de tout : d'Éric Green, son fils adoptif, qu'il aimait infiniment, dont il ne pouvait, à la lettre, se passer un seul instant. Il est vrai que j'ai été le témoin de l'amour sans limites que lui portait Éric. Nous parlions beaucoup de musique, des sonates pour piano, violon, violoncelle de Beethoven que nous mettions au-dessus de tout. Nous parlions souvent de sa foi en Dieu, de sa religion. Et aussi de sa jeunesse dans le « Sud » : Green était américain. Il connaissait bien l'histoire de son pays depuis la guerre de Sécession. Il aimait par-dessus tout l'Amérique. Nous ne parlions jamais de politique. J'évitais le sujet de la littérature. Julien me questionnait indéfiniment sur un passé qui nous était commun : celui de la vie parisienne pendant l'entre-deux-guerres. Je ressuscitais des noms qu'il avait oubliés, tous amis de mes parents : « Vous êtes le seul, me disait-il, à pouvoir me parler encore de cette époque. » Mais restons-en là : il me faudrait tout un livre pour parler de Green !

Vous étiez lié également à José Cabanis...

Je l'avais connu à l'occasion d'un texte sur Malagar, que j'avais écrit en 1998 et qui allait être merveilleusement édité par un médecin de Toulouse, Pierre Nouilhan. Cabanis avait plus qu'aimé mon modeste ouvrage.

Dès lors, nous nous liâmes intimement, si j'ose dire, José et moi. Il préfaça *Mon Malagar* de Nénette[1], une fille de paysans, qui racontait les souvenirs cruels de son enfance. Sauf erreur, je pense que cette préface a été le dernier texte qu'il ait écrit avant sa mort.

Notre amitié se traduisit par une extraordinaire correspondance : tant de lettres envoyées depuis Toulouse où il habitait. Quand je vous dis « extraordinaire », je pense bien sûr aux lettres de José qui seront certainement publiées après ma mort.

1. Lucienne Sinzelle, Gallimard, 2001.

Votre père est célèbre pour ses « mots », souvent redoutables, son ironie dont beaucoup d'hommes politiques ont fait les frais. Était-ce aussi le cas en famille ?

François Mauriac était très drôle, même dans la vie de famille. Quoique ayant habité Paris toute sa vie, depuis son départ de Bordeaux en 1907, il était resté un peu « bordelais ». Il aimait toujours raconter cette histoire : au collège Grand-Lebrun, alors qu'il était enfant, le sujet de composition française avait été le commentaire d'un jugement de Sainte-Beuve sur le romantisme. Son voisin de classe avait ainsi commencé son devoir : « La sainte avait raison... » Il plaisantait, naturellement. Plus exactement, il avait de l'humour, comme souvent les gens intelligents. Cet humour virait quelquefois au noir, surtout quand il concernait ses « amis », ses confrères de l'Académie, ses confrères en littérature. Et puis, il était drôle parce qu'il était gai. Il avait une manière étonnante d'écarter ce qui pouvait le gêner. Jamais je n'ai vu un homme aussi heureux de vivre que François Mauriac. Il aimait tout : des huîtres plates à la musique de chambre de Mozart, du parfum des roses aux tragédies de Racine, du chant du premier merle en hiver à toutes les fêtes de la liturgie.

Cet amour de la vie faisait qu'il ne manifestait pas toujours ce qu'il éprouvait. Malade, il restait silencieux. Il était au fond comme les gens de sa génération. Il me rappelait souvent, dans sa façon d'être, le général de Gaulle qui m'avait dit un jour : « Je ne prends que de l'aspirine », et qui ne se couchait jamais quand il avait de la fièvre. « Ton père a traversé son cancer, m'a dit maman, avec un grand courage. Je ne l'ai jamais entendu se plaindre. » Mais qui, aujourd'hui, n'est pas courageux face à son cancer ?

Drôle, donc, et d'une pudeur extraordinaire. Je me suis peut-être trompé quand je n'ai cessé de dénoncer son indifférence à l'égard de ses enfants. Indifférence ? Ce n'est pas si sûr. Mais pudeur, une pudeur extrême, oui. Il y avait quelque chose de maladroit, comme de la gêne, quand il s'adressait à nous, enfants, jeunes, et même adultes.

Avec mon père, rien n'a jamais été facile, ni simple, ni ordinaire. Il était le plus souvent absent, silencieux. En famille, il cachait ce qu'il ressentait. Caroline, ma femme, m'a fait entendre récemment l'enregistrement d'une émission sur les *Lettres d'une vie* qu'elle a publiées. Roger Vrigny y donne lecture de cette missive que mon père m'avait écrite en 1940 et dont je vous ai déjà parlé. Il m'en dit là davantage, en quelques lignes, que durant toute une vie. C'était sa façon de communiquer avec nous...

J'ai passé tous les Noëls de ma vie sans mon père. À Noël, nous étions toujours à Vémars avec ma grand-mère et nos cousins Gay-Lussac. Je n'y ai jamais vu mon père ni ma mère, qui restaient à Paris. Cette absence m'apparaît encore aujourd'hui si étrange et critiquable que j'ai voulu en trouver confirmation auprès du seul témoin encore vivant, ma sœur Luce : « Oui, c'est vrai », m'a-t-elle dit. Mais, comme si elle cherchait une excuse à mes parents, elle a ajouté : « Maman venait le jour de Noël. » Et elle avait raison d'ajouter que les fêtes de Noël d'avant la guerre ne pouvaient être comparées à celles d'aujourd'hui qui ont cessé d'être religieuses pour devenir des débauches d'argent et de bouffe. Je me souviens d'un article de François Mauriac pour le jour de Noël : « Aujourd'hui, l'Occident s'empiffre. »

Cela dit, soyez sans crainte : mes Noëls à Vémars, avec jouets dans les souliers, crèches et chants, feux de bois dans toutes les cheminées, restent parmi les plus émouvants souvenirs de ma « longue vie ».

L'été, maman était toujours auprès de nous. Mon père quelquefois seulement : à Gavarnie, au Pyla, au Moulleau où, avec son frère Pierre, il avait loué une très grande villa où résidait jadis D'Annunzio. Mais il ne restait jamais longtemps. Il nous quittait pour aller à Salzbourg ou pour travailler à Malagar où nous le retrouvions en septembre. Une fois, nous sommes partis tous les deux à la montagne, aussitôt après le mariage de ma sœur Claire, le 5 juillet 1946. J'étais un peu inquiet de me trouver en tête à tête avec papa pendant plus de trois semaines. C'était à Saint-Nicolas-de-Véroce, en Haute-Savoie. À table nous devisions des potins de l'hôtel – l'hôtel du Crêt des Neiges où avait séjourné Marie Laurencin. Mon père se plaignait de la minceur des cloisons : les gémissements de plaisir de sa voisine, la nuit, l'empêchaient de dormir. « S'il ne s'agissait que de gémissements, me disait-il. Mais ils font un raffut inimaginable. » Et ce raffut semblait l'étonner.

Mon père s'était lié d'amitié avec un couple. Lui, Charles Gantillon, était le directeur du théâtre des Célestins, à Lyon, où devait être joué *Le Feu sur la terre*. Il emmenait souvent mon père à Megève. Moi, je sommeillais dans un transat sur la terrasse de l'hôtel, perdu au milieu des prairies, surveillant les travaux des champs. J'entends encore le crissement des faux coupant l'herbe dure et épaisse. Soudain, la plus belle des adolescentes – « deux petits seins bien sages sous le corsage », comme le chantait Montand – vint à moi, prononça deux mots, me tira par la main et m'entraîna à l'ombre d'un petit bois. Ce fut très intense et bien sûr trop vite fait. Elle, ravissante dans mon souvenir, riait de toutes ses dents blanches. Elle se rhabilla aussitôt : elle ne portait que sa robe. J'étais sûr qu'elle reviendrait le lendemain et me postai à l'attendre sur le rebord de la terrasse. Mais le foin était en meule et la prairie resta vide... Au dîner, je n'ai rien dit de mon aventure à mon père...

Cela l'aurait peut-être choqué... Avez-vous jamais parlé de sexualité entre vous ?

De sexualité ? Mais vous êtes fou ! Il n'y eut jamais entre nous une conversation sur un sujet personnel, sérieux. Une conversation avec lui sur l'adolescence, l'amour, les choses de la vie, était inimaginable. Dieu merci, mon père ne s'est jamais trop occupé non plus de notre vie religieuse. Il se bornait à nous inscrire dans des écoles privées. À ses yeux, cela le dispensait de tout. Merci, papa, merci maman, de ne m'avoir jamais posé la moindre question : « Jean, t'es-tu confessé ? Jean, as-tu communié ? » Il ne m'a jamais parlé de Dieu et de l'éternité, de l'Église et de la foi.

Cela dit, nous étions les victimes de règles absurdes. Ne pas aller à la messe le dimanche était un péché mortel. Enfant, adolescent, je ne crois pas avoir manqué une seule messe. Toute ma vie je m'y suis ennuyé comme nulle part ailleurs. Et jamais je n'ai pu écouter un seul sermon. La messe a empoisonné littéralement chacun de mes dimanches, mon seul jour de congé. Car, à cette époque, on travaillait le samedi. Les prêtres, qui étaient censés nous éduquer, nous répétaient : « Vous n'êtes pas sur terre pour vous distraire, mais pour mériter le Ciel... »

Au tout début de la guerre, à Malagar, chaque fois que je me masturbais, je me croyais en état de péché mortel. Je risquais donc l'enfer si la mort devait me surprendre brusquement dans mon sommeil. Comment courir un pareil risque ? Je sautais sur mon vélo et filais me confesser à Verdelais, l'église la plus proche : « Mon père, bénissez-moi parce que j'ai péché. – Combien de fois, mon fils ? – Cinq depuis hier. – Bien, pour votre pénitence, vous réciterez trois Pater et dix Ave. » Et je revenais à Malagar délivré de la menace de l'enfer... mais bien évidemment pas pour longtemps !

Quand ai-je perdu la foi ? Ce serait bien prétentieux de ma part de vous répondre. Il faudrait plutôt me demander quand j'ai cessé de croire aux sornettes que l'on m'enseignait : le Ciel, l'Enfer, le Purgatoire, les Limbes, les péchés véniels, mortels et les règles criminelles de l'Église qui accusait les juifs du crime de déicide, condamnait les homosexuels, rejetait les divorcés, ne permettait aux jeunes ménages de faire l'amour que dans le but de la procréation... et surtout, surtout, nous enseignait que le sexe était le mal absolu. Y penser, c'était un péché : le péché de mauvaise pensée. À la confession : « De quoi vous accusez-vous, mon fils ? – De mauvaises pensées, mon père. – Combien de fois par jour, mon fils ? – Sept fois par jour, mon père. » Et quand j'étais enfant : « T'es-tu touché ? – Oui, mon père. » Ce verbe « toucher » avait pour moi un sens exceptionnel. Au temps de l'Occupation, où la peur de l'enfer me taraudait toujours, j'arrivai tout de même à vivre plus dans les délices du sexe que dans la hantise de l'enfer éternel.

J'écoutais souvent mon père qui évoquait – en souriant, bien sûr – la religion de son enfance, son obscurantisme et sa sottise. Sa sœur Germaine avait épousé un médecin. Il était gynécologue et, le croirez-vous, sa spécialité lui avait été soigneusement cachée, ainsi qu'à ses frères. On le disait spécialiste des affections de la gorge. Tout ce qui était au-dessous de la ceinture, c'était le mal. La nudité, même celle des enfants, devait être cachée. Mon père disait qu'on troublait l'eau de son bain avec de l'amidon pour qu'il ne puisse pas se voir, et ma grand-mère maternelle se baignait en chemise : il n'y avait pas seulement le « bas » à cacher, il y avait le « haut », c'est-à-dire les seins. Luce, toute petite fille, devait faire de même quand elle prenait un bain chez notre grand-mère. Les religieuses de l'Institut de la Tour, m'a-t-elle raconté, étaient obsédées par les « amitiés particulières ». Quand une ou deux filles dispensées de gymnastique devaient rester dans une classe, une religieuse était toujours là pour les surveiller de peur qu'elles ne se livrent à des baisers ou à des caresses. Et j'oubliais : mon père et ses trois frères devaient s'endormir, le soir, les mains croisées au-dessus des draps...

L'ironie et le goût des bons mots étaient peut-être une manière de se délivrer de l'excès de pudeur et de conformisme qu'il devait à son éducation. De ces « bons mots », Bertrand Poirot-Delpech avait une collection extraordinaire. Il m'en fit part un jour, au Père-Lachaise, alors que nous suivions lentement le cercueil d'Yves Berger, directeur littéraire chez Grasset. Bertrand, en de pareilles circonstances, savait garder une mine triste tout en racontant des histoires drôles, alors que moi j'éclatais de rire au milieu des amis consternés d'Yves. En le quittant, je lui dis que j'allais l'appeler pour pouvoir toutes les noter. Je pensais en avoir le temps.

Les histoires drôles de mon père, je peux vous en dire quelques-unes, assez connues au demeurant :

> François Mauriac, caressant le vison de Mme Daniel-Rops, l'épouse de l'auteur catholique à grands tirages, et s'exclamant : « Doux Jésus ! »
>
> À une séance du dictionnaire à l'Académie française, devant le très vieil et très fragile amiral Lacaze qui s'emporte, pique une colère sur un sujet futile, devient tout rouge, François Mauriac l'interpelle : « Amiral, amiral, attention à vos vaisseaux ! »
>
> Traversant le hall du *Figaro* au côté de Jean d'Ormesson, il croise l'un des écrivains vedettes du journal, qui revient des sports d'hiver et a un pied dans le plâtre. François Mauriac, faussement consterné, se penche vers Jean : « Comment va-t-il faire pour écrire ? »
>
> À l'époque où il y avait deux Allemagnes séparées par le rideau de fer, un journaliste allemand l'interrogea : « Aimez-vous l'Allemagne ? – Je l'aime tellement que je suis heureux qu'il y en ait deux », répondit mon père. Cette réponse a fait le tour du monde, au point que le fils d'André François-Poncet a traité mon père d'inconscient et affirmé que ce mot avait compromis la cause de la réunification allemande !
>
> À un visiteur qui l'avait critiqué, François Mauriac répondit vivement à la fin de sa vie : « J'ai un pied dans la tombe, mais ce n'est pas pour cette raison que je me laisserai marcher sur l'autre ! »
>
> Le dernier mot de mon père, je le retrouve dans les *Chroniques du temps qui passe* de Jean d'Ormesson. Jean-Jacques Gautier fait signer un livre à François Mauriac qui s'écorche le doigt à un encrier et lui dit : « Prenez, ceci est mon sang », avant de s'écrouler aussitôt après dans un sanglot de remords : « Quelle abomination ! J'ai blasphémé ! »

À la vérité, mon père était incapable de résister à un bon mot, fût-il le plus cruel. Il se moquait souvent de ses confrères de l'Académie, n'hésitant pas à dire de l'un d'eux et de son maître :

« Il n'était que l'ombre d'une ombre. » Mais tout cela n'était que l'écume des choses. Puisque nous parlons des écrivains, je vous dirai que devant les « géants » – Proust, Gide, Valéry, Claudel –, il était humble et débordant d'admiration. Et que devant beaucoup de ses pairs, il ressentait estime, amitié et affection. C'était le cas pour Colette, Chardonne, Maurois, Édouard Bourdet, Duhamel, Green. Devant les écrivains de la génération suivante, à l'admiration se mêlaient les sentiments. Sentiments d'amitié et de tendresse pour Jean Blanzat, Robert Barrat, Bernard Barbey, Éric Ollivier, Philippe Sollers, Bertrand Poirot-Delpech, Jean-René Huguenin, Roger Nimier et quelques autres « hussards »...

Sa passion des « jeunes gens » est connue, mais elle demeure un sujet tabou. C'est à peine si ses biographes, à ce jour, ont osé en parler. Qu'en était-il au juste ? En bref, votre père était-il homosexuel ?

François Mauriac adorait la compagnie des jeunes hommes. Homosexuel, mon père ? Non, certainement pas au sens où l'on entend ce terme quand on l'applique à Gide, Cocteau, Jouhandeau ou Montherlant. Mais de tendance homosexuelle, oui, bien sûr. Pour une fois, je citerai mon frère Claude : « François Mauriac a été dévoré par l'amour. L'amour le brûla jusqu'à l'épuisement. » Cet amour est-il allé chez lui jusqu'à la sexualité ? Pourquoi pas ? Voilà qui ne me gênerait en aucune manière. Si je le croyais, pourquoi ne le dirais-je pas ? Mais, bien évidemment, je ne le crois pas. Je connais bien les amis de mon père, ceux pour lesquels François Mauriac a ressenti de l'amitié, de l'affection, de la tendresse, parfois une véritable passion : pour la plupart c'étaient des hommes mariés, des « hommes à femmes », comme on dit vulgairement. Si je suis triste quand j'évoque ce problème, c'est parce que mon père en a beaucoup souffert. Il a cru – plus ou moins, il est vrai – devoir cacher ces sentiments en raison de la religion (toujours elle), de sa famille, de son milieu provincial borné, de sa réputation. Mais ne le regrettons pas : sans ce véritable drame intérieur, sans cette tendre affection à l'égard de Louis, Robert, Jean, Daniel, Bernard, Roger, Jean-Jacques, Gabriel, Yves, Christian, jamais François Mauriac n'aurait pu écrire l'œuvre romanesque, brûlante, trouble, haletante, tragique, qu'il a écrite.

« Je suis seul ce soir, confie-t-il dans une lettre qui n'a jamais été publiée. J'écoute l'adorable Freischütz. Je suis calme et à la fois troublé. Plein de tendresse humaine à crever. Et pourtant calme et, il me semble, dans la paix de Dieu. » Tout n'est-il pas dit ? Lisez ou relisez *Les Lettres d'une vie* et *Les Nouvelles Lettres d'une vie*, celles par exemple écrites à Jean Blanzat aux jours les plus sombres de la guerre : « Vous ne pouvez savoir ce que j'ai pu être exigeant, ardent, désespéré... » Et, quelques mois après : « ...Que j'ai à lutter, tout vieux que je suis, contre mon étrange cœur. » Son « étrange cœur » ! Nous voilà convaincus, si nous avions le moindre doute. Et mon père insiste : « La pensée que je n'aimerai plus jamais, que plus jamais je ne serai aimé, que c'est fini pour toujours, me traverse comme un glaive. » C'est encore mon frère qui, sur ce sujet, cite cette fois François Mauriac lui-même à propos de Christian Bernadac, journaliste venu à Malagar pour la télévision : « Que je m'attacherais à lui si je pouvais encore vraiment m'attacher ! » Claude précise la date de sa citation : 30 septembre 1968, moins de deux ans avant la mort de notre père.

Et avec quelle délicatesse Jean Daniel a parlé récemment des relations de mon père avec Jean-Jacques Servan-Schreiber, alors directeur de *L'Express* : il avait pour JJSS une « véritable tendresse », écrit Jean. C'est bien de tendresse qu'il s'est agi dans toutes les relations de mon père avec les hommes. Mais comme il en a souffert ! Tandis que nous, sa famille, nous ne nous sommes rendu compte de rien, incapables que nous étions, tous, de nous hisser à son niveau.

À la vérité, nous avons vécu aux côtés de François Mauriac sans avoir rien compris de lui. C'est incroyable, n'est-ce pas ? Il a fallu attendre sa mort, la publication de sa correspondance, la connaissance de certains de ses textes, pour connaître la vraie nature de l'homosexualité de François Mauriac. Je lui avais demandé un jour : « Pourquoi n'écrivez-vous pas vos souvenirs ? – Parce que je ne le peux pas ! » Je l'entends me dire : « Ah ! mes pauvres enfants, après ma mort, que n'allez-vous pas entendre ? » Il s'est trompé : ce que j'ai entendu fait au contraire que je le comprends, l'admire et l'aime encore davantage.

Je connais des journalistes, des écrivains qui ont tout fait pour chercher les preuves d'une véritable homosexualité de François Mauriac. Un type ignoble, dont on a du mal à évoquer la mémoire, Roger Peyrefitte, a perdu son temps à faire des enquêtes pour trouver un homme qui lui aurait dit : « J'ai couché avec François Mauriac. » Il a cherché, cherché, remué tout Paris. Il n'a rien trouvé. Lacouture, de son côté, s'est livré à la même recherche. Il le dit dans ses conversations avec Claude Kiejman : « Je n'ai pas recueilli la preuve qu'il ait eu des amants, des relations sexuelles avec les hommes. » Ah ! Merci, cher Jean, de la conclusion de tes recherches. Nous voilà rassurés.

J'en termine : François Mauriac n'a pas eu à lutter contre son sexe, mais contre son cœur. Il nous le dit tout au long de tant de ses écrits, de toutes ses *Lettres d'une vie*, de ses dédicaces à tant d'amis « qui aimaient les bords du *Fleuve du feu* et qui m'y [ont] rencontré »...

Vous avez souvent évoqué les Lettres *et les* Nouvelles lettres d'une vie, *publiées après la mort de votre père. Dans quelles conditions ont-elles été réunies ?*

C'est Caroline qui, en classant toutes les lettres adressées à mon père après sa mort, eut l'idée de rechercher et de publier celles qu'il avait écrites. Elle soumit son idée à la famille. Claire,

Luce et moi fûmes enthousiastes ; maman, un peu réticente au début. Quant à Claude, avec son flair habituel, il dit à Caroline : « Les gens voudront garder ces lettres. Vous n'en trouverez pas dix ! » Ce qui ne l'empêcha pas de l'encourager par la suite. Caroline parvint à publier 761 lettres chez Grasset. Il est vrai que ma femme était bien armée pour ce travail. Elle est, comme on dit, « très littéraire », et les grands écrivains du XXe siècle lui étaient familiers, de Montherlant à Valéry, de Proust à Cioran, de Gide à Julien Gracq, de Sartre et Beauvoir à Green, de Martin du Gard à Mauriac, naturellement. N'a-t-on pas déclaré – je le dis en plaisantant... mais peut-être pas tellement – que Caroline ne m'avait épousé que parce que j'étais le fils de François Mauriac ? Mais n'a-t-on pas dit aussi que je ne l'avais épousée que pour faire plaisir au général de Gaulle, parce qu'elle était lilloise ?

Ces lettres de Mauriac remportèrent un succès d'autant plus grand que mon père n'avait écrit ni journal ni véritable autobiographie. Elles comblèrent ce vide. Julien Green écrivit après les avoir lues : « Ébloui par la lecture des *Lettres* de Mauriac, ébloui comme je l'ai été plus rarement par ses livres, mais dans celui-là le cœur se trouve tout entier avec sa tendresse, ses injustices, ses cris de rage, ses profonds élans d'amour. » Merci, Caroline.

Votre père a beaucoup compté pour vous, mais plus encore, semble-t-il, votre mère. Quelle femme et quelle mère était-elle ?

Il m'est difficile d'évoquer son souvenir. Par une pudeur bien naturelle, d'abord. Mais surtout parce que cela me fait mal. Il y a deux personnes dont je ne peux littéralement parler : maman et ma sœur Claire qui lui ressemblait beaucoup. J'évite même de regarder leurs photos tant elles me serrent le cœur. Vous me comprendrez : ma mère a été au centre de toute ma vie. Je ne l'ai pour ainsi dire jamais quittée. Jusqu'à sa mort j'allais la voir chaque jour, quelquefois je lui faisais deux visites dans la même journée. Je l'aimais plus que tout. Et, je crois, elle aussi. J'étais son dernier enfant, venu cinq ans après ma sœur Luce. Et j'étais un garçon ! J'étais son préféré. C'était une évidence acceptée par tous. Jamais mon frère ni mes sœurs n'ont montré la moindre jalousie. Dans mon enfance, on me disait toujours : comme tu ressembles à ta mère ! C'était vrai et je rougissais de plaisir.

Maman était avant tout d'une grande beauté. Elle était ensuite d'une grande bonté, d'une générosité sans limites. Et c'est en cela que Claire lui ressemblait. Ce qui frappait, c'était l'attention qu'elle portait aux autres, ce don d'elle-même qu'elle faisait si simplement. Elle était l'image même du dévouement, de la charité la plus vraie, c'est-à-dire la plus discrète. Elle se dépensait quotidiennement sans compter auprès de ceux qui étaient dans la peine. Elle ne cherchait qu'à faire plaisir, surtout aux « petites gens », comme on dit. La trame de ses jours était une série de visites, de petits cadeaux, de lettres, de coups de téléphone. Elle donnait beaucoup de son temps aux autres. Et c'est cela, la vraie générosité. « J'ai pu apprécier combien elle était charitable pour les déshérités de la vie, qu'elle aidait », m'a dit, au lendemain de sa mort, le professeur Leroux-Robert, médecin de mon père.

Elle était d'abord une extraordinaire photographe. Elle n'a cessé de nous photographier à Paris, à Vémars, à Malagar, pendant les vacances, et en voyage. Ses photos emplissent des dizaines d'albums, hélas aujourd'hui dispersés.

Mon père lui a rendu hommage dans ses « repentances » à l'égard de ses enfants, à la fin des *Nouveaux Mémoires intérieurs* que nous avons cités. Tout y est dit comme chaque fois que François Mauriac a quelque chose à dire. Jusqu'à sa mort, maman est demeurée auprès de ses quatre enfants – devenus vieux – et s'inquiétait d'eux comme aux premiers jours de leur vie. Quand je prenais l'avion, elle était si inquiète qu'elle n'écoutait pas les informations à la radio tant qu'on ne l'avait pas assurée de mon arrivée.

Ma mère a été longtemps la « secrétaire » de mon père. Elle a tapé à la machine à écrire la plupart de ses romans, tous ses articles. Les séances étaient quotidiennes – chaque matin à onze heures. Elle relisait aussi les « épreuves » de ses livres.

Après la mort de François Mauriac, elle est devenue une sorte de vestale entretenant le feu sacré, celui qui éclairait, illuminait le souvenir de mon père. Jusqu'à sa mort, elle a consacré tout son temps à sa mémoire. Elle a notamment écrit toute une série de carnets rassemblant des extraits de lettres de mon père et ses souvenirs. Elle leur a donné pour titre : *La Vie apparente.* Ces carnets sont à la Bibliothèque Doucet. Il n'existe pas un mauriacien qui n'ait eu recours à eux.

Pour le reste, je vous citerai une seule phrase de mon père dans une lettre à ma mère. C'était en 1962 : « Soyez donc bénie et remerciée pour tout ce que vous avez été. » Et il avait ajouté ce que tous les maris pensent au moment de mourir : « Pardonnez-moi, je vous ai plus aimée que je n'ai su vous le montrer. » Hélas !

Malgré les différends qui vous ont opposé à lui par la suite, vous gardez de merveilleux souvenirs de votre frère Claude durant votre enfance. Il était, dites-vous, un collectionneur de génie.

Un jour, Claude me tendit une feuille noircie à la bougie, en me disant : « Je t'ai trouvé un autographe d'Adam et Ève. C'est rarissime ! » Quelques lignes seulement avec une signature ornée d'un paraphe : Adam. Et, un peu plus bas, d'une autre écriture : Ève. Quel âge devais-je avoir alors ? Dans les quatre ans. Claude, dix de plus. Il insista sur l'importance d'un pareil document : « Tu te rends bien compte que cet autographe est extraordinaire ? » J'acquiesçai et ne cachai pas ma joie. Claude était généreux : quelques jours plus tard, il revenait avec une lettre de Noé. Quelques lignes prévisibles sur le Déluge, une très belle signature aux multiples emberlificotements. Mais Claude, un peu attristé : « Noé a moins de valeur qu'Adam. Mais c'est tout de même une très belle pièce ! »

Claude était donc l'aîné et j'étais le plus petit. Il ne m'appelait pas « Jeannot », comme le reste de la famille, mais « Le Counic ». En voyage, il m'envoyait des cartes postales : « Le Counic Mauriac » (cartes aujourd'hui à la bibliothèque de Bordeaux, avec toutes ses lettres). Quand il rentrait de Janson, à la fin de l'après-midi, je l'entendais : « Le Counic est-il là ? » J'accourais : peut-être un nouvel autographe ? Je ne me trompais pas. Cette fois c'étaient les signatures de Caïn et Abel sur un papier moins noirci que celui d'Adam et Ève. « Tu comprends, me disait Claude, c'est postérieur à Adam. »

Je l'imitais en tout. J'avais, comme lui, une collection d'autographes avec les pièces que l'on sait de l'Histoire sainte. Et aussi bien d'autres, heureusement plus authentiques. Mon père décachetait son courrier souvent le soir au dîner – « Une lettre de Colette, qui la veut ? » J'étais le plus prompt à tendre la main. « Une lettre de Chardonne, une lettre de Claudel, qui la veut ? Une lettre de Cocteau ? » Je me constituais ainsi à peu de frais une collection d'autographes de tous les grands écrivains de l'époque, que je possède toujours, à l'exception des lettres de Gide et de Valéry qu'un jour mon père a reprises.

Ces deux mots, « collection d'autographes », avaient une consonance magique. Ils dominaient toute ma vie. J'avais annexé la collection de ma sœur Luce qui possédait une lettre de Sacha Guitry, la seule qu'il ait jamais écrite à mon père et sur un papier bleu foncé.

Claude collectionnait aussi les timbres. Quel enfant, à cette époque – les années 1920-1930 –, ne collectionnait pas les timbres ? J'avais bien sûr ma propre collection, augmentée de celle de Luce sur laquelle j'avais fait main basse. Claude allait à la bourse aux timbres, rond-point des Champs-Élysées, et occupait ses récréations de Janson à échanger ses « doubles » avec ses camarades. Et un jour... il fit don à son petit frère de ses trois « albums universels de timbres-poste » d'Arthur Maury, « classés par ordre géographique et historique ». Ces albums venaient de maman qui les avait eus de son grand-père maternel.

Ce cadeau de Claude orienta littéralement toute ma vie. J'appris l'histoire et la géographie en regardant ces timbres. À cinq ans, je voyageais grâce à eux à travers le monde entier et rêvais d'être un explorateur. Sans ces timbres, je ne serais peut-être pas devenu le journaliste, le reporter, le voyageur que j'ai été.

« Étonnants voyageurs ! Quelles nobles histoires
Nous lisons dans vos yeux profonds comme les mers... »

Quelques années plus tard, Claude m'a aussi donné un bel exemplaire des *Fleurs du mal* : « Pour Jean qui, tellement mieux que moi, aime et comprend Baudelaire ». Ces trois albums de timbres, à la couverture bleue et aux lettres dorées, sont là, devant moi, frais malgré les siècles. Je les feuillette et revis mes éblouissements d'enfant.

Quel mystère peut recéler chaque timbre du XIXe siècle ! Ceux à l'effigie de la reine Victoria, datant de 1840, ceux de Napoléon III, bleu ciel, à la vilaine barbiche pointue, et les premiers timbres français au profil de la déesse Cérès, déesse romaine des moissons (1849). Et les timbres allemands de 100 0000 marks, marquant l'inflation après la Première Guerre mondiale qui annonçait l'arrivée d'Hitler, ceux du roi Albert Ier de Belgique coiffé d'un casque de poilu ?

À travers ces albums de Claude, je retrouve la carte de l'Europe d'avant la Grande Guerre, une carte devenue celle d'aujourd'hui avec les États baltes, les républiques de Croatie, de Serbie et d'Ukraine à nouveau vivantes... Mais, malheureusement, sans les royaumes de Prusse, de Saxe, de Bavière dont j'avais tant souhaité l'impossible renaissance au lendemain de la dernière guerre.

L'album de l'Afrique m'apprit la mainmise de l'Europe sur tout ce continent. Claude et moi étions alors fiers de voir les timbres de nos possessions – on ne disait pas encore les colonies – portant l'effigie martiale de Faidherbe, gouverneur du Sénégal, et, pour l'Algérie, la Semeuse ou le profil de Pasteur. Rien n'est plus parlant qu'un album de timbres-poste ni ne donne une mesure plus visible de ce qu'on appelle la « marche de l'Histoire », qui n'était, au fond, pour l'Afrique et l'Asie, qu'une accumulation de guerres et de criminelles conquêtes coloniales.

Claude, très fort en histoire, me commentait chaque timbre : Vasco de Gama, les présidents américains, les rois de Perse et du Siam prenaient alors vie. Il aimait aussi les timbres triangulaires, ceux du cap de Bonne-Espérance, du Nyassa – « compagnie portugaise » –, et surtout cette admirable série, la plus belle à nos yeux, de Bornéo avec ses orangs-outans, ses crocodiles, ses tapirs, ses rhinocéros.

Ces albums Maury s'arrêtaient à l'année 1925. Claude avait ajouté des pages pour les timbres émis après cette date et écrit à l'encre violette les noms de nouvelles séries mystérieuses : colis postaux, bienfaisance, commémoratifs. Mystérieuses aussi étaient les couleurs indiquées : carmin, bistre, lilas, olive, azur, vermillon.

Mon grand frère, enfant, avait des passions successives. Après celle des timbres vint la passion de l'aviation qui, au lendemain de la guerre de 1914, en était à ses tout débuts. Claude polycopiait un journal, *L'Aviateur*, et possédait un avion, premier jouet dont je me souvienne. Sa carlingue était de mica vert, ses ailes de toile jaune, ornées de deux cocardes tricolores, et ses roues en métal faisaient le grand écart.

L'influence de Claude était telle que mes sœurs, Claire et Luce, et moi étions littéralement en transe pendant la traversée de Lindbergh, le premier à avoir franchi l'Atlantique en 1927 à bord du *Spirit of Saint Louis*. Nous éclations de joie à son arrivée au Bourget, puis, peu de temps après, de douleur à l'annonce du rapt et de l'assassinat de son fils. Au cours de la même année, Nungesser et Coli disparaissaient dans l'Atlantique Nord à bord de leur avion *L'Oiseau blanc*. Claude orchestrait tous ces drames au point de me mettre en larmes. Heureusement, la gloire de Blériot, qui avait été le premier à traverser la Manche, et les exploits de Costes et Bellonte, entre tant d'autres toujours célébrés par mon frère, me rendaient le sourire.

Quand, en voiture, nous traversions Le Bourget, nous avions le nez collé aux vitres dans l'espoir d'apercevoir des avions stationnant entre les hangars. Et le phare du Bourget prenait pour nous un sens tragique, puisque son seul faisceau lumineux, qui balayait le ciel de la nuit, pouvait sauver des avions en détresse.

De l'aviation Claude nous transporta, mes sœurs et moi, à la Révolution. Il m'avait donné des pièces de monnaie à l'effigie de Louis XVI dont l'exécution hanta toute mon enfance, comme les cachots de la Conciergerie qu'il me fit visiter. Mon frère était un numismate averti. Il plaçait ses pièces dans les ronds de grandes plaques cartonnées spéciales pour collectionneurs. Il me fit don de quelques autres pièces. J'aimais particulièrement l'une d'entre elles, de Louis XIV avec sa lourde perruque.

Ainsi, c'est parce que Claude me fit participer à ses collections que je puis aujourd'hui évoquer la royauté finissante et la Révolution. L'école, pas plus que mes lectures, ne m'a réellement appris la Révolution française. Comment me souviendrais-je si bien de Billaud-Varenne, Boissy d'Anglas, Collot d'Herbois, Chambon la Tour – noms dont la consonance me frappe encore aujourd'hui – si Claude ne m'avait pas montré leurs signatures jaunies ? Que saurais-je des assignats, sans lui ? Claude en avait acheté des quantités – pour rien, je crois, comme tout ce que l'on achetait à cette époque. Généreux comme d'habitude, il avait donné à son petit Counic toute une série de ces billets. Les voici étalés devant moi et plus précieux que jamais, par exemple cet assignat de cinq cents livres avec l'inscription : « La loi punit de mort le contrefacteur. La Nation récompense le dénonciateur. »

Ce sont les documents de Claude venant de ma grand-mère maternelle qui me touchèrent le plus. Il me fit don de certains, classés soigneusement dans des chemises : « guerre de 1914, documents sur les emprunts de la Défense nationale, Second Empire, cartes d'électeur, affiches électorales »... Mon frère avait entouré de papier de soie ceux qu'il jugeait les plus précieux.

Chef du secrétariat particulier du général de Gaulle à la Libération, il eut l'idée de garder les enveloppes venant de l'étranger des lettres adressées au Général. Je connais cette collection absolument unique par la beauté et la diversité des timbres et surtout par le libellé souvent pittoresque et imprévisible des enveloppes, puisque Claude m'en donna un bon paquet. Parmi celles-ci, une lettre adressée au général Charles de Gaulle, c/o Winston Churchill, 10 Downing Street, venant de San Francisco. Le cachet de la poste porte la date du 19 juillet 1944. Du 10 Downing Street elle a été expédiée au 4 Carlton Gardens, SW1. L'enveloppe a été ouverte bien indiscrètement par les services du contre-espionnage britannique et porte la mention suivante, en anglais et en français : « *Found open or damaged and officially secured* ». Pas un détail qui ne se confonde avec l'Histoire.

Votre frère était aussi un conteur merveilleux...

Pendant plusieurs années, il fit le récit à Claire, à Luce et à notre cousin Bruno Gay-Lussac de l'histoire aventureuse de deux sœurs, Cachounir et Ribabelle – deux noms qui, curieusement, continuent de résonner en moi et de m'émouvoir... Claire, Luce et Bruno se groupaient dans le fond obscur de l'immense salon de Vémars autour d'une petite table éclairée par une lampe de bureau. Je tentais de m'approcher. Claude, me jugeant trop petit, m'éloignait : « Pas de Counic ici. » Je me tenais à distance. Mon grand frère prenait une voix profonde, mystérieuse, tragique par moments. Mes sœurs, mon cousin l'écoutaient, toujours subjugués, quelquefois haletants. Claude avait une fois commencé ainsi : « Et le lendemain, ce fut Paris, la ville immense et brumeuse... » Je n'eus pas droit à la suite.

Cette ville de Paris, Claude me l'a racontée à travers son histoire. C'était surtout, bien sûr, la Révolution et Napoléon, puis le Second Empire et la Grande Guerre qu'il faisait merveilleusement revivre devant le tout petit garçon que j'étais, assis près de lui sur une chaise, jambes pendantes. Cette guerre de 1914, il m'en fit le récit en témoin. Il évoquait avec une juste horreur la première attaque allemande au gaz à Ypres. Il me faisait entendre le terrible ronronnement dans le ciel obscur des avions « boches » – nous ne désignions pas autrement les Allemands –, les « taubes » qui réussirent à bombarder Paris. L'église Saint-Gervais fut atteinte. Claude s'en souvenait très bien : « C'était en plein jour. Un vendredi saint, ce qui ajoutait à la barbarie des Boches. L'église était bondée. Il y eut beaucoup de morts et de blessés. L'affolement succéda à la panique... »

Après la Première Guerre mondiale, nous avons été élevés dans la haine des Allemands. Notre grand-mère, quand elle évoquait l'occupation de 1870, nous montrait les trous faits dans les portraits de famille par les Prussiens avec des queues de billard. Et elle affirmait que le maire de Senlis avait eu, en 1914, les mains coupées – ce qui évidemment n'était pas vrai. Et nous qualifiions de « terroristes » les raids des zeppelins.

Claude avait quatre ans et demi à la fin de la Grande Guerre. Ses souvenirs concernaient aussi la « Bertha », que nous appelions la « grosse Bertha ». En écoutant mon frère, je m'imaginais l'immense fût du canon caché dans les forêts de l'Oise, monté sur rails. J'entendais le sifflement strident des énormes obus au-dessus de la campagne française, puis leur arrivée sur Paris, par salves isolées, et leur éclatement dans un bruit qui faisait trembler une grande partie de la ville. Trois obus tombèrent Porte de Saint-Cloud, sur un emplacement où s'élève aujourd'hui le restaurant Aux Trois Obus que Claude devait bien connaître par la suite.

Mon frère avait créé bien avant 1930 un cirque appelé le « Cirque Janico ». La mise en scène, l'éclairage de la petite piste ronde, les clowns de plomb, les fauves, les trapézistes, les chevaux (il m'en reste deux), tout le monde de ce cirque s'agitait devant mes yeux émerveillés. Claude arrivait à dissimuler ses mains et, bien sûr, comment aurais-je reconnu sa voix dans les plaisanteries des clowns qui me faisaient hurler et pleurer de rire, et les rugissements des lions qui me terrifiaient ?

Et puis il y avait le parc de Vémars, la propriété de ma grand-mère maternelle, près de Paris, où Claude et nos cousins avaient creusé un trou. Un trou énorme que nous faisions visiter comme une curiosité. Un trou pour rien, pour le plaisir de creuser. D'une extravagante profondeur. Nous accédions au fond, où il faisait une température glaciale, par une immense échelle. Claude m'assurait que nous allions traverser la Terre. Un jour, il me fit signe de me taire : « Silence, silence, le Counic ! » Il mit sa main à l'oreille, s'accroupit au fond du trou, se pencha sur l'argile. « J'entends parler chinois. » Rien n'arrêtait l'imagination de Claude. Le jour de Pâques, il arrivait à me faire voir, très haut dans le ciel, les cloches qui revenaient de Rome : « Tu les vois, là, là, entre ces nuages... » Oui, je les voyais.

Le merveilleux collectionneur était bien en même temps un poète. Là s'arrête pour moi l'histoire de ce frère qui aimait tant son petit Counic. Claude a été le frère de mon enfance. Mais seulement de mon enfance.

Quelle place Bordeaux, qui est à la fois la ville natale de votre père et le berceau de votre famille, a-t-il occupée dans votre propre vie ?

Je n'ai jamais entendu le fracas du train, à l'arrivée à Bordeaux, sous les tunnels de Lormont et sur le Pont de fer de la Garonne, sans ressentir, bien plus qu'une émotion, une sorte d'étreinte accélérant les battements de mon cœur. Comme lorsque j'étais enfant, je regardais chaque fois le large fleuve aux flots jaunis entre les brefs intervalles des quatre tunnels, dans l'espoir, que je sais vain depuis longtemps, d'apercevoir les gros bateaux d'autrefois, les merveilleux paquebots à la coque noire trouée de hublots et aux cheminées rouges. De même, depuis le Pont de fer, quelle tristesse de ne plus apercevoir le plus beau pont du monde à mes yeux, le Pont de pierre, aux briques roses et aux dix-neuf arches, désormais caché par le lugubre pont Saint-Jean. Dieu merci, la série des flèches et des clochers, de Saint-Michel à Saint-Louis, est toujours visible, égrenée au bord de la Garonne et marquant mystérieusement tous les quartiers de Bordeaux.

Bordeaux, pour moi, c'est d'abord mon père, c'est-à-dire les souvenirs de Bordeaux qui affleurent dans toute son œuvre. Des souvenirs qui se mêlent curieusement aux miens, aussi fugitifs qu'ils puissent être. Non seulement je vois Bordeaux à travers ses livres, mais il m'arrive quelquefois de confondre mes souvenirs et les siens, jusqu'au point de croire que j'ai vécu ce qu'il a vécu. Je suis « certain » d'avoir entendu le bourdon de la cathédrale emplir la nuit de Noël : impossible, je n'ai jamais, de ma vie entière, passé un Noël à Bordeaux ! Je suis certain d'entendre encore dans ma mémoire les sirènes des bateaux gémir dans le brouillard, alors qu'elles n'ont, bien évidemment, gémi que dans les oreilles de mon père. Et, quelquefois, je suis sûr d'avoir vu, dans la nuit, Grand-Lebrun, le collège de mon père, tel un paquebot illuminé, alors qu'il n'en est rien.

D'ailleurs, mon père avait une façon bien à lui de mélanger à plaisir son enfance et les nôtres – celles de mon frère et de mes sœurs. Savez-vous qu'il nous reprochait toujours nos vacances parce qu'elles étaient plus nombreuses et plus longues que les siennes ? Je l'entends encore : « Enfant, je passais à Grand-Lebrun toute la semaine sainte, et nos vacances commençaient seulement après les vêpres de Pâques. » Il allait jusqu'à nous reprocher nos dimanches parce que les siens étaient pris par deux messes le matin et les vêpres en début d'après-midi. Il me reprochait même de ne pas me faire couper les cheveux très courts. Au fond, il aurait aimé que j'aie, enfant, un crâne rasé comme le sien. Heureusement, maman veillait. J'entends encore mon père : « Mais ne me dites pas, Jeanne, que cet enfant revient de chez le coiffeur ! Il a l'air d'un purgé... » Je vous assure que je n'exagère pas : mon père, se souvenant des engelures qui l'avaient fait souffrir toute son enfance, m'en voulait presque de ne pas en avoir.

Aussi fugitifs, je vous l'ai dit, que soient mes souvenirs d'enfance et de jeunesse à Bordeaux, ils brûlent encore plus que ceux de Paris, en raison de leur rareté et aussi de leur intensité. Bordeaux, c'est pour moi, essentiellement, la ville de mes vacances : nous arrivions de Paris endoloris, hébétés, après une longue nuit de train passée assis sur nos banquettes d'un compartiment de seconde. Nous changions de train à la gare Saint-Jean pour prendre la correspondance d'Arcachon ou de Langon, destinations de rêve, toujours dans l'angoisse de la manquer. Ma joie d'alors était telle qu'elle fait encore aujourd'hui battre mon cœur.

Bordeaux, ce sont les nuits brûlantes, étouffantes d'autrefois, où nous étions littéralement mangés par les moustiques. Comment oublier ces nuits sous les moustiquaires de l'hôtel Splendide – de si triste mémoire – ou sous celles du 12, rue Vauban, maison de mon oncle Pierre et de ma tante Suzanne ? Nuits brûlantes, sans sommeil, où je craignais d'étouffer sous le voile de la moustiquaire, et passées dans le bourdonnement sifflant, inimitable, de ces insectes sanguinaires tournoyant autour de mon lit. Mais le jour, et surtout au crépuscule, c'était le cri des merveilleux martinets qui déchirait le ciel de Bordeaux et qui, aujourd'hui, déchire notre cœur.

Bordeaux, pour moi, c'est aussi ce qui n'existe plus : le chocolat, celui que l'on boit, de chez Prévost, le meilleur du monde, à l'entrée des allées de Tourny, les gâteaux de Demund et d'Huguenny, sur le cours de l'Intendance, et la terrasse du Grand Café, devant la colonnade de Louis, rendez-vous de tous les Parisiens, de tous les touristes – point de ralliement de la famille quand, après une journée de courses en ville, nous repartions pour Malagar. Comment Bordeaux peut-il exister aujourd'hui sans la terrasse du Grand Café ?

Trop de souvenirs, trop de douloureux souvenirs. À Paris, mes morts s'évanouissent dans l'immensité de la capitale. À Bordeaux, je les retrouve partout dans la ville, rue Vauban, rue Rolland, à Caudéran, à Mérignac, à Villenave-d'Ornon, comme mon père, jadis, retrouvait les siens à Malagar, tous sur la terrasse, devant « cette immense plaine muette » et où il voyait déjà sa place au premier rang.

Chapitre II

Les hasards d'une vocation

Parlons maintenant de ce qui a été l'une des grandes passions de votre vie, le journalisme. En parcourant vos carnets de jeunesse, on s'aperçoit de votre intérêt précoce pour l'actualité, au point que l'un de vos professeurs de quatrième à Janson vous reprochait d'abuser, dans vos compositions françaises, de « considérations politiques ». L'influence de votre père n'y est probablement pas étrangère.

C'est certain. Sans que je m'en rende vraiment compte, le journalisme est devenu ma vocation dès l'enfance. J'étais encore tout enfant quand je rédigeais un petit journal qui s'appelait *Le Petit Vémarois*, par référence à la propriété de ma grand-mère.

Le 23 novembre 1933 – j'avais neuf ans –, quelle fierté : je donnai ma première interview à *Benjamin*, le journal des jeunes de l'époque. En première page et avec un dessin où j'étais coiffé d'un chapeau d'académicien, parce que mon père venait d'être élu à l'Académie.

Un peu plus tard, dans les années 1936-1937, je me suis amusé à créer avec ma cousine Anne Gay-Lussac un journal polycopié intitulé *Le Trait d'union*. J'en étais naturellement le directeur, Anne la rédactrice en chef. Je réalisais des interviews, comme celles de mon père à propos de l'Exposition internationale de 1937, de l'acteur Pierre Bertin ou de Georges Duhamel.

Et surtout des « éditos » politiques. Claude faisait des chroniques littéraires (« En relisant Bicot ») et la fille d'André Chamson, aujourd'hui Frédérique Hébrard, assurait, par de ravissants dessins, la rubrique « Le Coin du rire ». L'air de rien, je faisais déjà mon apprentissage de journaliste.

Cela dit, la force des engagements politiques de mon père depuis le milieu des années trente, le retentissement incroyable de ses prises de position ont été pour moi déterminants. À la veille de la guerre, la dernière, François Mauriac occupait déjà une place considérable dans la vie journalistique. Je le voyais s'indigner, au moment de l'invasion de l'Abyssinie par les troupes de Mussolini, en découvrant un dessin de Sennep qui montrait le négus juché en haut d'un cocotier avec des singes. Je l'écoutais lire à ma mère, avant de l'envoyer au *Figaro*, cet article qui allait le ranger définitivement parmi les adversaires de l'Italie fasciste. Déjà au cœur de toutes les polémiques, mon père lisait chaque semaine *L'Action française* où il ne cessait pourtant d'être injurié, traîné dans la boue, surtout par Léon Daudet. La presse était devenue son univers et le seul moyen de défendre ses idées et de peser sur l'opinion. Il ne s'est jamais ou guère trompé. De cela, je lui suis reconnaissant. Dreyfusard, il a lutté contre l'antisémitisme, avant de s'engager contre le nazisme et le fascisme. Soutenant l'indépendance des trois pays du Maghreb, il a lutté contre le colonialisme. S'il a été rejeté par la bourgeoisie bordelaise, c'est beaucoup plus en raison de ses engagements politiques que de ses moqueries à l'égard des mœurs de la ville. J'étais fier, heureux d'être son fils.

L'Action française *mise à part, quels journaux lisait François Mauriac ?*

Les journaux ? Ils tenaient une place essentielle dans notre vie familiale. Ils jonchaient le tapis autour du fauteuil de mon père. Les hebdomadaires, d'abord : en plus de *L'Action française*, *Can-*

dide, *Gringoire*, *Je suis partout*, *Marianne*. Les quotidiens étaient innombrables à cette époque : mon père dévorait *Le Figaro*, *L'Écho de Paris* – où Barrès avait célébré son premier recueil de vers, *Les Mains jointes* –, *Le Temps*, propriété des maîtres des forges, ancêtre du *Monde* actuel, *Le Jour* de Léon Bailby, *Le Populaire*, organe de la SFIO, *L'Humanité*. Et aussi, bien sûr, *Le Journal*, dont il a été l'envoyé spécial à Rome pour la rencontre Mussolini-Pierre Laval au début de 1935. À midi : *Paris-Midi*. Le soir : *Paris-Soir*, *L'Intransigeant*. Et tant et tant d'autres. À cela ajoutez la somme considérable des revues mensuelles, dont *La Revue des Deux Mondes* – redevenue plus vivante aujourd'hui que jamais –, *La Revue universelle* et *La Revue hebdomadaire* qui tenaient une grande place dans la vie littéraire de l'époque et où de Gaulle avait écrit l'un de ses premiers articles. Et, au-dessus de toutes, la *Nouvelle Revue française*.

Dans votre carnet de l'année 1938, je relève la phrase suivante : « On peut vraiment dire que toute notre jeunesse a été empoisonnée par la menace de la guerre. » Vous n'avez alors que quatorze ans et vous paraissez déjà hanté par la conscience du drame qui se prépare. Le climat de l'entre-deux-guerres vous y avait bien préparé...

Extraordinaire entre-deux-guerres ! Nous vivions au son des marches militaires. Maman m'amenait chaque année au défilé du 11 Novembre qui, à cette époque, était d'une grande ampleur. Les poilus défilaient dans leur uniforme bleu horizon, baïonnette – comme encore sanglante – au canon, certains portant leur pantalon garance, les généraux coiffés de képis à feuilles de chêne tout cabossés. Je pense au général Gouraud, grand admirateur de ma mère, qui nous envoyait toujours les meilleures places dans les tribunes officielles, caracolant sur un cheval blanc qui faisait d'inquiétants écarts. J'étais fasciné par la manche vide qui flottait à l'un de ses côtés, car il avait perdu un bras à Verdun ou dans la Somme.

La guerre de 14, on l'évoquait toujours par le nom des batailles : les Flandres, l'Argonne, la Somme, Verdun, et par ceux des forts – Vaux, Pampelonne – ou des villes martyres qui subirent pendant quatre ans l'occupation allemande.

Tout était prétexte à défilés, à musiques militaires, à évocations de la guerre. Je suis né six ans après la victoire, mais il m'a semblé pendant toute mon enfance qu'elle avait eu lieu la veille. J'ai assisté aux funérailles nationales de Barthou, de Poincaré et de nos principaux chefs militaires. Ces obsèques étaient toujours l'occasion de grands défilés avec les éternels poilus, les canons « 75 » traînés par des chevaux, les petits chars Renault qui avaient tant contribué à la victoire. Nous sortions à peine de la Grande Guerre et le public, contemporain de la plus grande boucherie de tous les siècles, demeurait comme figé, interdit, silencieux. Autour de nous, dans la tribune, pas un mot, pas un souffle. Nous restions debout pendant tout le défilé. Nous retenions nos larmes quand éclataient *Ils n'auront pas l'Alsace et la Lorraine* ou bien *La Madelon*. Au pied de la tribune, de grands blessés sur leurs brancards ou dans leurs fauteuils roulants, accompagnés de leurs infirmières, formaient une haie d'honneur et d'horreur.

Dans la rue, les béquilles, les jambes de bois, les manches vides que nous croisions nous serraient le cœur. Et nous nous détournions à la vue des « gueules cassées ». Difficile, pour l'enfant que j'étais, de voir des visages qui n'avaient plus rien d'humain, sans menton, sans nez, sans oreilles.

Chaque jour, avenue Henri-Martin, je regardais passer avec émerveillement la Garde républicaine. Une allée cavalière continue menait alors de la Concorde au bois de Boulogne.

La joie ressentie du retour de l'Alsace et de la Lorraine à la France dominait tout. Les petites Alsaciennes en costume régional, les cigognes perchées sur les toits de Colmar, *La Dernière Classe* d'Alphonse Daudet, *L'Ami Fritz* d'Erckmann-Chatrian, que j'allais voir à la Comédie-Française, ont été l'imagerie de mon enfance. « Y penser toujours, n'en parler jamais », disait-on, avant 1914, de nos provinces perdues. Maintenant nous pouvions en parler. Nous pouvions même hurler notre fierté, notre bonheur de revoir le drapeau français flotter sur la cathédrale de Strasbourg.

Et pour couronner le tout, je n'oublie pas l'entrée, en 1919, d'une jeune Alsacienne au service de ma famille : Catherine Bechler. Elle venait tout droit de Colmar et ne parlait pas un mot de français. Elle resta cinquante ans chez nous. Édouard Bourdet l'appelait Catherine Mauriac. Dans les années vingt, elle me transmit un fort accent allemand qui faisait rire mon père. Il me demandait souvent de réciter une poésie (je ne savais pas encore lire) où l'hiver faisait mourir les roses : « *Hareussement, au cœur de l'enfant Chessus fait mieux les chosses...* »

C'est vous dire ce que j'ai ressenti quand, en juillet 1938, avec mes parents et Bernard Barbey, grand connaisseur de la Grande Guerre, nous visitâmes les principaux sites des batailles de 1914-1918 : le mont Août, les forts de Vaux et de Douaumont, la tranchée aux baïonnettes, le bois des Caures, le chemin des Dames.

Le chemin des Dames ! Quarante mille morts, cent mille blessés, mutilés à vie ! Pourquoi ? Pour rien. Exactement pour gagner quelques centaines de mètres. Seulement pour satisfaire aux caprices d'un général irresponsable, devenu criminel. On s'interroge : comment pareille chose a-t-elle été possible ? Qui a laissé Nivelle maître de pareilles entreprises ? Nivelle fut simplement limogé alors qu'il aurait dû être passé par les armes à la place des combattants... condamnés à mort et exécutés pour « insoumission ». Ceux-là seuls ont connu l'opprobre de la Nation. On nous apprenait à l'école qu'ils étaient des lâches. Que ce n'était que justice qu'ils eussent été fusillés. Qu'il avait fallu le faire pour l'exemple. Pauvres « révoltés » du chemin des Dames ! Pauvres familles qui ont dû cacher la fin « honteuse » de l'un des leurs et, en plus de leur deuil, subir la honte et le déshonneur ! Savez-vous qu'il a fallu attendre le début de l'an

2000 pour que ces malheureux soient enfin réhabilités[1], malgré les protestations d'une partie de la droite française ?

J'ai vécu toute mon enfance et mon adolescence dans la peur d'une nouvelle guerre avec l'Allemagne. Une peur précise qui était celle des bombardements et des gaz asphyxiants, plus particulièrement de l'ypérite qui avait fait tant de ravages pendant la Première Guerre mondiale. Des notices explicatives étaient affichées dans les entrées de chaque immeuble parisien, relatives au port des masques à gaz qui nous avaient été distribués, et indiquant l'adresse de l'abri le plus proche. Depuis le début des années trente, nous vivions dans un bruit de bottes incessant, avec en fond sonore, à la TSF, la voix gutturale, rageuse, menaçante d'Hitler réclamant l'Autriche, réclamant les Sudètes, réclamant la Tchécoslovaquie, réclamant Dantzig, réclamant la Pologne et, répondant à ses vociférations, les acclamations scandées des foules allemandes en délire : *Heil, Heil, Heil Hitler !...* Plus que dans la peur encore, ma génération a grandi dans l'angoisse, le désespoir même : celui de voir nos jeunes vies interrompues, anéanties dans une guerre que nous savions à l'avance perdue sans oser jamais nous l'avouer.

Le 1er septembre 1939, nous étions en famille à Malagar quand la radio annonça l'entrée en guerre de l'Angleterre. La France allait suivre. Mon père s'est levé brusquement. Il a quitté le salon, est sorti dans la cour où je l'ai rejoint. Et là, pour la première fois, je l'ai vu de dos, le front appuyé contre un des tilleuls, comme secoué de sanglots.

Comment avez-vous réagi à la défaite de 1940 ?

La défaite est restée pour moi une blessure ineffaçable. Aujourd'hui encore, à plus de quatre-vingt-trois ans, j'ai conscience d'appartenir à une nation qui a failli en 1940. Je ne

1. Sur décision de Lionel Jospin, alors Premier ministre.

m'en suis jamais vraiment remis, tant la honte ressentie à cette époque a été grande. C'est curieux : je me demande si je n'en souffre pas davantage aujourd'hui. Faiblesse du grand âge, sans doute. Mais la télévision ne cesse de nous montrer les images de l'horreur : la visite d'Hitler à Paris avec ces agents français en pèlerine le saluant servilement ; les troupes allemandes contournant la place de l'Étoile, défilant avenue du Bois devant un officier allemand à cheval qui éructe littéralement de joie. Plus que jamais, ces images sont pour moi insoutenables. Et aussi celle de cet homme anonyme, grimaçant de douleur, au visage ruisselant de larmes.

J'étais presque encore un enfant et je maudissais les hommes politiques de la Troisième République dont la lâcheté avait abouti à ce désastre sans équivalent dans notre histoire nationale. Comment ne nous sommes-nous pas armés comme l'Allemagne ? Comment avons-nous pu suivre l'Angleterre dans sa politique criminelle de démission et d'entente avec l'Allemagne – en partie contre nous – et cela, jusqu'à l'envahissement de la Pologne ? Et voici qu'en ce mois de juin 1940 les Anglais, sans avoir combattu, venaient de rembarquer leurs troupes à Dunkerque et de retirer du ciel français toute leur aviation de chasse. Les Anglais nous abandonnaient en rase campagne avant de s'apprêter à anéantir une partie de notre flotte à Mers el-Kébir.

Qui a dit : « Ceux qui n'ont pas eu vingt ans en 1940 ne peuvent rien dire » ? François Mitterrand ? Olivier Guichard ? Je n'avais que seize ans, mais ma rage et mon désespoir, ma certitude aussi que l'Angleterre allait être rapidement vaincue, étaient tels que je trouvais normal d'en vouloir moins à l'Allemagne qu'à nos prétendus alliés, et surtout aux dirigeants de mon pays. Dans mon désarroi, je ressentais une véritable haine à l'encontre de ces hommes en pantalons rayés et chapeaux mous noirs : les Daladier, Albert Sarraut, qui avait promis de ne pas laisser Strasbourg sous le feu des canons allemands, les Paul-Boncour, Chautemps, Herriot, Yvon Delbos, Campinchi. Je n'excluais pas les généraux incapables qui, à mes yeux, avaient refusé de se battre : les Gamelin, Weygand, George, Huntziger... J'étais indigné d'entendre Reynaud, en juin 1940, quand la Wehrmacht déferlait sur la France, gémir à la radio : « Je crois au miracle, car je crois en la France. » Ils nous auront menti jusqu'au bout. J'étais comme fou dans mon désarroi : j'allai jusqu'à mettre un portrait de Pétain – qui venait de signer l'armistice – dans ma chambre. J'aurais très bien pu alors tomber du mauvais côté, celui de la collaboration, tant mon ressentiment envers les dirigeants de la Troisième République était grand.

Heureusement, mon père était là, qui, dès le début du mois d'août 1940, se ressaisit et refusa de perdre courage. La radio de Londres, que nous écoutions chaque soir, et le général de Gaulle firent le reste.

Au début de la guerre, j'étais pensionnaire à Lourdes dans une lugubre boîte religieuse. Très vite, dès le début de mai 1940, nous abandonnâmes nos cours pour aller – un bandeau de la Croix-Rouge au bras – secourir les réfugiés qui débarquaient en masse à la gare. Ils allaient prier devant la grotte de Lourdes. Pauvres gens ! Ils chantaient des cantiques adressés à la Sainte Vierge : « Sauvez, sauvez la France... »

Dès la fin du mois de mai, je retrouvai mes parents réfugiés à Malagar. À mon arrivée, ma mère m'embrassa en répétant inlassablement : « C'est horrible, c'est affreux ! » Mon père était accablé, désemparé, silencieux. Malagar s'emplissait de monde – amis, famille, relations qui nous racontaient la cohue indescriptible des réfugiés fuyant la capitale sous les bombes des stukas. Nous étions bouleversés par ces visions de débâcle et de panique. Partout, autour de nous, c'étaient les mêmes visages dévorés de lassitude et de chagrin, les mêmes valises, la même affreuse misère... Oui, qui n'a pas vécu cela peut-il seulement l'exprimer ?

Dans ce contexte, l'armistice vous paraît-il salutaire ?

Pour moi – j'avais encore quinze ans –, il n'était même pas concevable de ne pas signer d'armistice. La force des armées allemandes me paraissait telle que j'étais sûr de l'occupation immédiate de l'Angleterre et de la fin de la guerre avant le début de l'automne. Si une partie de l'armée française avait été faite aisément prisonnière, c'est parce que tous ces malheureux soldats ne doutaient pas de leur libération prochaine. Il était facile à beaucoup de s'évader, mais ils n'y pensaient même pas. À quoi bon ? Ils croyaient la guerre finie.

Sur Pétain, comme la plupart des Français – mais pas tous, certains ont vu clair dès le 18 juin, et même avant, mais combien étaient-ils ? –, j'ai d'abord porté le meilleur des jugements. Pour nous, il avait eu cette sorte de courage d'arrêter les combats alors que la guerre semblait perdue, le pays submergé par la vague allemande, les réfugiés mitraillés sur les routes à longueur de journées. Le désastre était tel qu'il ne me paraissait plus envisageable de poursuivre la lutte. Stupide comme on peut l'être à cet âge, je croyais Hitler définitivement vainqueur. Il est vrai qu'à cette époque personne n'envisageait l'entrée en guerre des États-Unis et de l'URSS à nos côtés. L'armistice était pour nous un soulagement, lâche sans doute, mais un soulagement tout de même... Vous savez, en 1940, pour la majorité des Français, Pétain était comme un dieu : dernier maréchal de la Grande Guerre encore vivant, vainqueur de Verdun, seul chef « humain », pensions-nous, après cette monstrueuse tuerie du chemin des Dames en 1917, un chef économe, disait-on, de chaque vie. Pétain ? Nous l'adorions. Quand je dis « nous », je pense comme Amouroux : quarante millions de Français. Nous l'adorions, mais, dans mon cas, ce ne fut pas pour longtemps.

En réalité, je finis par comprendre que c'était lui, Pétain, le seul vrai responsable, le premier des traîtres. Si lui et son gouvernement avaient poursuivi la guerre à Alger, à Brazzaville, à Fort-de-France ou à Nouméa, auprès des Alliés comme les traités nous y obligeaient, il n'y aurait eu ni Vichy, ni déshonneur. Nous aurions eu à Paris un Quiesling et c'eût été très bien ainsi. La honte a été de signer un armistice. Le déshonneur, de collaborer avec Hitler. Le crime, d'arrêter les juifs et de les livrer aux Allemands.

Me croirez-vous si je vous dis que cette honte, ce déshonneur et ce crime ont plané sur mon bonheur, à la libération de Paris et lors des fêtes de la Victoire, le 8 mai 1945 ? Malgré de Gaulle et les succès de ses généraux, malgré notre présence aux signatures de Reims et de Berlin, je savais bien que les seuls libérateurs et les seuls vrais vainqueurs étaient les Alliés. La France libre n'avait réussi qu'en partie à effacer les horreurs de la collaboration, la honte de la poignée de main Hitler-Pétain à Montoire, l'abomination du : « Je souhaite la victoire de l'Allemagne » de Laval (même dans son contexte).

À la Libération, de Gaulle aura beau proclamer que Paris avait été libéré « par lui-même », que le 8 mai était « la victoire de la France », qui pouvait le croire ? Il n'avait pas réussi à effacer l'« indicible » : Vichy, c'est-à-dire des gendarmes et des policiers français et une milice livrant à la Gestapo des réfugiés politiques, des juifs, des résistants et les envoyant à la déportation, donc à la mort : voilà ce qu'était Vichy.

J'ai été le contemporain de ces atrocités, le témoin de cette armée française qui ne pouvait combattre parce qu'elle n'avait ni les avions ni les chars que de Gaulle avait réclamés. Toute ma vie j'ai ressenti comme une sorte de honte, d'état d'infériorité à l'égard des Alliés : comme ils me semblaient grands, aux jours de la Libération et de la Victoire ! Et comme la France me semblait petite ! Au fond, ma génération, notre génération ne s'est jamais remise de la défaite de 1940. Il faudra attendre la mort du dernier déporté, du dernier prisonnier, du dernier résistant, du dernier combattant pour que notre patrie ne souffre plus. Je veux dire : qu'elle arrive à oublier Rethondes, Montoire et le Vel' d'Hiv'.

Avez-vous entendu l'appel du 18 juin ?

Non, nous n'écoutions pas encore la radio de Londres en ces journées dramatiques. Nous n'avons pas davantage entendu, le 17 août, le message de Maurice Schumann à mon père sur les ondes anglaises : « François Mauriac, si grand que vous soyez par l'esprit ou par le cœur, nous pensons à vous comme à une image douloureuse de la France lointaine... » Cet appel était pour nous émouvant, bouleversant, admirable, mais il ne pouvait que mettre mon père en danger en attirant sur lui l'attention de l'ennemi. Ce fut encore le cas quand, le 28 novembre 1943, Schumann déclara de nouveau, depuis Londres : « Vous, Forez, dont nous n'avions pas eu besoin de reconnaître la griffe dès la première page du *Cahier noir* pour savoir que l'attentisme vous dégoûtait plus encore que la trahison... » Un mois auparavant, le 30 octobre 1943, de Gaulle avait lancé lui-même depuis Alger : « Dans une page admirable et récemment écrite, François Mauriac dépeint la place de la Concorde, vide et muette, telle qu'elle est le soir en vertu des ordres de l'ennemi. On dirait, dit-il, que Paris, accroupi au bord de son fleuve, cache sa face dans ses bras repliés. Oui, la France, comme le Paris dont parle Mauriac, peut être contrainte aujourd'hui de dérober ses traits aux outrages et aux crachats des ténèbres... » C'est un miracle si François Mauriac n'a pas alors été arrêté et déporté.

À cette date, François Mauriac était déjà devenu, quoi qu'il en soit, un personnage suspect aux yeux de Vichy comme des Allemands.

Les Allemands – les Italiens, on n'en parlait jamais tant ils étaient méprisés – et les fascistes français ne se trompaient pas sur les sentiments de François Mauriac à leur égard. Ses articles d'avant-guerre témoignaient sans ambiguïté de son anti-hitlérisme et de son rejet de l'idéologie maurrassienne. Il n'allait cesser d'être injurié, traîné dans la boue par la presse collaborationniste, et vilipendé, avec Gide et Cocteau, entre autres, comme l'un des responsables, sur le plan moral, de la défaite.

Quand on relit aujourd'hui les articles de Robert Brasillach dans *Je suis partout* ou les pages de Lucien Rebatet dans *Les Décombres* au sujet de mon père, on demeure stupéfait devant un tel déferlement de haine. Brasillach l'injuriait sans répit, Rebatet le désignait comme « l'un des plus obscènes coquins qui aient poussé dans les fumiers chrétiens de notre époque ».

Accablé par ce flot d'injures, mon père ne cilla pas. De juin 1940 à son retour à Paris en octobre 1941, je sais combien il souffrit. Mais à aucun moment il ne se laissa intimider, malgré les coups de téléphone anonymes qui lui annonçaient en pleine nuit son assassinat imminent. S'il n'a finalement jamais été arrêté, malgré les dénonciations inlassables de la presse vichyste et les imprudences de la radio de Londres, il l'aura dû en grande partie à la protection discrète de celui qui a veillé sur le sort de bon nombre d'écrivains français : Gerhard Heller[1]. Je peux témoigner du patriotisme, du courage quotidien – simple et tranquille – de mon père pendant ces années horribles. Il a été la fierté de sa femme et de ses enfants.

Votre père n'a-t-il pas eu, malgré tout, quelque faiblesse pour le Maréchal ?

Mon père n'a jamais été pétainiste. Il a seulement écrit deux articles, l'un en juin, l'autre en juillet 1940, parlant de l'action

1. Chargé par la Propaganda Staffel de contrôler la conformité de la littérature française à l'idéologie nazie, Gerhard Heller assura, sous l'Occupation, une protection discrète à beaucoup de nos écrivains, dont Mauriac qu'il admirait.

du Maréchal comme d'une « suprême preuve d'amour pour la Nation humiliée ». En réalité, mon père ne voulait rien dire et c'est sur l'insistance du directeur du *Figaro*, Pierre Brisson, alors réfugié à Lyon, qu'il a fini par s'exprimer. J'entends encore ce dernier s'écrier au téléphone : « François, en de tels jours, vous ne pouvez rester silencieux ! » Mais il n'a pas attendu la fin de l'été – j'étais avec lui à Malagar – pour comprendre que Vichy représentait tout ce qu'il détestait. Les lois antijuives ont été pour lui l'occasion d'une prise de conscience irréversible.

L'autre épreuve pour lui a été la présence des Allemands à Malagar.

Quand je lui ai raconté que j'avais vu les premiers soldats allemands défiler à Langon, il m'a dit : « Comment as-tu pu les regarder ? » Et il m'a durement rabroué pour ne pas leur avoir tourné le dos. Dans les jours suivants, un officier allemand est venu en éclaireur s'assurer que Malagar pourrait éventuellement loger des troupes d'occupation. Je l'entends exprimer à mon père interloqué son admiration pour son œuvre et lui dire dans un excellent français : « Méfiez-vous des Allemands que vous allez peut-être loger. Si vous leur donnez un doigt, ils vous prendront la main, puis le bras, puis vous y passerez tout entier. Ne cédez pas à leurs demandes. Tenez-les à distance ». « Un provocateur », commenta prudemment mon père avec son habituelle méfiance.

C'est au lendemain de Noël, le 26 décembre 1940, que le commandant Westman arriva.

Il avait autorité sur toute la région et dirigeait la Kommandantur installée à Langon, à l'hôtel de la sous-préfecture qui arborait un drapeau à croix gammée – « cette araignée gonflée de sang », disait François Mauriac. Westman était de haute taille, jeune, glabre, brun, distingué. C'était un SS et j'étais alors loin de savoir ce que ce sigle signifiait. Il portait la tête de mort sur sa casquette à haute visière, une vareuse verte avec l'aigle allemande et la croix gammée, le ruban de la croix de fer passé entre deux boutons, un col aux liserés d'argent, de hautes bottes noires brillantes, des culottes bouffantes. Avec lui, une ordonnance, un chauffeur, ce dernier au volant d'une lourde Mercedes décapotable avec les sigles noirs SS sur les plaques minéralogiques blanches. Tous trois devaient périr l'année suivante sur le front de l'Est. Westman était très courtois, claquait les talons, inclinait son buste – « correct », comme on disait alors –, et ne savait pas un mot de français. Discret, aussi : il avait accepté de demeurer dans la salle à manger, pièce inconfortable parce que de passage, et de se tenir au salon le temps que nous prenions nos repas. Il a passé une ou deux soirées avec nous. Mais l'atmosphère était si pesante, le silence si lourd que l'expérience en resta là. Si nous avions su l'abomination que représentaient les SS, aurions-nous pu seulement le regarder ? Après notre dîner, il demeurait dans la salle à manger où nous avions placé un fauteuil, ses longues jambes allongées devant un feu de bois. Pendant son séjour, il a minutieusement colorié, avec un crayon rouge, les seins de deux bustes de marbre qui ornaient les montants de la cheminée.

Avantage capital, nous étions chauffés grâce à lui, et le charbon arrivait à Malagar en abondance. Mais imaginez que nous avions gardé nos chambres confortables ouvrant au soleil sur la cour, et l'avions installé dans une petite chambre sinistre donnant « au nord », avec une toute petite fenêtre, sans salle de bains – seulement une douche –, et située si loin, au bout d'un interminable couloir, que le chauffage avait du mal à arriver jusqu'à son radiateur. Je m'interroge toujours sur la résignation de cet officier allemand à demeurer en pareil lieu.

Pendant ces longues soirées d'hiver, l'oreille collée au poste de TSF, mes parents, mes sœurs Claire et Luce et moi écoutions, déchiffrions plutôt, à travers un brouillage infernal, la radio de Londres : premiers accords martelés et funèbres de la Cinquième, puis : « Ici Londres, les Français parlent aux Français. Énième journée de la résistance du peuple français à l'Occupation. »

Dans le brouillage, chaque soir, nous écoutions d'abord les « messages personnels » formulés d'extravagante façon. Puis Maurice Schumann, porte-parole de la France combattante, le commentaire des nouvelles de Pierre Bourdan, enfin, souvent, le fameux « le général de Gaulle vous parle ! ». Pour moi, le salon de Malagar est resté lié à jamais au souvenir de la radio de Londres, aux pom-pom-pom-pom de la Cinquième et aussi à ce poste de TSF sur lequel nous entendions la voix chevrotante et pathétique de Pétain... juste avant celle, autoritaire et tonitruante, de De Gaulle !

Pendant que la radio de Londres empêchait François Mauriac de s'abandonner au désespoir, en ce premier hiver de l'Occupation où Hitler triomphait partout – mais où, bonheur, les Italiens se faisaient rosser par les Grecs –, nous entendions, au-dessus de nos têtes, le plafond craquer : c'était le commandant Westman qui regagnait sa chambre et se couchait. Quelquefois, nous l'entendions chantonner.

Un soir, je me souviens, nous écoutions une émission de la radio de Londres consacrée à Paris, Paris que nous avions quitté libre et qui était aujourd'hui profané par les défilés de l'armée allemande sur les Champs-Élysées, chaque jour à midi, avec ses bannières, ses oriflammes, ses grosses caisses, profané par ses drapeaux à croix gammée flottant sur tous les monuments et pendant le long des façades, rue de Rivoli, de la Concorde à la statue de Jeanne d'Arc, profané par ses milliers de soldats inondant les rues, les magasins, les restaurants, le métro, au milieu d'une population triste, silencieuse, sans regard. L'émission se poursuivait. Toujours le brouillage infernal et toujours le plafond qui craquait sous les bottes du commandant Westman. Brusquement, le vieil air admirable, *Paris, reine du monde*, s'éleva dans le salon. Nous retenions notre souffle, la gorge serrée, nouée. Notre émotion était à son comble. La TSF éteinte, nous demeurâmes silencieux, étouffant les battements de nos cœurs qui frappaient fort. Il me semblait n'entendre que le mien. Enfin, nous nous regardâmes : nous étions tous en larmes.

Même si votre père n'a finalement jamais été incarcéré ou déporté, il n'en a pas moins vécu sous la menace permanente d'une arrestation, d'autant qu'il fait partie, dès le mois de décembre 1941, du Comité national des écrivains, et collabore aux Lettres françaises *clandestines, sans parler de son* Cahier noir *diffusé sous le manteau par les Éditions de Minuit en 1943. Vous paraissez à peine étonné lorsque, un matin de juin 1941, vous voyez la Gestapo surgir au domicile parisien de vos parents, avenue Théophile-Gautier.*

J'étais à la maison, ce jour-là, quand deux hommes en gabardine et feutre gris se sont présentés chez nous. C'est moi qui leur ai ouvert la porte. Ils prononcèrent un seul mot – fatidique : Gestapo ! J'ai pensé aussitôt qu'ils venaient arrêter mon père et, discrètement, j'ai demandé à notre femme de chambre, Catherine, de préparer tout de suite une petite valise. Je les ai accompagnés jusqu'au bureau de mon père. Il les a accueillis très calmement, immobile, ne disant rien et prêt à être arrêté. Une seule chose les intéressait, en réalité : sa machine à écrire. Ils sont restés un long moment pour vérifier si les caractères n'étaient pas ceux repérés sur des tracts de la Résistance. Puis ils sont repartis silencieux, leur examen n'ayant rien révélé de ce qu'ils recherchaient. Après coup, mon père me dira en riant : « Ça sert, d'être académicien. » Il ne savait pas alors ce qu'il devait au lieutenant Heller.

À cette époque, vous poursuiviez vos études au lycée Janson-de-Sailly. Quels souvenirs gardez-vous de Paris sous l'Occupation ?

J'étais encore adolescent et l'Occupation a compté pour moi parmi les plus belles années de ma vie sur le plan sentimental. Ce fut d'abord la découverte des femmes, la merveilleuse découverte des femmes à travers l'une d'entre elles. En pensant à ces années-là, si dramatiques pour chacun d'entre nous, pour notre pays, pour le monde entier, je m'étonne encore de mes réactions et de celles de mes camarades de Janson.

Je voyais défiler les Allemands, en sortant du lycée, avenue Henri-Martin. Ils chantaient « Hai-haio » et je les entendrai jusqu'à la fin de ma vie. Les alertes étaient incessantes, les bombardements des usines Renault à Billancourt étaient fréquents, et le champ de courses de Longchamp fut touché une fois par erreur. II est vrai que les aviateurs américains volaient à dix-douze mille mètres d'altitude. La fin de l'alerte sonnée, ce jour-là, Claude, mes deux sœurs et mon beau-frère, Alain Le Ray, nous sommes précipités sur les lieux pour nous rendre compte des dégâts. Nous vîmes des flammes immenses et une épaisse colonne de fumée qui s'élevait haut dans l'air en tourbillonnant. Par ce jour magnifique, on était brusquement privé de la lumière du jour. On apercevait par instants, à travers cette fumée opaque, le soleil qui ressemblait à la lune et ne donnait plus ni chaleur ni lumière. Je me sentais moi-même un peu honteux d'avoir montré tellement d'empressement pour voir la mort, la misère et le sang de près.

Je filai ensuite à bicyclette vers le champ de courses de Longchamp. D'immenses entonnoirs s'ouvraient, béants, à la lisière du bois de Boulogne. Tout en haut d'un arbre, un chapeau était accroché. Sous un autre arbre complètement mutilé, un spectacle affreux : des flaques de sang que je devinais encore chaud, des vêtements de femme en lambeaux, des peignes. Je vis des morceaux de chair imprégnés de terre, une oreille intacte, une moitié de main avec quatre doigts. À un autre endroit, de nouveau du sang, un chapeau de petite fille, encore un peigne, partout des débris humains, partout l'herbe rouge de sang. Une casquette d'officier allemand gisait là aussi. Involontairement, je reconstituais la scène : ces gens venaient là pour voir les courses par une merveilleuse journée de printemps. J'imaginais la petite fille endimanchée, souriante, son père, sa mère, tous ces gens si heureux, puis, l'instant d'après, morts et affreusement déchiquetés.

Je rentrai à la maison où mes parents attendaient à la TSF un discours de Pétain. Je leur racontai les horreurs que j'avais vues. Papa me dit que c'était « dégoûtant » d'avoir vu pareil spectacle. Il avait sûrement raison. Je pense cependant que ce n'était pas le garçon de dix-neuf ans, étudiant à la faculté de droit, qui était allé à Longchamp, mais le futur reporter qui devait déjà sommeiller en lui.

Pour le reste, nous vécûmes, comme tous les Parisiens, les difficultés de l'Occupation. Nous avions faim. Très faim. Je piégeais sur les balcons de malheureux moineaux que je plumais sans pitié et qui étaient maigres comme des coucous. Nous mangions comme tout le monde des topinambours et des rutabagas – légumes qui illustreront à jamais les menus de l'Occupation –, et Madeleine, notre chère cuisinière, nous préparait des sortes de crêpes très épaisses, faites d'eau et d'une farine grisâtre, que nous appelions « matefaim ». Et qui, bien entendu, ne mataient rien.

Ce dont nous avons tous le plus souffert a été le manque complet de matières grasses. Pour certains, c'était davantage le manque de tabac : un paquet tous les dix jours. Nous conservions nos mégots dans de petites boîtes. Pour moi, c'était surtout le manque de savon. Pour mon père, le manque de café : nous arrivions à trouver au marché noir du café vert que nous torréfiions, à feu doux, dans des poêles. Je faisais la queue dans la nuit, au petit matin, pour avoir un fond de lait écrémé que m'autorisait ma carte de « J 3 ». L'hiver, sans chauffage, nous souffrions du froid au point de ne pouvoir dormir. De longs stalactites pendaient à toutes les gouttières devant nos fenêtres. Mon frère Claude brûlait dans la cheminée de sa chambre les livres de ses meilleurs amis, notamment les premiers Troyat. Le salon était fermé et plongé dans la nuit. Tout le sol était recouvert de pommes de terre qui, hélas, se mettaient à germer au printemps et prenaient racine dans la moquette. Un seul poêle, installé dans la salle à manger – toutes portes ouvertes –, était censé chauffer l'ensemble de l'appartement, et nous vivions collés à ce poêle. Une fois par semaine seulement, mon père et moi nous nous rendions aux « bains-douches » de Passy : souvenir inoubliable de cette eau bouillante, dans une salle embuée par le bain du client précédent, de cette baignoire à peine rincée.

Il y eut des jours d'horreur : les otages fusillés, les couvre-feux décrétés à trois heures de l'après-midi, les métros bondés et la fermeture de tous les théatres et cinémas, en réponse à des « attentats terroristes » contre les troupes d'occupation. Je ne sais plus si c'est Claude ou maman qui vit une fois, gare d'Austerlitz, un train de marchandises gardé par des gendarmes français, d'où s'échappaient des mains d'enfants. Mais personne ne pensait qu'il pouvait exister des camps d'extermination. Seulement des « camps de travail »...

Et malgré tout j'allais boire des verres au Pam-Pam des Champs-Élysées avec une petite amie, j'allais aux concerts de Charles Münch et au cinéma où, comment l'oublier, le public osait applaudir, aux Actualités, les apparitions de Franco. J'allais écouter Charles Trenet et Édith Piaf à l'ABC et à l'Étoile ; Léo Marjane et Suzy Solidor chantaient *Lili Marlène* dans des cabarets où je ne craignais pas de côtoyer des officiers allemands...

J'avais une admiration folle pour Léo Marjane qui était une des plus grandes chanteuses de l'époque et qui triomphait dans les music-halls et les cabarets parisiens. Elle chantait *Je suis seule ce soir* et *La Chapelle au clair de lune*. Je lui envoyais des roses et allais l'entendre dans l'un des cabarets les plus chics de Paris. J'étais accroupi sur le tapis au premier rang et quand Marjane entrait en scène, elle me jetait son épais boa blanc que je gardais serré contre moi pendant tout son tour de chant. J'avais dix-sept ans et me proclamais amoureux de Marjane. Ma sottise frôlait la trahison : Léo Marjane était la maîtresse d'un officier allemand et rien que cela aurait dû m'éloigner d'elle. Et, pourtant, je ne quittais pas ce music-hall plein d'Allemands. Je me souviens tout de même d'avoir eu, un jour, un geste de recul quand je vis au vestiaire toutes ces casquettes flamboyantes, à la haute visière, des officiers de la Wehrmacht, de la Kriegsmarine et de la Luftwaffe.

Toutes ces sorties se déroulaient dans le hurlement des sirènes lors des alertes, le grondement sourd, qui nous enchantait, des avions alliés en route pour l'Allemagne, repérés souvent par les projecteurs qui balayaient le ciel, et dans les fracas de la DCA allemande. Et, après ces nuits sans sommeil, mes camarades de classe et moi nous retrouvions à Janson comme si de rien n'était.

Je vérifie dans mon agenda de poche : j'assistai à une représentation de *Phèdre* à la Comédie-Française pendant que les Allemands envahissaient la zone libre. Et j'étais au music-hall de l'Étoile, écoutant Yves Montand, quand la flotte de Toulon se sabordait sur ordre de l'amiral de Laborde. Le 16 juillet 1942, je partis en Gironde pour les vacances : c'était le jour de la rafle du Vel' d'Hiv'. Comment pouvais-je vivre de manière aussi inconsciente la période la plus tragique que la France ait connue ? Songez que je décollais tranquillement, dans le train qui me menait à Bordeaux, les grandes étiquettes : « Wagon réservé à la Wehrmacht », en allemand et en français. Dans un esprit de résistance, me direz-vous ? Pas du tout. Pour ma collection de documents concernant l'Occupation. Si j'avais été pris sur le fait par un soldat allemand ou un policier français, je risquais d'être arrêté sur-le-champ, jugé et sans doute déporté.

J'étais jeune et le danger m'excitait. Je vivais une époque dramatique et, d'une certaine manière, j'aimais cette atmosphère. À quelques jours du débarquement, ma sœur Claire et moi nous sommes baignés à Lion-sur-Mer, la plage de Caen. Il y avait un petit couloir très étroit menant à la plage. À droite, à gauche, des fortins, des barbelés, des chevaux de frise et partout des pancartes avec une tête de mort et deux tibias croisés : ACHTUNG MINEN. Les Allemands, derrière leurs canons et leurs mitrailleuses, nous suivaient à la jumelle. Claire et moi avons pris un bain délicieux au pied du mur de l'Atlantique. Un Allemand nous attendait à la sortie du petit couloir entre les mines. Il paraissait si stupéfait qu'il en était muet. Il nous laissa filer, notre serviette de bain à la main.

À Janson, quelques-uns de vos meilleurs camarades étaient juifs. Aviez-vous conscience de la tragédie qu'ils étaient en train de vivre ?

II y a quelques années, un enseignant d'histoire de Janson-de-Sailly, Claude Colomer, écrivant l'histoire de ce lycée, a sollicité mon témoignage sur le temps que j'avais passé au lycée pendant l'Occupation. À cette occasion, j'ai ressorti mes photos de classe. Au dos de celle de l'année 1938 – j'étais alors en quatrième –, je me suis aperçu que j'avais inscrit, à côté du nom de certains de mes camarades, entre parenthèses, le mot « juif ». Je les avais, si j'ose dire, « sélectionnés ». À mon retour à la maison, un soir du premier trimestre, j'annonçai à mes parents : « Il y a douze juifs dans ma classe ! » Aujourd'hui, dans ma quatre-vingt-quatrième année, un tel acte me paraît si odieux, si inqualifiable, que je me demande comment j'ose vous en faire l'aveu. Dans mes dossiers sur l'Occupation, j'ai même retrouvé un petit bout de papier, un ticket d'autobus, au dos duquel j'avais écrit : « Ce ticket m'a été offert par le juif Perlesse ». À la vérité, tout cela était le fruit de l'époque que nous vivions.

En 1939, l'un des juifs que j'avais ainsi « recensés » comptait parmi mes meilleurs amis. Il s'appelait Weizmann. Très intelligent, très éveillé, très en avance sur son âge, comme l'on disait alors, il m'avait fait lire *Les Nourritures terrestres.* Son souvenir est aujourd'hui inséparable de ce livre. Je l'entends me citer : « Nathanaël je t'enseignerai la ferveur... » Dans mon exemplaire des *Nourritures*, j'avais glissé une critique de ce livre qu'il avait signée d'un pseudonyme. Son papier était paru dans un journal, *L'Essor*, organe de l'Association des aînés du collège de Cusset. L'adresse du journal : 7, rue Alquier, Vichy. La date du numéro : mars 1940. Six mois après, Vichy instaurait le statut des juifs, faisant soudain de mon camarade, dans son propre pays, un paria et un pestiféré.

Personne dans ma famille n'était antisémite. Qui, d'ailleurs, songerait à accuser François Mauriac d'antisémitisme, lui qui, toute sa vie, a toujours défendu les opprimés, au premier rang desquels les juifs ? Le petit garçon que j'étais ne savait pas, bien sûr, ce qu'était l'antisémitisme. Simplement, de moi-même, je mettais les juifs à part. À part de quoi ? À part de nous qui n'étions pas juifs. Pourquoi, mais pourquoi ?

En réalité, l'antisémitisme sévissait partout. Enfant, je croisais dans la rue des cortèges haineux hurlant : « Blum juif, Blum juif, Blum juif ! » Une grande partie de la presse de la droite et de l'extrême-droite, *L'Action française*, *Gringoire*, *Candide*, *Je suis partout*, etc., était antisémite. En province, surtout, catholiques dévots, militaristes dans l'âme, antidreyfusards, nationalistes convaincus, maurrassiens passionnés, représentants de toutes les ligues politiques qui sévissaient alors, tous étaient naturellement antisémites. Les juifs, pour eux, c'étaient les « youpins », comme ils disaient. L'antisémitisme était comme une maladie, une maladie souvent héréditaire, quelquefois contagieuse, qui nous touchait sans même que nous nous en rendions compte. Partout les juifs étaient dénigrés, méprisés, vilipendés, dénoncés. Toute la journée j'entendais autour de moi : « N'est-il pas juif ? Il a épousé une juive... », ou – « C'est un demi-juif. » Bien sûr, il faut se garder de juger les hommes d'une époque comme s'ils étaient informés de ce que nous avons appris depuis. Il a fallu les six millions de morts de la Shoah pour que cesse l'antisémitisme en France. Ou qu'il n'ose plus se manifester publiquement.

L'autre raison au fait qu'enfant je mettais les juifs « à part », a été notre éducation religieuse. C'est elle, la véritable responsable de l'antisémitisme d'une grande partie de la bourgeoisie française. Si les papes d'avant-guerre, si nos évêques, vichystes pour la plupart, avaient osé rappeler que les juifs étaient « nos frères préférés et, en un sens, nos frères aînés », comme

Jean Paul II l'a dit, le 13 avril 1980, en s'adressant au peuple juif lors de sa visite à la grande synagogue de Rome, les choses auraient été autres et le petit catholique pratiquant que j'étais, élevé depuis sa huitième dans des pensions religieuses, n'aurait jamais traité de juifs ses amis de Janson, ni même osé écrire : le juif Untel.

On nous apprenait que le peuple juif était un peuple déicide qui avait crucifié le Christ. Que les juifs étaient donc responsables de la mort du Christ. Et on nous citait à volonté la parole de l'Évangile : « Que son sang (celui du Christ) retombe sur eux et sur leurs enfants ! » J'ai été mal instruit, par mes parents peut-être, par mes éducateurs religieux sûrement, qui auraient dû m'élever dans l'amour de toutes les religions et de toutes les races, et qui ont fait le contraire. Les catholiques français ont trahi à cet égard le message évangélique. Ils ont été sourds aux appels au secours des juifs, et Pie XII, pape germanophone et germanophile, a été le plus sourd d'entre eux. C'est un réconfort pour moi d'avoir entendu André Frossard, au procès Barbie, s'écrier : « Signé le 3 octobre 1940, promulgué le 4, le statut des juifs aurait dû être publiquement condamné le 5 par toutes les autorités morales, crosse en main, mitre en tête. Il ne l'a pas été, et je ressens encore aujourd'hui ce silence comme une brûlure. » Moi aussi, et pour toujours.

Avez-vous envisagé de rejoindre la Résistance ?

Oui, bien sûr, cela semblait aller de soi. Mais on n'entrait pas facilement dans un réseau de résistance. Je me souviens de vaines démarches avec un camarade de Janson qui s'appelait Daveronni. Je ne saurais vous en dire la date. Les choses sérieuses ont commencé avec Pierre Sudreau, un ami de mes deux sœurs, Claire et Luce, et futur ministre du général de Gaulle. Au moment où je vous réponds, Pierre vit toujours et nous continuons à nous voir. Il m'a dédicacé son livre, *Au-delà de toutes les frontières*, en ces termes : « À Jean Mauriac, mon ami, mon compagnon de toujours, qui voulait absolument être à mes côtés dans la Résistance, ce que la Gestapo a empêché ». Après plusieurs entretiens avec Pierre dans un café des Boulevards situé devant le Paramount, il a en effet été arrêté, déporté à Buchenwald au moment précis où j'allais rejoindre son réseau.

Notre appartement de la rue Théophile-Gautier était devenu le lieu de rencontre de nombreux résistants : Jean Paulhan, Jean Blanzat, Jean Guéhenno, Yves Farge étaient souvent là, ainsi que beaucoup d'autres dont j'ai oublié le nom. Aucun d'ailleurs ne vivait sous sa réelle identité. À commencer par moi : la Résistance m'avait donné une carte au nom de Jérôme Mansart, né en 1925, de manière à ne pas faire partie de la classe obligée d'aller travailler en Allemagne. Mes parents ont aussi hébergé des juifs : je me souviens très bien de Claude Bénédicte, qui allait être mon confrère à l'Agence France-Presse. Obligé de se cacher, il n'avait fait que passer une brève nuit à la maison. Et puis, surtout, séjournait de temps à autre le lieutenant Alain Le Ray, mon beau-frère. Premier évadé de la forteresse de Colditz, il fut l'un des organisateurs de la résistance du Vercors, puis dirigea les maquis de l'Isère et de tout le Dauphiné. Il a été fait général de corps d'armée et grand-croix de la Légion d'honneur. Dernier des grands chefs de la Résistance, il est mort l'année dernière à l'âge de quatre-vingt-seize ans. Jacques Chirac a écrit une lettre émouvante à ma sœur Luce. Élisabeth de Boissieu, fille du général de Gaulle, a assisté à la messe et à la cérémonie dans la cour des Invalides. Sa présence nous a émus : à travers elle, n'était-ce pas le Général qui était là ?

Avez-vous participé aux combats de la Libération ?

Je me suis engagé, à l'automne 1944, sur le front de la haute Maurienne dans la Division alpine, rattachée au 6e groupe d'armées américain commandé par le général Devers, qui était sous les ordres du général Alexander en Italie. Celui-ci, qui tentait de rompre le front allemand sur les Apennins, nous avait donné ordre de déclencher des actions offensives de manière à fixer de nombreuses forces ennemies sur le front des Alpes.

Comment aurais-je pu supporter de rester journaliste à Paris alors que la guerre continuait et qu'il fallait une participation de plus en plus forte de la France, afin qu'elle soit « présente à la Victoire », comme on disait alors ? J'en suis revenu de façon quasi miraculeuse, avec une croix de guerre qui m'a fait tellement plaisir que je l'arborais ostensiblement en toute occasion, jusqu'à ma démobilisation, ainsi que la fourragère rouge du 6e bataillon de chasseurs alpins placé sous les ordres du commandant Costa de Beauregard et où j'étais un modeste « deuxième classe ». Je venais juste d'avoir vingt ans.

Pourquoi dites-vous « de façon quasi miraculeuse » ?

Nous étions au contact direct avec les troupes allemandes qui occupaient, en haute Maurienne, les sommets de la frontière avec l'Italie, alors que nous croupissions au fond des vallées. Cette vie militaire fut pour moi assez dure. Mes camarades de combat étaient pour la plupart des paysans aguerris et courageux, anciens FTP des maquis de l'Ain, du Vercors et du Dauphiné. J'avais encore gardé quelques habitudes d'hygiène et me lavai dès le premier soir au-dessus d'un vieux seau. « Voilà Mauriac qui se lave les couilles ! » s'exclamèrent, hilares, mes camarades. Je me glissais ensuite dans mon sac de couchage, à même le plancher d'une vieille maison où nous logions, dans un village en ruines de la haute Maurienne, Termignon. Mon voisin, un dur montagnard, se masturbait chaque soir avec une telle force que tout tremblait autour de moi.

Ma seconde matinée de combattant se déroula sous un intense bombardement de l'artillerie allemande qui nous dominait. Nous campions dans ce village qui se faisait ainsi « arroser » chaque matin. Je vis un obus frapper de plein fouet le clocher de la petite église qui s'écroula dans un nuage de poussière.

Cette guerre avait des aspects que j'étais bien loin de soupçonner. Je commençais à me remettre des émotions de mon premier bombardement quand j'entendis un brusque et sonore : « Chasseur Mauriac, aux pluches ! » Il s'agissait d'éplucher des pommes de terre noircies par le gel et si glacées qu'il était difficile de les tenir entre ses doigts. Mes camarades étaient là, rigolards, moqueurs, et ils entonnèrent aussitôt en chœur, à mon arrivée :

> « *Pourquoi Mauriac n'a-t-il qu'une seule couille ?*
> *Pourquoi Mauriac n'a-t-il qu'un seul rouston ?*
> *C'est que la mère de ce sinistre andouille*
> *A laissé l'autre au fond de son c...*
> *Qu'on apporte, qu'on apporte des femmes*
> *Et qu'on les déshabille.*
> *Qu'on apporte, qu'on apporte des femmes*
> *Et nous les baiserons...* »

Tels furent les débuts de ma vie militaire. La fin, sept mois plus tard, en avril 1945, fut plus dramatique.

Le 11 avril, ma compagnie arriva peu avant minuit au sommet du mont Froid, à près de trois mille mètres d'altitude, qui venait d'être pris la veille aux Allemands. Nous venions relever nos camarades qui, en s'en allant, nous disaient en guise d'encouragement : « Vous allez voir, c'est l'enfer ! » Ce devait l'être, en effet. Je crus d'abord que je n'atteindrais jamais le sommet. Mon sac à dos rempli de chargeurs pour l'un de nos fusils-mitrailleurs était si lourd que, lors des passages difficiles, j'étais comme aspiré, par-derrière, dans le vide. Au sommet, nous essuyâmes une tempête glacée. On n'y voyait pas à un mètre. La neige tourbillonnait, ensevelissait tout. Mon chef de section, le lieutenant Gonnet, nous indiqua, à deux camarades et à moi, une sorte d'igloo : « Attendez-moi là ! » Et l'attente commença, dans une obscurité totale et dans les hurlements du vent troublés par les salves de nos armes automatiques qui se déclenchaient à intervalles réguliers pour éviter le gel. Dans notre abri de neige, la température, curieusement, me semblait douce. J'étais épuisé après une marche d'approche de plusieurs heures. J'enlevai mes chaussures et m'endormis aussitôt.

Ce furent le fracas des armes et les hurlements des Allemands qui me réveillèrent. On m'assura plus tard qu'ils hurlaient toujours ainsi en attaquant, « pour impressionner l'adversaire ». Les deux camarades qui m'avaient accompagné n'étaient plus là. Je remis sans hâte mes souliers, coiffai mon casque, ajustai ma jugulaire, ma ceinture de cartouches, pris mon fusil. Et je sortis de mon igloo.

Les Allemands lançaient des grenades et des roquettes qui, en explosant, éclairaient le champ de bataille. Les fusils-mitrailleurs crépitaient de tous côtés, le vent hurlait. Et les Allemands aussi, toujours. En bordure d'un précipice, je m'abritai derrière un petit remblai. Il y avait des Allemands partout. Je tirais devant moi, au hasard, sur tout ce qui bougeait dans la lumière dispensée par l'éclatement des grenades. La crête entière du mont Froid était comme illuminée. À mes pieds, un blessé gémissait : « Maman, maman... » (J'appris plus tard qu'il était en train de mourir.) Pas une seconde je n'ai pensé à me pencher vers lui. Il gémissait mais je l'ignorais. Dans mon souvenir, je demeurais très calme. Je continuais à tirer, chargeais et rechargeais mon fusil.

J'avais perdu mes lunettes et je n'y voyais plus rien. Les Allemands semblaient combattre joyeusement, malgré leurs morts et leurs blessés. Combattre, c'était leur affaire, leur métier : ils terrorisaient d'abord l'adversaire par leurs cris, et puis ils engageaient la bataille tranquillement, savamment, méthodiquement. Était-ce l'idéologie hitlérienne qui fanatisait encore ces soldats de la Wehrmacht, quinze jours avant la capitulation ? J'appris plus tard que nos adversaires étaient des Bavarois et des Autrichiens qui s'étaient couverts de lauriers lors de la campagne de Crète, sur le front de Leningrad, puis à Monte Cassino. Il s'agissait de troupes d'élite : le 100e Gebirgsjägerregiment, qui faisait partie de la 5e Gebirgsdivision. Que pouvaient, face à elles, nos petits maquisards avec leurs vieux fusils, et que pouvait le petit engagé que j'étais, lunettes d'écaille sur le nez, qui n'avait reçu aucune préparation militaire et à qui on avait seulement appris à présenter les armes et à reconnaître les grades ?

C'est alors que je reculai, fis une chute, perdis mon casque et mon fusil, et plongeai dans le vide, roulant de rocher en rocher, avant de m'arrêter enfin. Je me tâtai. Je n'avais rien de cassé. Soudain j'entendis des voix allemandes. C'était bien moi que l'on appelait : « Frantz ! Frantz ! » Il y avait là, tout contre moi, une compagnie de renforts ennemis dissimulés dans les rochers. Je passai à quelques mètres d'eux, le plus silencieusement possible, et les entendis chuchoter. Sans hâter le pas, je m'éloignai, descendant vers la vallée. Le jour s'était levé. La bataille devait être terminée au mont Froid, devenu silencieux, couronné seulement de panaches de fumée. J'entendais des merles chanter.

J'avais conservé avec moi la sacoche que m'avait confiée le lieutenant Gonnet, dont j'étais le secrétaire, et qui contenait les papiers de ma compagnie que je pensais ultrasecrets. À aucun prix ils ne devaient tomber entre les mains de l'ennemi et je mis un long moment à les déchirer feuille par feuille, carte par carte. La faim, la soif, la fatigue, le manque de sommeil et, surtout, de fortes douleurs allaient avoir raison de moi. Je m'apprêtais à sombrer dans le sommeil quand deux Allemands surgirent, parabellum au poing. Sans courage aucun, désarmé, je levai les bras. Ces deux Allemands me semblèrent pacifiques. Et même désemparés. Nous tentâmes d'engager un semblant de dialogue. J'achevai de les démoraliser en leur donnant la liste des dernières villes allemandes qui étaient *kaput*. Manifestement, ils n'étaient au courant de rien. Au nom de Brême, l'un s'effondra presque : c'était la ville où demeurait sa famille. J'en profitai pour me saisir de son pistolet. Curieusement, il ne riposta guère, mais retira le chargeur et fit mine de le jeter. Je m'y opposai, pris violemment son poignet et lui arrachai le chargeur que je remis aussitôt en place dans la crosse du pistolet. Il se laissa faire. Ces Allemands paraissaient encore plus exténués et plus paumés que moi. J'appris plus tard qu'il s'agissait de deux déserteurs qui furent fait prisonniers. Par des gestes et des « *kaput* » répétés, je leur fis comprendre que la guerre était terminée pour eux. Je leur tapai sur l'épaule, leur donnai de grandes claques dans le dos en signe d'encouragement. L'anglais vint enfin à mon secours : « *War is finished. Finished. The best for you : to be prisonners.* » Puis nous nous serrâmes la main. Cordialement. J'allais dire : fraternellement. Ils s'en allèrent de leur côté.

Et c'est alors que, me sentant défaillir, m'endormant dès que je m'asseyais (c'est la lutte contre le sommeil qui m'a été la plus grande souffrance pendant cette guerre ; il me semblait quelquefois dormir tout en marchant), complètement isolé au fond de cette vallée perdue, je réalisai que je risquais de mourir et que mon cadavre serait peut-être dépecé par les corbeaux. Je ne pouvais me sauver qu'à une seule condition : suivre ces deux soldats allemands si « gentils » et me constituer prisonnier dès qu'ils auraient rejoint leur corps. Si je me suis ressaisi, c'est grâce à la pensée de ma mère. Que serait-elle devenue en apprenant : « Le chasseur Mauriac a disparu au mont Froid avec tant de ses camarades » ? C'est cette seule pensée qui m'incita à tenter de remonter au mont Froid pour retrouver mon unité. Il ne fallait pas que maman puisse croire un instant que je pouvais être mort.

Je me mis à gravir une pente de glace très raide, mon lourd parabellum dans mon sac à dos. J'arrivai en haut de cette pente. Sans lunettes, je ne pouvais percevoir les distances. Je croyais le sommet du mont Froid proche alors qu'il était tout à fait inatteignable. Tout à coup, j'entendis le crépitement sec d'un fusil-mitrailleur et fus entouré par une nuée de balles qui soulevaient de petits geysers de neige. C'étaient deux des nôtres qui m'avaient pris pour un Allemand. Le chasseur demanda à l'officier qui l'accompagnait : « Que dois-je faire, mon lieutenant ? » C'était le lieutenant Isaac que je connaissais bien. « Allume-le », ordonna-t-il. Je me retournai d'un coup, me mis sur le ventre et glissai sur cette pente que je venais de gravir à une vitesse telle que je pensai m'écraser sur les rochers en arrivant en bas, les bras en avant, mes pieds me servant de gouvernail. Le tir du fusil-mitrailleur me suivit pendant toute ma descente. Aucune balle ne m'avait atteint. Au bas de la pente, j'eus peine à croire que j'étais encore en vie. Je tentai de reprendre mon souffle quand je vis deux chasseurs français s'approcher de moi, croyant faire un prisonnier allemand. Ils s'écrièrent déçus : « Merde, c'est Mauriac ! » Ce « merde »-là, je l'entendrai toute ma vie. J'étais sauvé.

Nous regagnâmes nos lignes comme un gibier traqué, honteux, le dos courbé sous un tir nourri de mortier dont les obus, en éclatant, noircissaient la neige à quelques mètres de nous. Un ou deux officiers mal intentionnés et arrogants me reprochèrent de ne pas avoir fait prisonniers les deux Allemands que j'avais désarmés. Je fus si indigné qu'ils n'insistèrent pas. Ensuite, ambulance – je ne pouvais plus marcher, et mes doigts avaient été ouverts par la glace lors de ma glissade salvatrice. Nuit à l'hôpital de Saint-Jean-de-Maurienne. Les ambulancières, les infirmières me parurent les plus belles femmes du monde. Curieusement, je me souviens de leur bouche et de leur rouge à lèvres. J'avais envie de les embrasser, de les serrer contre moi. La nature me parut somptueuse, après ces semaines de neige et de glace. Tous les arbres étaient en feuilles et les marronniers en fleur. Toujours sur un brancard, on me prenait pour un grand blessé : je ne pouvais simplement pas marcher, et mes bandages aux doigts m'interdisaient de manger seul. Ce fut ensuite un séjour d'une semaine à l'hôpital d'Aix-les-Bains où je me remis très vite. J'ai encore dans les oreilles les cris des blessés.

Revenons quelques mois en arrière. Vous avez vingt ans à la libération de Paris. Quels souvenirs gardez-vous de ce moment-là ?

Le vendredi 25 août 1944, je quittai Vémars, la propriété de ma grand-mère, en Seine-et-Oise, où s'était réfugié mon père, en début de matinée pour gagner Paris à bicyclette, avec un article de François Mauriac – « La Nation française a une âme » – destiné aux *Lettres françaises*, dissimulé dans une vieille carte Michelin. La radio anglaise venait d'annoncer que la division blindée du général Leclerc était entrée dans la capitale. Sans bien réaliser ce qui se passait, je pédalais à travers une campagne déserte et traversai tranquillement les lignes allemandes, la Wehrmacht s'étant repliée sur Le Bourget. Le camp d'aviation brûlait. D'immenses flammes léchaient tous les hangars. J'étais seul sur la route, absolument seul.

À un carrefour, je suis arrêté par des Allemands juchés sur un char. J'entends le grincement de la tourelle et vois la mitrailleuse braquée sur moi. Je lève les bras. Ils ouvrent aussitôt la petite valise fixée sur mon porte-bagages. Au-dessus de la carte Michelin qui renferme l'article de mon père, il y a seulement des légumes du jardin, des pommes de terre nouvelles, des tomates, une laitue et des haricots verts. L'officier me regarde, soupèse les légumes, l'air dégoûté : « Ces Français, dit-il dans un excellent français, ne pensent qu'à manger... » J'esquisse un sourire, mais reste silencieux. J'entends de nouveau le grincement de la tourelle. Les Allemands me laissent passer.

À travers une banlieue complètement déserte, j'avise brusquement un groupe de FFI, brassard frappé de la croix de Lorraine au bras, pistolet au poing. Ils me mettent en garde contre les tirs des « Boches » embusqués. De tous côtés, des détonations éclatent. Et, soudain, j'ai peur de mourir là, stupidement, le jour où Paris se libère. Je descends de ma bicyclette et poursuis ma route à pied, tenant mon vélo d'une main et brandissant de l'autre un mouchoir blanc comme s'il avait le pouvoir de me sauver d'un tir. Lorsque je débouche enfin sur le boulevard de Clichy, je tombe sur une foule en liesse. À toutes les fenêtres flottent des drapeaux bleu, blanc, rouge. J'ai tout à coup l'impression de sortir d'un sous-marin où j'étouffais et de remonter à la surface. Je suis vivant. J'ai envie de hurler de joie. Une foule de plus en plus dense envahit les rues, des hommes, des femmes, des jeunes, des vieux qui me paraissent avoir tous le même visage illuminé, le même sourire éclatant. Des vendeurs à la criée hurlent les titres des journaux de la Résistance : *France libre*, *Combat*, *Franc-Tireur*, *Le Parisien libéré*...

J'embrasse des inconnus et des inconnus m'embrassent. Nous sommes libres, enfin. Beaucoup pleurent comme des enfants. Je soutiens un vieil homme qui a fait les deux guerres et qui sanglote. Il nous arrive de trébucher, de perdre notre équilibre. Ce bonheur d'être libérés est tel qu'il se transforme en une extraordinaire exaltation. Plus, c'est une sorte d'amitié, de tendresse qui nous lie les uns aux autres, une sorte de fraternité soudaine.

Arrivé dans le seizième arrondissement, j'aperçois dans une voiture militaire les premiers soldats américains. Je les verrai toujours : c'était devant la mairie, avenue Henri-Martin. Tout le monde se rue sur le véhicule qui nous paraît très étrange : c'est la première jeep que nous voyons et nous la regardons comme nous regarderons plus tard l'engin qui s'est posé sur la Lune. Comment oublier ? Le choc est d'autant plus grand qu'une heure avant un officier allemand me menaçait encore du haut de son char-tigre. Le soldat américain a un curieux filet sur son casque. Il mâche du chewing-gum. Je lui serre la main. Il m'offre un paquet de cigarettes dont je ne connais pas la marque : « Old Golden ». Je suis la foule qui se dirige vers la Muette. Brusquement, j'entends des sifflets, une rumeur d'indignation. Je pense aussitôt à des prisonniers allemands. C'est alors que je distingue, descendant l'avenue Mozart, au milieu d'une bande de FFI, une femme d'une trentaine d'années environ, assez forte, la tête complètement rasée. Elle marche droit, l'œil hagard, la tête levée, sous les crachats de ce peuple en liesse. Juste derrière se trouve une autre femme, assise, elle, dans une auto découverte qui avance lentement. Son crâne est rasé, son visage barbouillé de croix gammées. Affreuse impression qui me glace encore, plus d'un demi-siècle après.

Au même moment, des amis se précipitent vers moi en me tendant *Le Figaro*. À la une, un article intitulé « Le Premier des nôtres » et signé François Mauriac, de l'Académie française... Quelle émotion de revoir la signature de mon père après quatre années de silence ! Je n'en finis pas de regarder ce titre, ce nom imprimé. Pauvre papa qui n'assiste pas à cette journée qu'il a tant attendue, terré dans notre maison de Vémars toujours occupée par l'ennemi. Je lis : « À l'heure la plus triste de notre destin, l'espérance française a tenu dans un homme ; elle s'est exprimée par la voix de cet homme – de cet homme seul... » Et, plus loin, mon père cite ces vers du « vieil Hugo » qui ont souvent bercé sa peine durant ces quatre années :

« Ô libre France enfin surgie !
Ô robe blanche après l'orgie ! »

François Mauriac aura au moins la joie d'entendre, depuis Vémars, le « Premier des nôtres » lu sur les ondes de Radio-Paris qui l'aura couvert d'insultes et de crachats pendant quatre ans.

Quelle était alors la situation à Vémars où se trouvaient toujours vos parents ?

Depuis le 19 août, Vémars était occupé par une armée en déroute. Cette nuit-là, à deux heures du matin, la porte d'entrée avait été secouée : « Oufrez, Madame, oufrez ! » Il n'y avait pas d'électricité. Nous avions ouvert dans le noir. De tous côtés, dans le village, des chiens aboyaient. Et, dans le lointain, le roulement sourd des canons. En direction de Paris, le ciel était rouge vif.

Dans la matinée de ce jour-là surgirent trois grosses voitures tirées par des chevaux et recouvertes de branchages. Suivies d'autres voitures remplies de foin. Une forge fut même installée dans le parc. Et partout des soldats allemands débraillés, hagards, épuisés, qui, comme des cadavres, jonchent les prairies, les bosquets, les allées. Le spectacle est le même dans la maison. Je les regarde, silencieux, narquois, la joie au cœur. Cette armée en déroute, cet ennemi lamentable me rappellent l'armée française en 1940. Juste retour des choses, nous voici vengés de notre défaite, de quatre années d'Occupation. Une Occupation arrogante, cruelle, criminelle. Pour ma collection, je leur chipe un beau casque et des chapelets de balles. Dans la maison, c'est pire que dans le parc : ces épaves humaines, qui viennent de marcher cinq nuits de suite, ont les pieds en sang. Elles sont partout, dans les chambres, la salle à manger, le « cabinet de travail », les marches de l'escalier, le salon. Aux murs, les portraits de mes arrière-arrière-grands-parents transpercés en 1870 par la soldatesque prussienne à coups de queues de billard semblent regarder la scène en souriant. Quand le téléphone sonne – oui, il marche encore –, j'enjambe les soldats allemands endormis pour aller répondre. Ils sont sales et sentent mauvais.

Le 26 août 1944, vous êtes sur les Champs-Élysées comme des millions de Parisiens. L'apparition de De Gaulle a constitué pour vous un moment inoubliable...

Tout a commencé la veille, 25 août, lorsque je reçois dans l'appartement parisien de mes parents, avenue Théophile-Gautier, un coup de téléphone de Claude Guy, ami de mon frère, dont je n'ai pas entendu la voix depuis plus de quatre ans. Il paraît bouleversé d'entrer dans Paris en vainqueur, en libérateur. Il me dit combien il nous aime, combien chaque jour il a pensé à ma famille. Il me raconte, comme la chose la plus naturelle du monde, qu'il est devenu l'aide de camp du général de Gaulle et qu'il vient d'arriver avec lui il y a juste cinq minutes. « Je suis au ministère de la Guerre, rue Saint-Dominique. Le Général est là, dans la pièce voisine de mon bureau. » Je crois rêver et n'arrive pas à retenir mes sanglots. Des sanglots de joie ! Après quatre années d'Occupation, de peur, d'humiliation, de haine au ventre, l'émotion est trop forte... Et encore, à cette heure, ne savons-nous rien des horreurs commises par les SS et par la Wehrmacht sur tous les fronts. L'existence de la Shoah ne nous sera révélée qu'un peu plus tard, au retour des premiers déportés, décharnés, dans leurs vêtements rayés.

Ce matin-là, Pierre Brisson, le directeur du *Figaro*, me téléphone pour me fixer un rendez-vous, rue de Rivoli où je dois prendre une auto qui me conduira à Vémars pour y chercher mon père. Une auto de la Croix-Rouge a été obtenue grâce à Pasteur Vallery-Radot qui vient d'être nommé ministre de la Santé. J'attends l'auto longtemps, et avec quelle anxiété, car en début d'après-midi est prévu le défilé solennel : de Gaulle, après avoir déposé une gerbe au Soldat inconnu, doit descendre les Champs-Élysées.

À un moment, je vois passer rue de Rivoli deux officiers allemands, tête nue, sans ceinturon, et plusieurs infirmières allemandes entourées d'agents français. Quelques instants après, j'entends des hou-hou frénétiques. C'est, les bras levés, un homme d'une trentaine d'années, élégamment vêtu, le visage déformé par la peur, qui passe, entouré de FFI et suivi d'une foule hurlante. Il s'agit d'un milicien, paraît-il. Le groupe traverse la rue. J'ai l'impression que cet homme va se faire lyncher, déchiqueter par la foule. Je le suis du regard et vois longtemps ses deux mains dressées dépassant de ses manchettes.

J'attends toujours rue de Rivoli quand Pierre Brisson téléphone pour me prévenir que l'auto ne viendra pas, Vémars étant toujours inaccessible. Les Allemands massent des tanks et de l'artillerie au Bourget. Je suis triste à la pensée que mon père va manquer ces heures, les plus belles heures que nous aurons vécues, peut-être. Qu'il doit souffrir, là-bas, à quelques kilomètres de Paris libéré.

En début d'après-midi, je gagne le balcon du *Figaro*, au rond-point des Champs-Élysées, d'où j'assisterai au défilé. Jamais sûrement Paris n'a été aussi beau. Jamais il n'a été plus bouleversant. Comme les monuments sont émouvants, avec ces éraflures et ces profondes entailles, avec ces pierres noircies par les incendies. Une colonne du Crillon fauchée par un obus gît sur la place de la Concorde, en fragments ronds, comme ceux d'un temple d'Olympie. Partout des petites voitures allemandes renversées, mitraillées, incendiées, des tanks même. Partout des restes de barricades et de panneaux indicateurs blancs aux affreuses lettres gothiques noires. Partout des blessures qui ennoblissent ces monuments immortels, déjà témoins de tant de guerres et de révolutions.

J'arrive difficilement au *Figaro*, transformé en un centre de la Croix-Rouge, après un grand détour à cause des barricades qui n'ont pas encore été enlevées. Au fond de la cour, j'ouvre la porte d'un petit cabanon pour y mettre mon vélo en sûreté : à l'intérieur, sur le sol, quatre cadavres – dont un soldat allemand en uniforme – dans une odeur pestilentielle.

La foule massée le long des Champs-Élysées, à l'Étoile et à la Concorde, est d'une densité extraordinaire. Les camions de la division Leclerc stationnant sur les trottoirs sont chargés de grappes humaines qui semblent tenir miraculeusement, comme celles qui ont envahi les balcons et les toits.

Je retrouve au *Figaro* beaucoup des amis de mes parents. Pierre Brisson, d'abord, puis Paul Valéry – si près de la mort –, Georges Duhamel, Édouard et Denise Bourdet. Sur le balcon, je suis un moment à côté d'Édouard qui me parle de sa voix douce. Je suis obligé de tendre l'oreille. Il me raconte que plusieurs sociétaires de la Comédie-Française, Pierre Dux, Julien Bertheau, ont fait le coup de feu sur les barricades, que Pierre Fresnay ne sera sans doute pas arrêté, qu'*Asmodée*, la pièce de mon père, reprendra bientôt, etc. II me confie qu'il cherche quelqu'un « d'intègre et de beaucoup de poids » pour présider le « Comité d'épuration du théâtre », et qu'il fera appel à mon père. Cela m'étonnerait qu'il accepte. Je pense d'instinct qu'en ce domaine il préférera pardonner plutôt qu'épurer.

Je n'ai d'yeux que pour l'événement qui se prépare. Tout le monde s'attendait à un défilé monstre de la division Leclerc et de l'armée américaine. Il n'en fut rien, et c'est cela qui a été sublime. Brusquement, la musique militaire française massée au rond-point éclate : *La Marche lorraine*, *Ils n'auront pas l'Alsace et la Lorraine*, *Le Chant du départ*. Quelques tanks, juste quelques tanks avancent lentement, suivis d'un groupe d'hommes qui ne marchent pas en rang, les uns en civil, beaucoup en tenue militaire. Au premier rang, au milieu d'eux, un homme grand et droit, dont le képi kaki dépasse de beaucoup toutes les autres têtes. Il salue des deux bras dans un geste qui va nous devenir familier... C'est lui, c'est le général de Gaulle.

Une émotion profonde me serre longuement le cœur, un cœur débordant d'admiration, d'enthousiasme, de gratitude pour celui qui, poursuivant le combat depuis 1940, a sauvé l'honneur de la France, son rang dans le monde et, contre toute vraisemblance, sa place à la signature de la capitulation de l'Allemagne. Le défilé se passe dans une simplicité poignante et, par moments, un grand désordre.

Le défilé terminé, je remonte les Champs-Élysées (à travers quelle foule !) jusqu'au Triomphe, l'un des grands cafés où j'avais fixé rendez-vous à des amis. C'est alors qu'éclate une terrible fusillade. En quelques secondes, ces Champs-Élysées qui n'étaient qu'une mer humaine deviennent complètement vides. Les gens s'enfuient à l'intérieur des magasins et dans les rues adjacentes. Les coups de feu claquent de toutes parts. On tire des toits juste en face de nous. Je m'aplatis par terre et entends siffler une balle au ras de ma tête. À cet instant, comme s'il y avait eu un mot d'ordre, tout Paris se met à retentir du fracas des balles. On tire de l'Étoile jusqu'au parvis de Notre-Dame. On a même tiré dans Notre-Dame où était célébré un *Magnificat.* Nous apprenons peu après par Claude Guy que le général de Gaulle a miraculeusement échappé à la mort.

Par quel concours de circonstances allez-vous, dans les jours suivants, entrer à vingt ans à l'Agence France-Presse ?

Le lendemain du défilé où j'ai aperçu de Gaulle pour la première fois, mon frère Claude me téléphone depuis le ministère de la Guerre, rue Saint-Dominique, et m'apprend qu'il est entré au secrétariat particulier du Général. J'ai du mal à le croire, sidéré par la chance incroyable qui vaut à Claude de vivre désormais aux côtés de De Gaulle, de recevoir ses confidences, de s'occuper de ses affaires personnelles, de côtoyer Juin, Koenig, Leclerc, de Lattre, l'amiral d'Argenlieu... C'est en fait Claude Guy, l'un de ses plus anciens amis, qui lui a demandé de venir pour s'occuper du courrier personnel du Général. Sur ces entrefaites, un autre ami de mon frère lui a proposé d'entrer à l'AFP, proposition qu'il a dû décliner et dont il m'a fait aussitôt profiter.

Claude Guy a donc joué un rôle décisif dans votre propre rencontre avec de Gaulle. Il a compté, jusqu'à sa mort en 1990, parmi vos amis les plus proches, au point que vous avez préfacé, avec Paul-Marie de La Gorce, son livre posthume, En écoutant de Gaulle. *Qui était au juste ce personnage assez controversé ?*

Au début de juin 1944, le général de Gaulle cherchait un aide de camp « grand et bien pensant » pour remplacer le capitaine Étienne Burin des Roziers qui avait obtenu l'autorisation de repartir se battre. Le lieutenant Guy, engagé dans les Forces aériennes françaises libres, blessé dans un accident d'avion en mars, est alors invité à se présenter à Londres au cabinet du général de Gaulle, à l'instigation du général Corniglion-Molinier, alors commandant des Forces aériennes de l'Atlantique.

La convocation lui arrive le 14 juin. De Gaulle a débarqué dans la matinée sur une plage normande, non loin de Courseulles. C'est son premier retour en France depuis le 17 juin 1940, et, à Bayeux, son premier discours en terre française libérée. Il n'y reste que quelques heures et revient à Londres dans l'après-midi même.

L'entretien avec Claude Guy se déroule dans le bureau de Pierre Viénot, ambassadeur de la France libre à Londres. Le Général a déposé sur la cheminée de la terre et des fleurs ramenées de France. Il a le geste d'en offrir quelques-unes au lieutenant Guy, pour sa mère. Selon le récit de Claude Guy, le Général le prie d'écrire deux lettres et un rapport dont il esquisse les grandes lignes. En fin d'après-midi, Guy est à nouveau convoqué chez le Général à qui il remet son travail. Celui-ci lit attentivement les trois projets. Claude Guy est derrière lui, sur la droite, en retrait. Il craint le pire. C'est tout le contraire : le Général paraît satisfait, détendu, et met Claude Guy à l'aise. Il apporte de menues corrections, puis se tourne vers le jeune lieutenant : « Voyez-vous, lui dit-il, lorsque j'étais secrétaire général du Conseil supérieur de la Guerre, André Tardieu, alors président du Conseil, me demanda : "Pourquoi avez-vous mis cette phrase ? Que signifie-t-elle vraiment ?" » Et le Général d'ajouter : « Tardieu me glissa le conseil que j'ai toujours retenu : quand on n'est pas sûr de la nécessité d'une phrase et de la valeur de son contenu, alors on ne met rien ! »

Quelques instants plus tard, le Général traverse le bureau des aides de camp et happe littéralement Claude Guy au passage. Voici le jeune lieutenant en route pour Alger dans l'avion personnel du chef de la France libre. Ils survolent, tous feux éteints, les côtes de la France occupée – Oradour a eu lieu six jours plus tôt –, celles de l'Espagne franquiste, du Portugal salazariste, puis de Gibraltar sur la gauche, avant l'escale de Rabat. Demeuré seul, le Général se met à fumer, méditatif. Puis il indique à Claude Guy que, durant le voyage, il le veut assis derrière lui...

Le 26 août 1944, Claude Guy descendra les Champs-Élysées aux côtés du Général, devenant « célèbre » par sa seule présence – beau visage, haute, mince et élégante silhouette, long cou à la pomme d'Adam saillante, casquette bleue d'aviateur – sur toutes les photographies et tous les films de cette époque.

Bien que Claude Guy ne soit resté que cinq ans auprès du Général, son journal est sans doute le premier à avoir révélé la personnalité intime de l'homme du 18 juin.

C'est en effet un document unique en son genre, un témoignage dont aucun historien du Général ne peut désormais se passer. L'extrême intérêt de son *Journal* réside dans le fait qu'il ne porte pas seulement sur la période vécue par Claude Guy aux côtés de De Gaulle. C'est sur toute la guerre que le Général s'exprime et s'explique devant son jeune aide de camp. Pendant quatre années, Claude s'est entretenu de la manière la plus libre, simple, décontractée, quelquefois même la plus désinvolte, avec de Gaulle. Ce dernier est heureux d'avoir sous la main un jeune officier de vingt-neuf ans, intelligent, ayant du goût pour la politique et encore plus pour l'histoire. Et Claude fait plus que se montrer à la hauteur. Il sait engager une conversation en choisissant le sujet qui aura le meilleur écho, l'entretenir, la ranimer si nécessaire, et demeurer silencieux quand le Général se lance dans un monologue qui devient un cours d'histoire. Il dirige la conversation sans en avoir l'air, mitraille le Général de questions, tantôt complice, tantôt provocateur, c'est-à-dire en prononçant les paroles que le Général attend, ou en posant des questions qui le font sortir de ses gonds et même entrer dans de vraies – ou feintes – colères. Il est à l'aise avec le Général comme aucun autre de ses collaborateurs. Il sort de la tranchée, va au feu. Et souvent pour les autres : « Vous devriez demander au Général... », lui dit, prudent, Malraux. « Essayez donc de savoir... », lui murmure le subtil Palewski.

Mais Claude Guy va beaucoup plus loin. Il donne son avis en politique, même quand le Général ne le lui demande pas. Et, chose stupéfiante, il se permet de conseiller le Général : « Faites ceci... faites cela... faites une déclaration !... Puissiez-vous, mon Général, ne pas publier immédiatement votre note ! », etc. Et parfois de Gaulle, irrité, le rembarre sèchement : « Écoutez, je ferai selon mes possibilités. » Mais, bien plus souvent, il demeure silencieux, puis lui répond : « Vous avez raison ! »

La vérité, c'est que Claude avait pour le Général de la tendresse, une tendresse elle aussi « hors du commun », une tendresse dont il débordait, une tendresse pleine de pudeur dont il ne parlait jamais, dont il n'aurait pu prononcer le nom, mais qu'il saura cependant exprimer tout au long de son *Journal*. Par exemple, je me souviens de cette phrase au début de l'ouvrage : « Je reste seul avec le Général dont la sérénité et la douceur me sont bouleversantes. » Et, dans les pages irremplaçables sur la mort d'Anne de Gaulle : « Une espèce d'immense tendresse baigne ses traits. Il me regarde d'un regard prolongé d'une bouleversante beauté. » Et encore : « Cette pureté bouleversante des yeux et de la voix... », « ce regard tendre et paternel qu'il pose sur moi »... N'est-ce pas de la tendresse ? Et n'est-ce pas en raison de cette tendresse dont il débordait que Claude Guy souffrit tant, après coup, de son éloignement ?

C'est parce qu'il avait compris les sentiments que son aide de camp lui portait que de Gaulle, jusqu'à sa mort, lui manifesta toujours attention et affection. Il savait le drame que fut pour Claude Guy son renvoi. Il savait qu'avec Claude rien n'était jamais facile. Il a veillé jusqu'à sa mort sur ses activités professionnelles et sur les étapes de sa carrière diplomatique, dont la dernière a été celle de conseiller des Affaires étrangères.

Pour de Gaulle, son aide de camp devait être « un personnage ». Guy l'était par son autorité naturelle, son goût des responsabilités, un don d'organisateur, beaucoup d'entregent, un tempérament très entreprenant, parfois trop, car il excédait allégrement, de temps à autre, ses attributions – mais c'était toujours pour mieux servir le Général. Il fallait voir Claude s'entretenir avec les généraux, les ambassadeurs, les ministres, les présidents du Conseil même ! Il fallait le voir, dans les voyages en province, semoncer les préfets, réprimander les membres du service de sécurité, donner des ordres, et sur quel ton ! Il fallait le voir aussi dans ses fonctions d'interprète, lors des entretiens du Général avec Churchill et Eisenhower, comme avec tous les envoyés anglo-saxons.

Il a été, en fait, après le départ du pouvoir de l'ancien chef de la France libre, et jusqu'à leur séparation en 1949, une sorte d'homme-orchestre, à la fois directeur et chef de cabinet, chef du protocole, éminence grise. Il voyait les dignitaires de la Quatrième République aussi bien que les dirigeants du RPF ou les personnalités étrangères. Il établissait les liaisons entre eux et le Général, étant souvent chargé de missions précises par celui-ci, mais agissant encore plus souvent de sa propre initiative.

Si Grasset m'a demandé de préfacer *En écoutant de Gaulle* – ouvrage qui a connu le succès que l'on sait en 1996 –, c'est que, parmi les papiers retrouvés chez Claude, en même temps que la dactylographie de ce *Journal*, figurait un petit dossier intitulé « Jean ». On pouvait y lire cette note parmi d'autres : « [...] Et puis – pourquoi te le cacher ? –, la certitude, tout à la fois merveilleuse et déchirante quant au passé, qu'un Mauriac ne m'aura point oublié. » Et cette autre indication : « Je n'ai pas à retenir tes excellents conseils pour tant de notes. C'est fait et ce fut coûteux. Mais si je venais à mourir, te chargerais-tu de tout ? »

Ce que j'ai fait par amitié, par affection pour un homme quelquefois injustement critiqué.

Ce que vous avez en commun avec Claude Guy, à partir de l'automne 1944 et dès votre entrée à l'AFP, c'est une certaine proximité avec de Gaulle, puisque vous êtes aussitôt affecté rue Saint-Dominique, au siège du Gouvernement provisoire. On peut tout de même s'étonner d'une telle affectation alors que vous êtes un journaliste débutant...

D'abord, je veux vous dire que ma joie, à vingt ans, d'entrer à l'Agence France-Presse, était telle que j'aurais presque payé pour y travailler. Ce fut pour moi un bonheur inexprimable. Je n'avais aucun diplôme, je venais juste de m'inscrire à la Sorbonne et à la faculté de droit, sans grand enthousiasme. Je n'avais, bien sûr, aucune expérience journalistique. Je pense même que je n'avais aucune culture. Et voici que non seulement l'AFP, qui venait de succéder à la célèbre Agence Havas d'avant-guerre, m'accueillait en son sein, mais qu'il m'était donné, dans le même temps, de collaborer, grâce à son rédacteur en chef, Pierre Corval, à l'un des plus grands journaux du moment, *L'Aube*... Mon travail à l'AFP était d'autant plus passionnant que l'on m'avait en effet confié, dès mon arrivée, la « surveillance » de la rue Saint-Dominique où le Général venait de s'installer. Je n'en croyais pas mes yeux lorsqu'on me délivra, le 29 septembre 1944, mon premier laissez-passer : « M. Mauriac Jean, fonction : journaliste, est autorisé à circuler librement à l'intérieur des bâtiments occupés par le chef du Gouvernement provisoire de la République française, au ministère de la Guerre, 14, rue Saint-Dominique. »

Naturellement, le fait d'être le fils d'un des écrivains les plus prestigieux et influents de cette époque, et le frère d'un collaborateur direct de De Gaulle, a beaucoup compté dans la décision de l'AFP de m'accréditer auprès du Général. On estimait que j'aurais sans doute plus de facilités que d'autres pour approcher le nouveau pouvoir. Ce qui était vrai. Cela dit, mon travail rue Saint-Dominique se limitait à rédiger de brèves dépêches relatant les allées et venues des principaux officiels et leurs déclarations après leur entretien avec le chef du Gouvernement provisoire. Je n'ai vraiment commencé à côtoyer de Gaulle, durant cette période, qu'à l'occasion de ses voyages à Lille et en Normandie, en octobre 1944. Mon aventure auprès de lui n'a véritablement débuté qu'à ce moment-là, et pour quelques semaines seulement, puisque je me suis engagé peu de temps après dans l'armée.

CHAPITRE III

De la Libération au RPF

En septembre et octobre 1944, vous accompagnez de Gaulle dans ses déplacements dans le Nord et en Normandie. Quels souvenirs gardez-vous du retour du Général dans sa ville natale, et surtout de sa traversée des villes normandes pour la plupart entièrement détruites ?

À Lille comme dans toutes les villes de province où il s'est rendu à ce moment-là, de Gaulle a été accueilli par des foules en délire. La vision était saisissante de cet homme qui avançait lentement, marchait d'un pas égal en saluant, juste de ses deux bras repliés, la population qui l'acclamait, en serrant indéfiniment les mains qui se tendaient vers lui. Souvent il écartait le service d'ordre comme s'il voulait se noyer dans la foule. Sans cesse il murmurait : « Merci, merci. »

Le jour de son arrivée à Lille, le 30 septembre 1944, la ville baignait dans une douce lumière d'automne. Le lendemain, c'était le dimanche 1er octobre, une pluie fine et tenace s'était mise à tomber. La foule – une mer de parapluies – n'en était pas moins présente au rendez-vous. Elle était massée sur toute la largeur des trottoirs, juchée sur les toits et les réverbères, accrochée aux grilles, aux barres d'appui des fenêtres. Ce dimanche-là, le Général allait prononcer devant la population lilloise, en grande majorité ouvrière, un de ses discours les plus révolutionnaires, dans lequel il appelait à l'instauration d'une économie dirigée, à la mise en commun des richesses nationales.

Mais le plus bouleversant pour moi fut d'assister à ces retrouvailles ferventes, empreintes d'une émotion indescriptible, entre le Général et sa ville natale qui avait connu, en un demi-siècle, deux invasions et fourni tant de martyrs. Simplicité, familiarité d'un ton qui ne pouvait être que celui du Général. Ainsi commençait-il son discours : « La voilà donc libérée, la chère, la vieille ville de Lille. La voilà sortie de l'océan de souffrances et d'humiliations où elle a été plongée, sans avoir jamais rien perdu de sa fierté et de sa dignité, sans jamais avoir failli une seconde à l'espérance. » C'étaient exactement les paroles que les Lillois attendaient : celles qui s'adressaient à leur cœur et leur faisaient monter les larmes aux yeux. Et il terminait ainsi son discours : « Je demande à tous les garçons et à toutes les filles qui m'entendent de se rappeler, plus tard, qu'aujourd'hui, ils ont rencontré le général de Gaulle, et que celui-ci, au nom de la France, leur a dit qu'il avait confiance en eux et en elles. »

En Normandie, dans les jours suivants, l'atmosphère allait être tout autre. La traversée de ces villes réduites pour beaucoup à des monceaux de gravats, avec partout des grappes humaines agrippées à des ruines pour ovationner de Gaulle, constituait un spectacle qui vous broyait le cœur.

Au Havre où s'étendait à perte de vue un fatras de pierres, de plâtre, de poutres en ciment, de ferrailles tordues, il n'y avait plus d'intact au milieu des décombres que le monument aux morts. Une épaisse fumée noire s'élevait encore de certains endroits, le feu continuait de couver, consumant les derniers débris de bois, les derniers cadavres qui n'avaient pu être retirés. Partout dans la ville, là où une place avait pu être déblayée, de petites croix s'élevaient, qui signalaient des corps anonymes enterrés provisoirement à même la terre, recouverts de chaux et seulement séparés les uns des autres par une petite planche.

Poursuivant leur politique de la terre brûlée, les Allemands, à la veille de leur départ du Havre, avaient procédé à un bombardement qui avait détruit toute une partie de la ville.

À notre arrivée à Rouen, le 9 octobre 1944, il faisait nuit. Vers vingt heures, la foule qui stationnait devant la préfecture vit arriver une douzaine d'automobiles qui trouèrent l'obscurité des feux de leurs phares. Une clameur immense s'éleva : « Vive de Gaulle ! » Le lendemain, toute la matinée, les Rouennais, avec un enthousiasme indicible, suivirent le Général de la place du Vieux-Marché à celle du bûcher de Jeanne d'Arc où le chef du Gouvernement provisoire se recueillit. Puis jusqu'à l'hôtel de ville et au monument de la Victoire devant lequel il prononça une allocution pour dire aux habitants combien il était ému de retrouver leur ville si blessée, et « blessée à son cœur »... Rouen offrait un spectacle plus poignant encore que Le Havre, avec son église Saint-Vincent entièrement rasée, son palais de justice en partie détruit par le feu, son port réduit à un enchevêtrement de quais effondrés, de péniches et de bateaux éventrés, d'amas de matériaux pulvérisés, de ponts dévastés. Comme à Amiens, seule la cathédrale se dressait encore, dominant elle aussi un champ de ruines.

Partout on retrouvait le même contraste entre cette mort si présente et le délire de la foule, un délire joyeux, un délire fou. Le moment le plus inoubliable de ce voyage reste celui de Caen, la nuit suivante. Il y avait là des milliers et des milliers de personnes massées dans un décor fantasmagorique et hurlant le nom du Général. Je me demandais : mais d'où sortent tous ces gens, dans cette ville aux trois quarts anéantie ? Je me souviens de la silhouette du Général se dessinant, au monument aux morts, devant une immense draperie tricolore. Les projecteurs nous aveuglaient. Autour de nous, c'était, dans la nuit, la foule innombrable accrochée dangereusement à des ruines que nous distinguions à peine. Une clameur inimaginable, mais que j'entends encore, nous submergeait, et brusquement un silence total s'établit quand la voix de De Gaulle s'éleva, portée très loin par des haut-parleurs, sur cette ville détruite d'où émergeaient, presque intacts, les gigantesques clochers de l'abbaye-aux-Hommes et de l'abbaye-aux-Dames. L'émotion était telle, la ferveur si profonde, qu'aucun applaudissement ne vint interrompre le Général. Je ne voyais autour de moi que des visages bouleversés. C'était un choc, pour ceux qui avaient été occupés pendant quatre ans, de se trouver brusquement en présence du libérateur de la patrie. Je me souviens bien, je ne me trompe pas : innombrables étaient les Français qui écoutaient ainsi de Gaulle à travers leurs larmes.

Ce voyage en Normandie dura trois jours. Entre les villes dévastées, la campagne paraissait intacte, belle et somptueuse avec ses vergers, ses champs, ses haies touffues, ses grasses prairies parsemées d'arbres centenaires. Intacte, à l'exception, bien sûr, de tous les ponts détruits. Nous devions traverser doucement les cours d'eau sur des passerelles de bateaux installées par le génie américain. Je me demande comment les préfectures arrivaient à trouver des gîtes aux journalistes qui suivaient le Général. Nous dormions là où il y avait encore un toit, l'eau était rare, l'électricité absente. L'hygiène s'en ressentait : je suis revenu un jour couvert de morpions.

Vos premiers reportages ont été publiés dans L'Aube *sous le pseudonyme de Gilles Calaise, l'AFP n'autorisant pas les collaborations « extérieures ». De quel journal s'agissait-il exactement ?*

L'Aube, comme l'AFP, a été l'une des chances de ma vie. Imaginez qu'au lendemain même de mon entrée dans le journalisme, stagiaire de vingt ans, n'ayant pas la moindre idée de ce qu'était un article, un reportage, une interview, je signais en première page, sous un pseudonyme, de longs papiers dans un des principaux journaux de la Libération : l'organe officiel du

MRP auquel collaboraient Georges Bidault et Maurice Schumann.

Je devais cette chance au rédacteur en chef, Pierre Corval, que je ne connaissais même pas. Mais il me « commandait » de nombreux papiers, allant d'une interview de l'amiral Thierry d'Argenlieu au récit d'une soirée unique à l'Olympia : Fred Astaire dansant pour les GI.

À Noël, Pierre Corval m'écrivit : « J'apprends par votre père que vous menez actuellement, sur le front de Maurienne, la vie dure du soldat de 2e classe. Je vous en félicite et je vous envie... »

Du fait de votre engagement dans l'armée pour finir la guerre, vous n'allez pratiquement retrouver le Général que peu avant son départ du pouvoir, en janvier 1946. Quelle a été votre réaction en le voyant contraint de se retirer aussi rapidement ?

J'étais, comme beaucoup, stupéfait mais confiant. Pour moi, il ne faisait aucun doute que le Général reviendrait très vite aux affaires – je pensais qu'il s'agissait d'une question de jours –, tant la situation intérieure était déliquescente. Vous ne pouvez imaginer ce qu'était la France de l'immédiat après-guerre, le climat permanent de crise, d'insurrection dans lequel nous vivions, les grèves à répétition, les émeutes de la faim, les bombes qui faisaient dérailler les trains. Le tout orchestré en sourdine par un Parti communiste français aux ordres de Moscou, alors que la situation internationale était si tendue entre l'Est et l'Ouest qu'elle laissait déjà présager une nouvelle guerre.

Dans ce contexte, de Gaulle, retiré à Colombey, était comme un lion en cage. Il fulminait : l'état du pays, de ses institutions, la politique intérieure et extérieure menée par les gouvernements en place lui paraissaient intolérables. Tout a toujours été dramatique dans la vie du Général, et ces longs mois qui précèdent la création du RPF ont été pour lui, à bien des égards, une véritable souffrance. Certains de ses biographes ont assuré qu'il avait, en quittant le pouvoir, commis une erreur politique et ainsi perdu dix années. Mais pouvait-il rester face à une Assemblée toute-puissante et des partis politiques qui le détestaient ?

Quant à moi, j'exécrais déjà ces hommes politiques de la Quatrième – socialistes, communistes, MRP – qui n'avaient trouvé entre eux qu'un seul terrain d'entente : empêcher coûte que coûte et par tous les moyens le retour au pouvoir du général de Gaulle.

On vous aperçoit aux côtés du Général, en mai 1946, sur une photographie prise en Vendée, à Mouilleron-en-Pareds, où il est venu s'incliner sur la tombe de Clemenceau. Êtes-vous devenu à cette époque ce qu'on pourrait appeler un familier du Général ?

Sûrement pas. Personne n'était vraiment familier de De Gaulle. C'est un mot qui ne s'accorde pas avec lui. De Gaulle n'avait pas d'amis au sens précis du terme ; même ses collaborateurs les plus intimes n'ont jamais été ses familiers. Mais il m'avait repéré, naturellement. Je ne faisais pas partie de son entourage, seulement de son « paysage ». Il savait pouvoir compter sur moi. En tant que correspondant de l'AFP attaché auprès de lui, je lui étais sûrement plus précieux qu'aucun autre journaliste. Pour une raison essentielle : il me savait gaulliste, chose rarissime dans une presse qui s'opposait à lui dans sa presque totalité. (Souvenez-vous des éditoriaux de Brisson au *Figaro* et de Beuve-Méry au *Monde* !) De Gaulle me faisait confiance et je ne l'ai jamais trahi. Et puis, rappelez-vous, j'étais aussi, pour lui, le fils de François Mauriac. Aussi et surtout.

Le jour de la visite sur la tombe de Clemenceau, le 12 mai 1946, son discours – le premier depuis son départ du pouvoir – à peine prononcé, j'allai demander au Général son texte qui était manuscrit. Il le sortit, plié en quatre, de la poche extérieure de sa vareuse. « Tenez, voilà pour vous, Mauriac ! » me dit-il de sa voix inimitable, en me tendant les feuillets. J'étais alors toujours content, un peu ému, même, que de Gaulle m'appelle ainsi par mon seul nom, comme il le faisait à l'égard de ses compagnons les plus proches, et me confie un texte politiquement important[1] et, qui plus est, écrit de sa main.

Je conservai ce texte original. Pourquoi ne l'ai-je pas remis dès le lendemain au secrétariat du Général ? Je ne sais plus. Insouciance ou plutôt vague espoir inconscient qu'on oublierait de me le réclamer ? Dans tous les cas, ce fut une vaine espérance. Deux ou trois mois plus tard, je reçus une lettre très sèche de Gaston Palewski, directeur du cabinet du Général, qui s'étonnait – avec ironie – que le texte de ce discours n'eût pas été rapporté au secrétariat, et m'invitait à le faire dans les délais les plus brefs.

Dans la période précédant la création du RPF, vous jouez un rôle assez déterminant pour faire connaître précisément les intentions politiques du Général.

C'était un rôle assez modeste, en réalité. Il consistait à donner à chaque discours ou initiative politique du Général le plus d'écho possible. Et, comme j'étais journaliste à l'AFP, il s'agissait d'être le premier à diffuser les informations dès lors qu'elles étaient importantes – c'est-à-dire avant les agences concurrentes, anglaise et américaine. D'une certaine manière, mon travail de journaliste ne devait pas, selon moi, desservir le Général, même si je veillais sans cesse à accomplir ma tâche sans déroger, cela va de soi, à la plus grande rigueur professionnelle. Ce fut en fait tout le dilemme de ma vie d'homme de presse : en tant que gaulliste, ne jamais nuire à la politique du général de Gaulle ; en tant que journaliste – et journaliste d'agence – ne jamais trahir les règles de ma profession : l'impartialité et la vérité. Je pense y être arrivé, puisque l'AFP m'a « confié » de Gaulle jusqu'à sa

1. Dans son allocution, le Général met en garde la classe politique contre « les éternels démons intérieurs qui nous divisent et nous égarent ».

mort, et que ce dernier m'a, jusqu'au bout aussi, manifesté sa confiance et son amitié. Le 6 octobre 1970, il m'écrivit qu'il était « détaché entièrement de l'actualité ». Et il ajoutait : « Mais je ne le suis pas de l'amitié. Soyez bien certain que la mienne vous est fidèle. » Ainsi suis-je arrivé à terminer ma tâche avec une double bénédiction, celle du Général et celle de l'AFP.

En septembre 1946, juste avant son retentissant discours d'Épinal qui devait marquer sa véritable rentrée politique, en plein débat sur le vote de la Constitution, l'AFP diffusa à mon initiative un article qui fit grand bruit. Il annonçait que ce discours allait marquer précisément « un tournant décisif dans la politique suivie par le général de Gaulle » et que ce dernier indiquerait à Épinal « son intention de patronner aux prochaines élections les candidats se reconnaissant dans son discours de Bayeux ». Il en résulta aussitôt beaucoup d'agitation à Paris, à la grande satisfaction de De Gaulle qui n'avait qu'un but : empêcher que cette Constitution, qu'il jugeait néfaste pour les intérêts du pays, fût adoptée. Elle le fut, hélas, en octobre 1946, lors du référendum, quoique de justesse, avec 35 % de « oui » contre 33 % de « non » et presque autant d'abstentions. Mais, dans l'esprit du Général, par-delà la déception que ce résultat lui inspira, quelque chose d'irrésistible s'était mis en mouvement. Il se montra plus que jamais prêt à reprendre l'offensive, à rassembler une fois encore les Français autour de lui. C'était, comme il le dit alors à sa femme, « le commencement d'une chose considérable »...

On vous retrouve naturellement à ses côtés, en tant que journaliste – mais aussi militant –, le 7 avril 1947, à Strasbourg, où il proclame la naissance du RPF.

J'étais bien sûr présent à Strasbourg pour le lancement du RPF – événement qui ne coïncidait pas par hasard avec le deuxième anniversaire de la libération de l'Alsace.

Je retrouve dans mon journal de l'époque le récit presque minute par minute de ces journées-là. Le premier jour, le 6 avril, au milieu du vent et de la pluie, blotti contre le porche de la cathédrale, j'attends le Général qui est en retard, ce qui m'étonne tant sa ponctualité est légendaire. Non loin de moi, les généraux Juin, de Lattre de Tassigny, Koenig, les amiraux Thierry d'Argenlieu, Ortoli, attendent eux aussi en bavardant. J'observe Thierry d'Argenlieu, « le père d'Argenlieu », comme le Général se plaisait à l'appeler... L'évêque de Strasbourg arrive à son tour sur le seuil du porche et, se découvrant, serre la main de tous les anciens chefs de la France libre. Plus chaleureusement, celle de l'amiral Thierry d'Argenlieu, membre de l'ordre des Carmes, qui a rejoint le chef de la France libre en 1940 et qui, de façon exemplaire, doit reprendre prochainement la vie monastique.

Il pleut toujours et la foule est de plus en plus dense le long des trottoirs. Soudain, j'éprouve ce serrement au cœur que je connais bien désormais. Une rumeur de foule, un vacarme de moteurs, au loin, qui s'amplifie, qui éclate. Dans le bruit des motocyclettes de la police, des claquements de portières des voitures, des acclamations de la foule, l'auto du Général stoppe devant le parvis de la cathédrale. Les cloches sonnent à toute volée. Claude Guy, son aide de camp, se précipite et le Général, à demi courbé, descend de sa voiture. Aussitôt éclate l'hymne américain (l'ambassadeur des États-Unis, Jefferson Caffery, est là), puis *La Marseillaise* qu'il écoutera en saluant, la main un peu pliée, sans toucher son képi.

Les portes de la cathédrale s'ouvrent. Les orgues grondent, les innombrables candélabres percent l'obscurité des voûtes. Nef et bas-côtés sont bondés. J'entre derrière le Général, mélangé aux généraux et amiraux. De Gaulle est debout dans le chœur, devant un prie-Dieu de velours rouge. Il ne semble pas voir deux photographes qui montent sur des échafaudages au-dessus du tabernacle, mais regarde toujours, de ses yeux si profonds, sous ses paupières tombantes, ceux qui l'entourent. Longuement, avec insistance, je sens qu'il scrute chacun d'entre nous. Il me repère. Bien évidemment, car il voit toujours ceux qui ne sont pas à leur place. Et, dans les premiers rangs, je n'étais pas à la mienne !

Puis, à pied, le cortège officiel gagne la place Kléber, au milieu d'une foule qui crie sans relâche : « Vive de Gaulle ! » et : « De Gaulle au pouvoir ! » Des fleurs sont jetées depuis les fenêtres. La brève allocution du Général se borne à évoquer la solidarité d'armes franco-américaine.

Ce n'est que le lendemain, 7 avril, qu'il prononcera son discours le plus attendu à l'hôtel de ville. Autour de lui se pressent tous ceux qui, au RPF, vont constituer son futur état-major : Malraux, Baumel, Palewski, Soustelle, mais aussi Chaban-Delmas, Rémy, Barberot, Michelet, Pasteur Vallery-Radot, Vallon, Capitant, Diomède Catroux, Jacques Bruneau. Seuls les généraux sont absents, le gouvernement leur interdisant mesquinement d'assister aux manifestations personnelles ou politiques du Général (c'est pour préciser ce point que Paul Ramadier, le président du Conseil, était allé s'entretenir, la semaine écoulée, en pleine nuit, avec de Gaulle à Colombey-les-Deux-Églises). Le seul chef militaire que j'aperçois est l'amiral d'Argenlieu, en civil cette fois, coiffé d'un chapeau mou de couleur noire. Le personnage me paraît alors petit et chétif...

Nous gagnons difficilement la tribune à travers une foule de plus de cinquante mille personnes. Je m'assois dans la tribune officielle, juste derrière Mme de Gaulle, non loin de la fille du Général, Élisabeth, et de son mari, le commandant de Boissieu. De Gaulle paraît au balcon, accueilli par une immense clameur. Derrière lui se tiennent Claude Guy, Malraux, Palewski. Le discours du Général contient de dures attaques contre le gouvernement : « Toutefois, il est clair que la Nation n'a pas pour la guider un État dont la cohésion, l'efficience, l'autorité soient à la hauteur des problèmes qui se pressent devant elle... Maintenant, c'est de tout qu'il s'agit, et de tout à la fois ! L'action économique, l'action sociale, l'action impériale, l'action extérieure – pour ne pas parler des sujets les plus volumineux et les plus apparents – nous appellent et nous pressent, tandis que nous zigzaguons sur un chemin bordé d'abîmes… » Puis il s'écrie, déchaînant l'enthousiasme de la foule : « Voilà la vérité, où nous en sommes, et voilà ce que nous aurons à faire ! Si nous n'étions pas le peuple français, nous pourrions reculer devant la tâche et nous asseoir au bord de la route en nous livrant au destin. Mais nous sommes le peuple français ! »

C'est à la fin de son discours que de Gaulle annonça la fondation de ce Rassemblement du peuple français qui allait tant bousculer la vie politique de notre pays : « Il est temps que les Français et les Françaises qui pensent et qui sentent ainsi, c'est-à-dire, j'en suis sûr, la masse immense de notre peuple, s'assemblent pour le prouver… » De tous côtés jaillirent des « oui, oui », bientôt couverts par une ovation sans fin.

Juste avant le discours du Général, j'avais déjeuné à l'hôtel de la Maison-Rouge, où nous descendions tous, avec quelques-uns de ses compagnons. Nous avions envoyé une carte à François Mauriac qui se trouvait alors à Malagar. Jacqueline Pasteur Vallery-Radot avait écrit : « Repens-toi, brave François, nous avons combattu à Strasbourg et tu n'y étais pas ! » Le général Corniglion-Molinier, en gros caractères : « M.R.P. », avant de barrer ces initiales de deux gros traits rageurs. Claude Mauriac avait ajouté : « L'hésitation n'est plus possible » (mais mon frère devait hésiter dès le soir même), et Louis Pasteur Vallery-Radot, signant « Sioul », anagramme de son prénom : « Je vous aime tout de même. » Louis Vallon s'était borné à mettre sa signature entre deux verres… car il buvait beaucoup, comme chacun sait !

Vous adhérez aussitôt au RPF alors que votre frère et plus encore votre père se montrent très réservés, voire hostiles. Comment expliquez-vous la position de votre père vis-à-vis de De Gaulle à cette époque ?

Les relations entre François Mauriac et le Général ont toujours été plus complexes qu'on ne le croit. Ceux qui ont décrit mon père comme un béni-oui-oui, constamment en transe devant de Gaulle, se sont beaucoup trompés. J'en veux pour preuve son refus immédiat de cautionner le RPF, dans lequel il voyait un rassemblement de la droite française. Pour lui, l'homme du 18 juin devenait le leader de tout ce qu'il détestait le plus : la vieille droite conservatrice, l'Église réactionnaire.

En dépit de ses réticences, mon père accepta d'assister un mois plus tard, en mai 1947, à Bordeaux, aux cérémonies organisées pour le troisième anniversaire de la mort du gouverneur Félix Éboué, en présence du général de Gaulle. Plus de cent mille personnes se massaient sur les quais de la Garonne, à hauteur de l'esplanade des Quinconces, pour applaudir le chef du RPF J'étais dans la tribune avec Claude et mon père, aux côtés de Malraux qui allait s'efforcer, en vain, de convaincre François Mauriac de rejoindre le mouvement. En arrivant à l'hôtel Splendid – où de Gaulle avait salué Pétain pour la dernière fois, en juin 1940, avant de s'envoler pour Londres –, après la cérémonie, Malraux me dit : « Il faut faire comprendre à votre père à quel point la partie va désormais se jouer entre nous et les communistes. C'est pourquoi, ajouta-t-il, François Mauriac ne doit pas couper les ponts avec le Général. Il faut absolument que je puisse m'entretenir avec lui plus longuement. » Mais mon père s'était déjà dressé, en son for intérieur, contre le RPF. À ses yeux, l'entreprise était vouée à l'échec dès ses débuts, et je dus souffrir ses sarcasmes tout au long de cette journée.

Un demi-siècle plus tard, parcourant l'édition originale d'un de ses livres, son *Journal V*, paru chez Flammarion, j'y trouvai avec émotion la relation de notre journée à Bordeaux : « Le général de Gaulle, personnage d'histoire vivante, se détachait en surimpression sur un Bordeaux anéanti dont ne subsistent plus que le décor de pierre et ses coteaux devant lesquels glissait un voilier lent. » Oui, je me souviens de ce voilier. Le soir, mon père regagnait Malagar, pouvait embrasser ses derniers lilas et sentir ses premiers seringas.

Si bien qu'à cette époque vous aurez été le seul vrai gaulliste de la famille. Les réticences de votre père ne s'expliquent-elles pas par une certaine déception dans ses relations personnelles avec le Général ?

Ils se sont vus une première fois au début de septembre 1944, quelques jours après l'arrivée de De Gaulle à Paris. Claude et moi étions allés chercher notre père à Vémars, dans une voiture de la Présidence, pour le conduire rue Saint-Dominique où le Général l'attendait à déjeuner. Nous exultions littéralement : après quatre années d'Occupation, se trouver dans une voiture officielle pour aller chercher François Mauriac et le conduire chez de Gaulle, n'était-ce pas un rêve ? Mais les événements que nous vivions étaient tels, le vin que nous buvions était si fort, que plus rien ne nous étonnait. Tout au long de la route, des soldats américains armés de « poêles à frire » déminaient le terrain. Au Bourget, des hangars brûlaient encore. Le décor de la guerre était toujours là, mais nous le regardions à peine : quelques épaves noircies de la retraite allemande jalonnaient notre route au milieu d'un matériel américain neuf et rutilant.

François Mauriac était le premier écrivain convié à s'entretenir avec le général de Gaulle en tête à tête. Suivraient Paul Valéry, Georges Bernanos, André Malraux bien sûr... En recevant mon père avant tout le monde, le Général voulait rendre hommage à l'écrivain qui comptait le plus à la Libération, au résistant, à l'auteur du *Cahier noir*, au journaliste influent du *Figaro*. Probablement aussi voulait-il honorer le romancier qu'il admirait plus que tout autre... Mon père était très ému, très intimidé de rencontrer le Général. Il fut toutefois surpris, pour ne pas dire déçu et agacé que son hôte ne lui parle que d'André Gide et de littérature, ainsi que des prochaines élections à l'Académie, sans aborder à aucun moment les questions politiques.

Ils se sont revus en février 1946 à Marly, peu après le départ du pouvoir du Général. Cette fois, ils parlèrent politique. De Gaulle lui expliqua les raisons de son retrait : l'impossibilité de gouverner avec les partis, les blocages provoqués par le système parlementaire... Mon père fut frappé par son mépris des hommes et sa conviction d'être le seul à pouvoir redresser la France. Il eut aussi l'impression d'un personnage certes exceptionnel et fascinant, mais « retranché en lui-même ». « Il ne vous voit pas, me confiera-t-il après coup, on n'existe pas à ses yeux en tant que personne distincte... » De fait, il y avait toujours, entre de Gaulle et ses interlocuteurs, une sorte de muraille infranchissable. Le Général n'était pas un personnage avec lequel on pouvait être soi-même, si je puis dire. Le fait est que le courant est mal passé entre le Général et François Mauriac. Mon père a ressenti cette distance et en a souffert. C'est vrai, je n'ai jamais vu quelqu'un être vraiment libre, naturel, à l'aise devant de Gaulle.

Une des raisons de cette distance tient aussi au fait que de Gaulle en voulait sans doute à François Mauriac de son engagement au sein du Front national, l'un des organismes patronnés à la Libération par les communistes. On le voyait à la Mutualité, siégeant à la même tribune qu'Aragon, Marcel Cachin, Joliot-Curie, Laurent Casanova, Pierre Villon... Tout cela ne dura que quelques mois, mon père ayant très vite réprouvé les excès de l'épuration encouragés par les communistes. Mais, aux yeux de De Gaulle, cette collusion momentanée n'en fut pas moins un faux pas, une compromission. Par la suite, les deux hommes se sont vus sans jamais trouver, curieusement, l'occasion d'un véritable dialogue. Mon père constatait non sans tristesse et amertume qu'il n'était convié à l'Élysée que lorsque le Général recevait des cardinaux ou des nonces. « Là, je suis automatiquement sur les listes, disait-il. Et encore ne suis-je invité qu'en cure-dents ! » Et, pourtant, son admiration intense pour de Gaulle, son accord complet avec sa politique, sa gratitude sont demeurés intacts jusqu'au bout.

Jusqu'au bout ? Non. Après le départ du Général, en avril 1969, François Mauriac céda aux charmes de Pompidou. Et cela, sous l'influence néfaste de mon frère Claude, devenu lui-même pompidolien avant de rallier François Mitterrand...

L'admiration de votre père pour de Gaulle reposait malgré tout sur un accord profond.

J'ai toujours pensé que tous deux, issus de Barrès, de Maurras, se ressemblaient. Bien sûr, l'un était de Gaulle et l'autre seulement Mauriac ! Mais, chez de Gaulle comme chez Mauriac, c'était le même patriotisme ombrageux, la même immense culture, les mêmes goûts littéraires, la même éducation, les mêmes origines provinciales (Lille est-il si différent de Bordeaux ?). Et Claude Guy, qui a très bien connu l'un et l'autre, affirmait qu'ils avaient le même caractère. Ils avaient aussi tous deux quelque chose de scrupuleux dans l'honnêteté, dans les détails de la vie quotidienne, une certaine discipline dans le travail, dans le métier, dans ce que mon père appelait le « devoir d'État ». Et puis, c'est important, tous deux avaient le même humour. Noir, souvent. Tous deux étaient moqueurs et si drôles dans la conversation. Et puis, tous deux étaient des écrivains, des auteurs ayant un goût inné pour la littérature, le même respect à l'égard de la chose écrite. Et tous deux n'ont-ils pas fait, à Colombey ou à Malagar, autant de tours de jardin solitaires ?

Comment votre père a-t-il accueilli votre engagement au RPF ?

Vous savez, il n'attachait guère d'importance à ce que je faisais ou ne faisais pas. Mais peut-être n'était-il pas mécontent, au fond, qu'un de ses fils restât proche du Général et maintînt le lien, la communication entre de Gaulle et la famille Mauriac. Mon père ne m'a jamais reproché, en tout cas, d'avoir adhéré au Rassemblement, ni d'avoir accompagné le Général d'un bout à l'autre de son entreprise. Bien au contraire.

Quels souvenirs gardez-vous aujourd'hui du RPF ?

Je n'ai jamais aimé les partis en tant que tels. À mon avis, ils ont toujours porté tort à la France. Les partis de la Troisième République ne nous ont-ils pas menés à la débâcle de 1940 ? Ceux de la Quatrième, à Dien Bien Phu et à la guerre d'Algérie ? Mais le RPF, c'était autre chose, un autre état d'esprit, une volonté de dépasser les frontières habituelles entre les familles politiques, de conjuguer des énergies au-delà de toute idéologie, pour la France et pour elle seule ! Et puis, le RPF, c'était d'abord le Général. Ce n'était que le Général. Il ne pouvait être question pour moi de ne pas le suivre. Vous ne pouvez imaginer ce qu'était de Gaulle en ce temps-là, la ferveur incroyable qu'il suscitait, les foules immenses qu'il rassemblait partout. Il les haranguait dans une langue magnifique, toujours sans la moindre note. C'étaient des moments de théâtre prodigieux ! Nous étions fascinés, heureux de le voir très vite revenir au pouvoir, sans imaginer que la victoire puisse nous échapper ou se faire attendre si longtemps... Le RPF, c'était aussi une fraternité. L'atmosphère était en permanence chaleureuse, joyeuse, amicale. Se retrouvaient à ses côtés la plupart des grands noms de la France libre et de la Résistance.

Un des hommes qui vous a le plus subjugué à ce moment-là, après de Gaulle, c'est André Malraux.

Qui n'a-t-il pas subjugué ? Il était avant tout un prodigieux acteur. Dans le décor fantasmagorique des « grand-messes » du RPF, au Vel' d'Hiv' notamment, il parlait toujours en premier, petite silhouette noire et gesticulante qui se détachait sur une draperie tricolore. Électrisée, la foule innombrable se plongeait brusquement dans le silence. Un silence total. La voix de Malraux était à peine audible, c'était comme un murmure sourd, grave. On pressentait les mots. On devinait les phrases. Malraux, par moments, semblait se coucher sur les micros. Puis, peu à peu, tout doucement, très progressivement, sa voix enflait, pour éclater d'un seul coup. Il tonnait. Ses paroles étaient comme traversées par un souffle prophétique qui emportait toute l'assistance. Une extraordinaire ovation l'interrompait alors. Je me souviens de ce mot du Général, plus tard, au Panthéon, lors du transfert des cendres de Jean Moulin. Malraux commençait son discours un peu comme au Vel' d'Hiv', c'est-à-dire théâtralement : « Entre ici, Jean Moulin... » Le Général donna alors un coup de coude à son voisin, le ministre Jacquinot, et, se penchant vers lui, il murmura : « Ça prend... »

Après l'échec du RPF et durant ce qu'on a appelé la « traversée du désert », avez-vous continué à « suivre » le Général pour l'AFP ?

Oui, mais sans le voir, sinon à Paris, lors de ses brefs passages rue de Solférino où je ne faisais, en réalité, que l'apercevoir. À ce moment-là, l'homme politique avait complètement disparu et plus personne, en dehors de nous, ne pensait qu'il reviendrait un jour au pouvoir.

En ce qui vous concerne, vous n'en avez jamais douté ?

Jamais. J'ai simplement trouvé le temps long. Nous étions peu nombreux, rue de Solférino, le siège du RPF où il avait gardé son bureau. J'étais le seul journaliste présent, les autres avaient cessé de s'intéresser à de Gaulle. Je venais une à deux fois par semaine pour maintenir le contact avec le dernier groupe des fidèles (Guichard, Foccart, Bonneval et Baulaincourt) et savoir ce que faisait de Gaulle. Ce qui m'a permis, d'une certaine manière, de garder un contact étroit avec lui... Mais les visiteurs se faisaient de plus en plus rares, rue de Solférino, au point qu'Olivier Guichard, son chef de cabinet, m'a téléphoné un jour en me demandant : « Jean, connais-tu quelqu'un que je pourrais inscrire sur la liste des audiences du Général ? Il n'y a personne... »

Chapitre IV

La traversée du Pacifique

Au cours de l'été 1956, vous êtes de nouveau le seul journaliste qui accompagne de Gaulle lors de son voyage privé dans le Pacifique. Vous avez côtoyé le Général à ce moment-là dans des conditions privilégiées que vous ne retrouverez pas toujours lors de ses déplacements officiels de président de la Cinquième République. De Gaulle avait un humour parfois déconcertant et il aimait bien rabrouer son entourage. Un soir de la mi-août 1956, à bord du Calédonien, *il vous est arrivé d'en faire les frais...*

Le navire des Messageries maritimes, qui effectue la ligne régulière Marseille-Sydney, après trois longues escales à Curaçao, Cristobal et Balboa, vient de franchir, le 18 août, de onze heures à dix-huit heures, les quatre gigantesques écluses du canal de Panama, et commence sa longue traversée vers la Nouvelle-Calédonie. À Cristobal, port à l'entrée de la zone américaine du canal, le drapeau américain est hissé sur le *Calédonien*. De Gaulle qui, depuis le 18 juin 1940, incarne la légitimité française, envoie un chaleureux message de salutations au président du Panama, Ricardo Arias. Un officier américain, représentant le commandant en chef de la zone interaméricaine des Caraïbes, monte à bord pour saluer le Général et offrir des fleurs à Mme de Gaulle.

Comme tous les soirs après le dîner, le Général et ses compagnons de voyage – Olivier Guichard, Jacques Foccart, le lieutenant-colonel de Bonneval, aide de camp, et moi-même –, nous prenons le café dans un petit salon donnant sur le pont. C'est alors que je lui demande : « Mon Général, venez voir la lune. » Et lui de me répondre : « Foutez-moi la paix avec votre lune, Mauriac ! » Quelle étrange idée que celle de demander au général de Gaulle de venir voir la lune ! Mais j'étais jeune à l'époque, et même de Gaulle ne me faisait pas peur. Et puis, il ne s'agissait pas d'un clair de lune ordinaire, mais d'une traînée d'argent à l'infini sur les flots immobiles et noirs du Pacifique.

Le 14 août 1956, dans la soirée, nous avions embarqué devant la foule massée dans le port de Fort-de-France sur ce *Calédonien* où nous allions vivre près d'un mois. Le Général, juché sur le pont du commandant, à tribord, était en uniforme blanc, képi kaki sur la tête. Deux projecteurs trouaient la nuit qui était tombée et éclairaient le Général. Au moment où le *Calédonien*, tiré par deux remorqueurs, se détacha lentement, de façon presque imperceptible, du quai, une immense clameur se fit entendre. De Gaulle leva alors ses deux bras, faisant le « V » de la victoire. Le 9e régiment d'infanterie coloniale, drapeau en tête, rendit les honneurs, pendant que la musique jouait *La Marche lorraine*. La sirène du navire mugissait et tous les passagers, massés sur les ponts, firent au Général une formidable ovation.

J'achevais seul mon premier dîner à bord quand, brusquement, la massive silhouette d'Olivier Guichard se pencha sur moi :

– Jean, le Général (il dînait à une table voisine avec Mme de Gaulle et ses compagnons de voyage, au milieu des passagers de première) ne veut pas vous voir seul. Il vous invite à prendre place à sa table pour la durée du voyage.

Olivier était alors, comme je l'ai dit, son chef de cabinet. Il ajouta :

– J'y mets une condition, une seule : celle de ne prendre en note aucune parole du Général pendant toute la traversée.

Je lui en fis, sans hésitation, la promesse, car je connaissais la raison de son inquiétude. Guichard savait que le capitaine Guy, son aide de camp, et Claude Mauriac, son secrétaire particulier, avaient consigné dans leurs carnets tous leurs entretiens avec le Général. Il condamnait sévèrement cette façon de faire, car il savait que tous deux avaient l'intention de publier leurs notes. Ce qu'ils firent.

Quant à moi, je jugeais ma tâche suffisante avec mes dépêches quotidiennes pour l'AFP et un long article presque chaque jour pour *Le Parisien libéré*. Mais je réalisais aussitôt, bien sûr, qu'en acceptant l'invitation du Général je compromettais quelque peu mon indépendance de journaliste.

Le lendemain soir, j'étais heureux, certes, mais sans excitation particulière, comme s'il était naturel de me trouver en plein Pacifique, assis à la droite du Général et partageant ses repas. Olivier Guichard était à sa gauche. Jacques Foccart, conseiller de l'Union française et son collaborateur de toujours, et Gaston de Bonneval, de chaque côté de Mme de Gaulle. Le maître d'hôtel servit le potage que je repoussai d'un geste : je m'étais déshabitué du potage depuis que j'avais quitté la maison paternelle. Le Général se pencha alors vers moi :

– Comment, Mauriac, vous ne prenez pas de potage ?

– Non merci, mon Général.

Le Général fit signe au maître d'hôtel :

– Maître d'hôtel, veuillez servir du potage à monsieur.

Comment avais-je osé refuser ? J'encaissai sans broncher la leçon, me bornant à un sourd : « Veuillez m'excuser, mon Général », et vidai rapidement mon assiette. Il ne fallait pas prendre de retard, le Général n'aimant pas traîner à table.

En fait, l'invitation du Général à partager sa vie à bord m'avait mis dans une situation dont j'avais mal pris la mesure. Je ne pouvais avoir et le Général et le reste. Au début de notre voyage, j'avais un jour entraîné dans ma cabine une jeune passagère australienne. À peine j'avais commencé à lui faire les honneurs des lieux que, brusquement, la porte sembla voler en éclats sous la poussée vigoureuse du lieutenant-colonel de Bonneval, mystérieusement prévenu de cette visite. Je lui en fis aussitôt valoir toute l'innocence. Mais les apparences étaient contre moi, ma cause perdue d'avance. « Jean, me dit-il, que vous le vouliez ou non, vous faites partie, aux yeux de tous, à bord, de la suite du Général. » La petite Australienne, ne comprenant rien à l'affaire, s'était éclipsée en douceur. « Le moindre de vos faits et gestes peut compromettre le Général, ajouta Bonneval. Votre attitude doit donc être irréprochable, or elle est irresponsable. Jean, pas de filles, jamais ! C'est navrant d'avoir à vous le dire. »

Comment réagissiez-vous à toutes ces observations ?

Les observations venant du Général lui-même, si elles me meurtrissaient et me cinglaient assez pour être inoubliables, au fond ne me déplaisaient pas. De Gaulle ne m'ignorait pas. C'était l'essentiel. Se faire engueuler par le Général, n'était-ce pas un plaisir, quel qu'en fût le prix ? N'était-ce pas pour moi le seul moyen d'exister à ses yeux ? Ne me reconnaissait-il pas ainsi comme l'un des siens ? Et je me demande aujourd'hui si, inconsciemment, je ne m'exposais pas exprès à sa sévérité. D'ailleurs, celui-ci me connaissait bien déjà et me supportait depuis longtemps. Et puis, lors de ce tour du monde, les compagnons du Général eurent tôt fait de m'adopter. Guichard, gai et paisible, m'observait d'un air complice. Seule Mme de Gaulle, qui s'interdisait par principe d'adresser la parole à un journaliste, devait se montrer méfiante. Mais elle avait la gentillesse de ne pas le faire voir. Au fond, Guichard, Foccart, Bonneval n'étaient pas mécontents de mon intrusion. Ma présence rompait l'ordinaire. Avait-on jamais vu le Général partager sa vie avec un journaliste ? L'« impensable » se produisait...

À dîner, nous parlions souvent d'école et d'éducation. C'était le sujet préféré de Mme de Gaulle. Comme Guichard évoquait son enfance passée au cours Saint-Louis, l'un des collèges les plus snobs de Paris, je me penchai vers lui, à travers le Général, et m'écriai : « Comment, Olivier, tu étais au cours Saint-Louis et tu ne me l'avais pas dit ! Mais moi aussi, j'y suis allé pendant plusieurs années... »

Que n'avais-je pas fait ? À ce moment, le Général se rejeta si brutalement en arrière que je crus qu'il allait se renverser. Il fit, silencieux, un large geste du bras, allant de moi à Guichard, qui signifiait : ne vous gênez donc pas !

– Excusez-moi, mon Général.

Humilié, repentant, je retins la leçon pour le reste du voyage.

Cette traversée du Pacifique se déroulait malgré tout calmement, avec un Général plein d'alacrité. À la condition de se tenir sur ses gardes... et de ne jamais se répéter. Un jour que j'évoquai un souvenir, le Général, à la mémoire infaillible, souleva ses lourdes paupières :

– Mauriac, vous me l'avez déjà dit.

– Excusez-moi, mon Général.

Ce n'était pas si facile de reprendre ensuite la conversation.

Il m'invitait quelquefois à « causer », selon une de ses expressions favorites. (« Si je ne vous ai pas appelé à causer pendant le voyage d'Espagne... », m'écrirait-il juste avant sa mort.) Il me posait alors une question puis, Dieu merci, écoutait à peine ma réponse. C'était lui seul qui parlait et je n'avais aucun intérêt à l'interrompre. Il suffisait de montrer de temps à autre, d'un mot, que l'on suivait son monologue.

À table, dans la salle à manger du *Calédonien*, le Général abordait les sujets les plus divers. Souvent ceux se rapportant à notre voyage : l'expédition de Dumont d'Urville en Océanie à bord de *L'Astrolabe*, la situation de l'îlot de Clipperton et les liaisons aériennes du Pacifique, notre route vers l'occident qui nous faisait retarder nos montres d'une heure chaque jour, jusqu'à la suppression d'une journée au passage de la ligne entre les longitudes est et ouest, la dernière fouille complète du navire en cas de contrebande. Le 24 août, nous commentâmes la panne de l'un des moteurs de notre bateau qui, pendant vingt-quatre heures, dut réduire sa vitesse.

Cette panne, à six jours de notre arrivée à Tahiti, fut plus importante qu'on avait bien voulu nous le dire. Le moteur bâbord dut être arrêté à cause de la « rupture de la chaîne de la turbosoufflante » et du mauvais fonctionnement des soupapes dont une trentaine durent être changées. L'incident était évidemment fâcheux, avec le Général à bord et toutes les fêtes prévues à Tahiti dès notre arrivée, selon un horaire précis. Le Général, décidément de très bonne humeur, ne se plaignit de rien. Du moins à nous. À Giuge, l'officier des Transmissions, il dit, philosophe : « C'est l'imprévu du voyage. »

Mme de Gaulle avait accepté la présidence d'honneur du comité des fêtes. Ainsi était quotidiennement évoquée, au cours du dîner, la série de manifestations qui se déroulaient chaque jour à bord : jeux d'enfants sur le pont, courses au trésor, loteries et radio-crochets, compétitions de ping-pong, de deck-tennis et de baby-foot. De politique on ne parlait jamais à table. Mme de Gaulle était là et on n'abordait pas ce chapitre devant les dames : ce n'était pas convenable.

Chaque jour, après le dîner, avaient lieu ce que les passagers appelaient des « sauteries ». Tahitiens et Tahitiennes se déchaînaient au son de leurs musiques et de leurs chants. Les compagnons du Général demeuraient prudents. Moi le premier, après l'algarade de Bonneval au premier jour du voyage. Seul Olivier Guichard dansait le tamouré avec les plus belles passagères. Le Général ne vint jamais à ces soirées, malgré les invitations pressantes de plusieurs Tahitiennes, car, à Tahiti, traditionnellement, ce sont les femmes qui font le premier pas. Les officiers étaient très déçus que le Général ne participât pas davantage à la vie du bord. « On ne le voit jamais, me disaient-ils. Ne pourriez-vous pas insister auprès de lui pour qu'il vienne danser le soir ou, au moins, nous voir chanter et danser ? » Je me gardais bien d'une telle mission. Tous accusaient « tante Yvonne » de veiller sur son mari au point de l'éloigner de toutes les femmes du bord. Et c'était tout à fait vrai.

Pour nous, le temps passé auprès du Général s'écoulait paisiblement. Un jour, Guichard parlait des écrivains, de ceux qu'il aimait, Mérimée, Valéry, Paul-Jean Toulet, Balzac – ce dernier qu'il relisait chaque jour sur le pont dans l'édition de la Pléiade –, puis des chanteurs de notre jeunesse : Lucienne Boyer, Pills et Tabet, Mireille, Jean Sablon. Et voilà que, silencieux jusqu'alors, je plongeai, les yeux fermés, dans la conversation :

– Et Charles Trenet, mon Général ? Aimez-vous Charles Trenet ? Connaissez-vous la plus belle, peut-être, de ses chansons, *Douce France* ?

Ah ! Que n'avais-je pas dit, là encore ?

– Douce France ? Mais où avez-vous été chercher cela ?

Puis il gronda :

– Il n'y a pas de douce France !

Le Général se tenait sur le pont supérieur où le commandant avait fait installer une table et des fauteuils en rotin, dans une partie interdite au public que nous appelions le « pont du commandant », avec son aide de camp le plus souvent possible à portée de voix. Celui-ci venait quelquefois me chercher, de préférence quand j'étais dans la piscine :

– Jean, le Général vous demande.

Je me précipitais alors sur mon peignoir, bondissais dans ma cabine, m'habillais : souliers à lacets, veste, cravate. Car, même au milieu du Pacifique, on ne se présentait pas au Général sans cravate. Bonneval m'annonçait, comme rue de Solférino ou comme plus tard à l'Élysée : « Mon Général, Jean Mauriac. » Et il semblait ouvrir et refermer une porte imaginaire.

J'ai tenu la promesse faite à Guichard. Je n'ai jamais pris la moindre note sur ce que le Général a pu me dire pendant ce voyage. Et il m'en a dit beaucoup. Mais Olivier ne m'a pas interdit de noter les faits de la vie à bord. C'est ce que je faisais chaque jour sur mon agenda de poche. Ainsi, pour notre première journée en mer, le mercredi 15 août 1956, j'avais noté : « 9 heures : messe à bord. 12 heures : le Général est présenté aux premières classes. Premier bain dans la piscine. Une heure et demie passée seul avec le Général sur le pont du commandant. » Indications précieuses qui aujourd'hui ravivent ma mémoire et m'aident à revivre cette traversée.

Le Général vous parlait-il de votre père ?

De Gaulle ne m'a jamais beaucoup parlé de François Mauriac, sauf précisément pendant ce voyage, sans doute parce qu'il l'a effectué en compagnie des personnages de ses romans. Il avait trouvé dans la bibliothèque du bord toute une série de livres de mon père (et aussi de Flaubert, de Bernanos et de Lenôtre). Il les a tous relus. Je le voyais, *Genitrix* ou *Le Nœud de vipères* à la main. Un jour, il m'a cité par cœur, sans une faute, le texte mis en exergue aux *Chemins de la mer* : « La vie de la plupart des hommes est un chemin mort et ne mène à rien. Mais d'autres savent, dès l'enfance, qu'ils vont vers une mer inconnue. Déjà l'amertume du vent les étonne, déjà le goût du sel est sur leurs lèvres – jusqu'à ce que, la dernière dune franchie, cette passion infinie les soufflette de sable et d'écume. Il leur reste de s'y abîmer ou de revenir sur leurs pas. » J'étais stupéfait. Comment le Général savait-il ce long passage ? Peut-être se souvenait-il que Maurice Schumann, à la radio de Londres, le 17 août 1940, dans son « message à François Mauriac », avait déclaré : « Lorsque nous sommes partis, il n'y avait place dans nos bagages pour aucun livre, mais au moins une phrase de vous était gravée dans mon cœur. » Et de citer le fameux passage que le Général venait de me rapporter.

Une autre fois, c'était le 7 septembre, à l'avant-veille de l'arrivée aux Nouvelles-Hébrides, il revint sur *Les Chemins de la mer* : « C'est peut-être son plus beau roman », me dit-il. Puis il me reparla de l'œuvre romanesque de mon père et me dit à nouveau : « J'ai pour lui la plus grande admiration. »

Bien sûr, je ne me suis jamais bercé d'illusions. Je dois à François Mauriac l'attention bienveillante, quoique parfois cruelle, que de Gaulle m'a témoignée de la Libération jusqu'à sa mort. J'étais pour lui le fils de François Mauriac, un écrivain qu'il aimait et admirait. Rien de plus. Et c'était déjà beaucoup.

Revenons au voyage proprement dit. Comment s'est-il déroulé ?

Il fit beau pendant tout le temps de la traversée, à l'exception de trois jours ; nous passâmes l'équateur le 21 août, au large des Galapagos, emmitouflés dans des chandails et avec des couvertures supplémentaires sur nos lits. Le Général, sitôt après le canal de Panama, avait quitté son uniforme blanc, qu'il portait depuis Cayenne, pour son habituel costume croisé gris fer.

En mer, depuis les lourds pélicans du canal de Panama et une petite hirondelle qui, perchée sur un cordage au départ de Fort-de-France, nous accompagna durant une journée, les seuls êtres vivants que nous croisâmes furent des troupeaux de dauphins bondissant en cadence dans les remous du bateau, et des bancs de poissons volants que nous regardions, penchés à la proue du bateau, jaillir dans l'écume de l'étrave. Heureux temps où le pont avant des navires n'était pas interdit aux passagers ! De bateaux, curieusement, nous n'en croisâmes aucun.

Après le « Foutez-moi la paix avec votre lune, Mauriac ! », je me gardais bien de toute référence, auprès du Général, aux oiseaux et aux poissons. Et je me souvenais qu'après une timide remarque sur la beauté d'un paysage des Antilles de Gaulle m'avait dit : « Vous savez, ce sont les hommes surtout qui m'intéressent. » Et c'était vrai : de Gaulle reçut l'équipage, aligné au garde-à-vous, à bâbord, sur le pont supérieur, comme sur celui d'un bateau de guerre. Il s'était d'ailleurs, pour l'occasion, remis en uniforme afin de les honorer tous, du commandant au moussaillon.

En perpétuelle recherche, pour tenter d'égayer mes dépêches de quelques anecdotes, je me trouvais alors auprès du Général comme pendant une réception. Comment a-t-il supporté si longtemps ma présence à ses côtés dans des situations comme celle-là ? Jamais il ne m'a fait la moindre observation à ce sujet. Jamais non plus par l'intermédiaire de l'un de ses collaborateurs. À la vérité, je faisais mon métier et le Général appréciait que je le fisse avec conscience. « C'était mon devoir d'État », comme aurait dit mon père. Cela dit, je crois qu'il était résigné à ma présence, parce qu'il la savait inévitable, nécessaire, même, et, tout compte fait, bénéfique pour lui. Il valait mieux que ce soit moi plutôt qu'un autre. Mais il avait une façon incroyable, quelquefois, de ne pas me voir alors que j'étais tout contre lui, et de me bousculer ou de me marcher même sur les pieds. Sans jamais s'excuser, bien sûr !

Aux trois élèves officiers du *Calédonien*, de Gaulle avait posé la même question : « Pourquoi avez-vous choisi de faire la Marine ? » Le carnet de notes à la main, j'étais tout ouïe. Le premier avait répondu : « Parce que je suis breton et quand on est breton, on ne peut que devenir marin. » Le Général, qui aimait la Bretagne depuis que les habitants de l'île de Sein l'avaient rejoint à Londres en 1940, hocha silencieusement la tête en signe d'approbation. Le second, se référant à son contexte familial, avait dit : « Parce que mon père était lui-même officier à la Compagnie des messageries maritimes. Alors, je me suis senti obligé de prendre le relais. » « Et vous ? » avait demandé le Général au troisième. Celui-ci prit le risque de se distinguer : « Moi, répondit-il sans hésiter, parce que j'avais une barque à Nice, une barque à rames, et que j'adore ramer. » Je m'inquiétai un instant. Mais le Général rit de cette plaisanterie, de bon cœur, me semble-t-il, sans se forcer. Cet aspirant s'appelait Charles Ré. Il me dit après : « Je m'étais retrouvé tout gêné de mon audace, mais un peu fier aussi d'avoir fait rire le Général et tout l'état-major du *Calédonien.* »

Après les officiers du paquebot, ce fut le personnel : maîtres d'hôtel, garçons de cabine et femmes de chambre en robe noire et petit tablier blanc, faisant la révérence devant le Général et Mme de Gaulle comme devant des souverains. Il tint aussi à recevoir les passagers classe par classe – il y en avait quatre –, assista au « verre du commandant » et en offrit un à son tour – du champagne – en l'honneur de l'état-major du bateau. J'étais heureux de ces réceptions qui me permettaient de voir tous les officiers du bord. Car je n'en connaissais vraiment qu'un seul, René Giuge, l'officier radio, qui expédiait pour l'AFP mes dépêches quotidiennes qu'il jugeait « poétiques ». C'est au cours du « verre du Général » que je lui posai la question suivante : « Comment faites-vous pour rester des mois sans voir votre femme ? » Question idiote, je le conçois aujourd'hui. Pour mon malheur, le Général – que je n'avais pas vu – se trouvait derrière moi. Il m'entendit. Poursuivant mon instruction – après avoir fait mon éducation à table –, il répondit avec un rien de sévérité dans la voix : « Les marins, Mauriac, sont comme les militaires. Le devoir passe avant tout. » J'approuvai platement : « C'est vrai, mon Général. »

C'est une banalité de dire que de Gaulle est, de façon souveraine, le même partout : à bord d'un bateau, minuscule coque de noix perdue au milieu d'un océan, comme dans les palais nationaux et dans ceux du monde entier. Campé sur le pont du *Calédonien*, au milieu de tous, les doigts glissés dans les poches du haut de sa vareuse, il posait des questions, écoutait les réponses, demandait des précisions. Je le croyais sous les lambris de l'Élysée ou, au cours de ses voyages, sous ceux des préfectures et des ambassades. Je le voyais, je le regardais, je le dévorais des yeux. Curieusement, comme si c'était là ma première rencontre. Pourquoi ne pas dire le mot exact ? Je le vénérais.

Tout en de Gaulle était à la fois d'une insoupçonnable grandeur, d'une profonde gentillesse et, dans le privé, d'une extrême simplicité – malgré un humour toujours noir, quelquefois de brusques colères, des paroles souvent grinçantes et des remarques pas toujours aimables, notamment à l'égard du jeune journaliste sans doute trop audacieux que j'étais alors.

Chaque dimanche, il assistait à la messe qu'il ne s'agissait pas pour nous de manquer. À peine embarqués, le 14 août, nous fûmes présents, le lendemain, à la messe de la fête de l'Assomption célébrée sur le pont. Nous y étions à ses côtés, silencieux, apparemment pieux et recueillis. À la messe de Gaulle avait toujours l'air un peu absent : un visage impassible, avec un rien de résigné puis d'impatient si les choses traînaient par trop en longueur. Bref, il avait plutôt l'air de s'ennuyer.

Le 15 août était aussi, si j'ose dire, la date de mon anniversaire. J'avais alors trente-deux ans. Au dîner, nous bûmes du champagne. Au dessert, le Général et Mme de Gaulle levèrent leur verre en mon honneur – mais sans trinquer. « Merci, madame ; merci, mon Général. » Décidément, je dominais toutes les situations avec sang-froid.

Il y avait à bord 831 passagers. La majorité était des Français, des Tahitiens et des Néo-Hébridais, la plupart des fonctionnaires revenant chez eux après leurs vacances en métropole. Beaucoup de Britanniques et d'Australiens aussi, qui regagnaient Sydney après des séjours en Europe. Tous étaient d'une parfaite discrétion à l'égard du Général. Mais je me demandais si cette attitude n'était pas avant tout de l'indifférence, et si, depuis dix ans que de Gaulle avait quitté le pouvoir, il n'était pas oublié. Que pouvaient penser de lui ces citoyens du Pacifique et de l'Océanie ? Avaient-ils seulement entendu parler de De Gaulle, depuis le 18 juin et la libération de la France ? C'était certes la traversée du Pacifique, mais aussi celle du désert qui continuait.

Le commandant Teisseire, dont c'était le dernier voyage avant la retraite, avait été choisi parce qu'il était un authentique Français libre. Avant le départ du *Calédonien*, il avait fait deux « recommandations » à l'équipage : ne pas circuler à tribord, là où le Général et Mme de Gaulle avaient leur pont réservé ; ne pas prendre de photos du Général. Sur ce dernier point, je ne pense pas que Teisseire ait été scrupuleusement obéi... puisque je possède quelques photos du Général à bord ! Cela dit, le commandant Teisseire était inquiet, au moment du départ : comment allaient se passer les relations avec les autres passagers ? À l'arrivée à Nouméa, il me dit : « Si tout s'est si bien déroulé, c'est grâce à la simplicité du Général. » Comme c'était vrai !

Le commandant lui écrivit à son retour à Colombey. De Gaulle lui répondit qu'il avait été « très sensible à son aimable message », et ajouta : « Il me donne l'occasion de vous redire l'agrément que m'a procuré mon séjour sur le *Calédonien* et le souvenir sympathique que je garde de son état-major et de son équipage. Croyez, mon cher commandant, à mes sentiments cordialement dévoués. » Comme toujours, chaque terme était pesé. Ce ton était simplement courtois. À la vérité, volontairement banal.

Le Général savait « se distraire » pendant cette interminable traversée. Il assista ainsi à une conférence de Raoul Follereau, apôtre connu de la lutte contre la lèpre, et se plaisait à aller saluer, chaque matin, M. Bercegol de Lile, notre ambassadeur en Nouvelle-Zélande, qui rejoignait son poste. Mais il ne lui est arrivé qu'une seule fois d'être présent à une fête du bord. Il a alors applaudi quand, pour marquer le passage de la « ligne », le dieu Neptune se saisit de quelques passagers et les jeta tout habillés et barbouillés de peinture dans la piscine. Il a franchement ri quand vint mon tour.

Quelques officiers du bord m'affirmèrent qu'il se produisit alors un léger incident. Une délégation de l'équipage était venue trouver le Général pour le prier de « participer à la cérémonie de passage de l'équateur ». Certes, de Gaulle l'avait déjà franchi plusieurs fois, mais c'était la première fois qu'il le faisait à bord d'un bateau de ce genre. Un marin, organisateur de la fête, s'était enhardi : « Mon Général, verriez-vous un inconvénient à être baptisé ? La tradition le veut. » Il en fallait plus au Général pour s'étonner : « J'accepte votre proposition, lui dit-il, et je vais me changer. » Il se leva, mais ne revint pas, bien évidemment. Je regrette aujourd'hui de ne pas avoir demandé sa version des faits directement au Général. En réalité, je n'ai pas osé. Au moins avais-je appris, au cours de cette traversée, qu'on n'interroge le Général que s'il vous y invite.

Giuge, l'officier radio, m'a raconté ceci : « Quarante-huit heures après le départ de Marseille, deux fauteuils de rotin avaient été installés sur le pont du commandant, à proximité du poste radio. Tous les matins, Mme de Gaulle venait tricoter tout en regardant la piscine, pendant que le Général lisait du Flaubert, quand ce n'était pas du Mauriac. De temps en temps, Mme de Gaulle retirait le livre des mains du Général et celui-ci marchait alors une demi-heure en passant par la passerelle où il saluait l'officier de pont, puis rentrait dans le poste radio pour me serrer la main et regarder le petit drapeau indiquant chaque jour la position du navire. » J'ai appris plus tard pourquoi Mme de Gaulle l'enlevait si impérativement à sa lecture : le Général venait de se faire opérer de la cataracte et devait ménager ses yeux.

Le Général visita le bateau, des machines et des entrepôts frigorifiques jusqu'aux superstructures les plus élevées. Mme de Gaulle était là, ne le quittant jamais d'un pas. Collé à lui et heureux de pouvoir enfin exercer mon métier de journaliste, je guettais un bon mot, lors de ces visites, pour nourrir mes dépêches et mes articles. Hélas, il n'y en eut pas.

Et puis il y avait le cinéma. Je ne savais pas que le Général l'aimait autant ! Il voyait tous les films projetés à bord, les meilleurs, tel *Les Orgueilleux*, mais aussi ceux de Noël-Noël et de

Fernandel qui le faisaient rire, ainsi que des documentaires et des films étrangers : le brésilien *O Cangaceiro*, par exemple, que j'avais moi-même adoré. Sortant sans doute imprudemment de ma réserve, je crus, juste avant la projection, devoir faire part au Général de mon enthousiasme.

– Vous allez voir, mon Général, c'est un film magnifique ! Et quelle musique admirable ! Surtout l'air *Mulher Rendeira*, chanté par le trio Maraba.

Silencieux, le Général hocha la tête. Ce fut une des déceptions de ma vie. La qualité du film était si mauvaise que les images étaient brouillées. Quant à la musique, elle était à peine audible. J'étais désolé en quittant la salle du cinéma :

– Mon Général, quelle tristesse ! Je vous en prie, ne jugez surtout pas ce film sur ce que nous venons de voir.

Je ne remarquai pas l'étonnement qui s'était peint sur le visage de De Gaulle, puis une certaine impatience. Je continuai, insistant lourdement :

– Tout était mauvais, l'image, le son...

Cette fois, ne cachant pas son irritation, il m'interrompit :

– Mais, dites-moi, Mauriac, vous me prenez décidément pour un imbécile ?

– Veuillez m'excuser, mon Général.

Mais, l'habitude venant, je ne me frappais pas davantage.

Quels étaient les échos de ce voyage en métropole ?

Quotidiennement, j'envoyais donc dépêches et articles par la radio du bord et recevais des appréciations de la rédaction en chef et de Jean Marin, le président de l'AFP. Celui-ci a toujours suivi au jour le jour le travail de ses envoyés spéciaux à travers le monde. S'il a été un grand président, c'est parce qu'il a été un grand journaliste.

En 1956, la presse française ne s'intéressait pas beaucoup au Général, comme je l'ai dit, si ce n'est pour lui marquer son hostilité. Pourquoi de Gaulle avait-il décidé de quitter sa retraite de Colombey pour aller se promener ainsi dans nos possessions du Pacifique ? Qu'allait-il y faire ? Certains journaux ne cherchaient même pas à cacher leur mesquinerie : qui paie ? interrogeaient-ils. D'autres s'indignaient même que l'homme du 18 juin pût recevoir, partout où il passait, les honneurs militaires. Et mes longues dépêches d'agence se transformaient en entrefilets insignifiants dans les journaux qui acceptaient de les publier. Quelle désolation, à mon retour !

Le 25 août, jour anniversaire de la libération de Paris, je reçus de l'AFP le câble suivant : « Souhaitons déclaration de Gaulle sur la libération de Paris. » Une déclaration du Général ! Comme si le Général avait jamais fait une déclaration exclusive à un journaliste... Je demandai à Bonneval d'aller au charbon. Il remit aussitôt au Général le câble de l'AFP. La réponse, comme je l'avais prévue, ne fut que moqueries, sarcasmes, railleries à l'encontre d'une telle requête. Je câblai : « De Gaulle refuse catégoriquement toute évocation libération de Paris. » Sans explication aucune. Je leur en voulais presque d'une telle question, tant c'était mal connaître de Gaulle.

Mais voici que le soir, après le dîner, comme nous faisions cercle autour du Général en prenant le café – ou une tisane –, dans notre habituel petit salon donnant sur le pont, celui-ci nous dit, plissant les yeux et jetant sur moi un regard moqueur :

– Savez-vous qu'aujourd'hui c'est l'anniversaire de la libération de Paris ?

Le récit qu'il nous fit de cette libération fut d'une telle intensité qu'aucun de nous quatre ne cilla ni ne prononça une seule parole. Il était près de minuit quand le Général se leva. Il sembla sensible à notre émotion et nous dit simplement :

– À demain !

Au moment de nous quitter, il évoqua d'un mot l'exiguïté de sa cabine, surtout au moment du déjeuner. Alors, moi :

– Mais, mon Général, pourquoi ne venez-vous pas prendre le déjeuner avec nous ?

Il me répondit :

– Vous m'avez déjà sur le dos au dîner. C'est pour vous bien suffisant.

Je savais, par expérience, qu'il ne fallait pas protester. II est vrai que sa cabine de première classe était l'inconfort même, comme l'étaient à cette époque toutes les cabines de tous les bâtiments de ligne. Nous étions plus proches des couchettes des goélettes de Cook et de Bougainville que des somptueux appartements des bateaux d'aujourd'hui, transformés en monstrueux palaces flottants. La couchette du Général avait dû, bien sûr, être rallongée, et il avait fallu modifier la cloison de séparation avec la cabine voisine. En réalité, le Général paraissait tout à fait étranger aux notions de confort. Rien ne semblait le préoccuper dans ce domaine. Pas même les intempéries. Combien de fois l'ai-je vu refuser le parapluie qu'on lui tendait et demeurer immobile sous des trombes d'eau, avec un uniforme « à tordre ». À Djibouti, je l'ai vu frais et dispos sous un soleil brûlant, dans une chaleur de four.

On n'avait pas seulement modifié son lit et sa cabine. Un membre de l'état-major particulier du Général avait visité le *Calédonien* à l'armement à Marseille, avant son départ. Avec un bâton équivalent à la taille du Général, képi sur la tête, il avait vérifié si ce dernier pourrait passer dans les coursives des premières classes. À la suite de cette inspection, on avait dû déplacer toutes les lampes situées en plein milieu des plafonds.

De quoi parlait-on à la table du Général ?

Les sujets abordés par de Gaulle, le soir, Mme de Gaulle s'étant retirée, touchaient toujours à la politique ou à l'histoire. Je ne pense pas qu'il se soit vraiment jamais intéressé à autre chose.

La politique : de préférence celle de la Quatrième République. Les ministres de ce régime abhorré, il les jugeait responsables de son départ du pouvoir en janvier 1946, et d'avoir ensuite empêché son retour. C'est peu dire qu'il les traînait dans la boue. Il les couvrait de son mépris. Comment aurait-il pu pardonner à tous ces dirigeants d'avoir, par leur politique, précipité la France au fond de l'abîme ? Pis : d'avoir irrémédiablement perdu les cartes que lui, de Gaulle, aurait pu un jour jouer en faveur du pays.

Un soir, il ridiculisa Herriot qui lui avait écrit une lettre jugée indigne, juste après son départ. Une autre fois, il nous rappela que Ramadier avait eu l'étrange idée de vouloir lui remettre la médaille militaire (ainsi qu'à Roosevelt – à titre posthume –, à Staline et à Churchill, ce dernier étant le seul à être venu à Paris). J'entends encore le Général s'esclaffer : « Vous voyez ce pauvre Ramadier décorant de Gaulle ? »

Ses souvenirs de la guerre étaient ceux vers lesquels il revenait le plus volontiers. II dénonçait Roosevelt pour n'avoir rien compris à son entreprise et avoir soutenu Pétain presque jusqu'à la fin des hostilités. Quant à Churchill, c'était à la fois des accusations et des éloges, des reproches et des approbations. II l'aimait un jour, le détestait le lendemain. Mais il l'admirait toujours.

Que me prit-il, un soir, de lui demander innocemment si Vichy, en se maintenant en Afrique du Nord, n'avait pas empêché une occupation allemande et, par là, aidé la France libre et permis plus tard le débarquement américain ? Pour la première fois depuis le début du voyage, je vis Guichard et Foccart montrer quelques signes d'inquiétude. Même Olivier, toujours égal à lui-même, sembla pâlir. Il n'y eut, de la part du Général, ni explication ni la moindre réponse, mais une sorte de colère qui éclata, sèche comme un orage sans pluie.

La foudre crépita et tomba droit sur moi. Ce fut une exécution implacable. Davantage : une exécution méprisante. De Gaulle abrégea la soirée et se retira sans me jeter un regard.

Le lendemain soir, il fit comme si de rien n'était. Toujours sa grande courtoisie. Aimable comme à l'accoutumée. Peut-être plus que d'habitude. Mes amis m'avaient conseillé de demeurer silencieux, surtout de ne pas m'excuser.

– Jean, ne dites rien et les choses s'arrangeront, vous verrez, m'avait dit Foccart.

Le dîner expédié, le Général nous invita dans le petit salon. Il me regarda alors et me dit :

– Je vais vous expliquer.

Et ce fut comme une relecture théâtrale de ses *Mémoires de guerre*. Comme je l'avais promis à Guichard, je ne pris aucune note et ne me risquerai pas, aujourd'hui, à tenter de restituer un monologue si lointain. Longuement, patiemment, minutieusement, de Gaulle, s'adressant à moi, m'expliqua les choses. Jamais, racontés par lui, le refus de Pétain de poursuivre la guerre outre-mer, sa trahison à l'égard de nos alliés, la signature de l'armistice, l'instauration d'une politique de collaboration qui rangea la France aux côtés de l'Allemagne, contre l'Angleterre, puis contre les États-Unis et l'URSS, ne me firent si profondément ressentir le déshonneur de notre pays. Weygand, encore plus que Pétain, sortit en lambeaux de l'exposé du Général.

Quelles escales vous ont le plus marqué, au cours de cette traversée du Pacifique ?

L'approche de Tahiti fut inoubliable. De jour en jour, d'heure en heure, les passagers polynésiens furent saisis d'une sorte d'excitation qui se traduisit par des chants et des danses. Colliers, couronnes de coquillages, paréos sortirent des valises. Le Général reçut son premier collier. La « vahiné de De Gaulle » – c'est ainsi que les Polynésiens appelaient Mme de Gaulle – aussi. Me souvenant de la leçon de Bonneval, je restai prudemment à l'écart et refusai les invitations de bien jolies filles à danser le tamouré. Plus l'atmosphère s'échauffait, plus je m'efforçais de demeurer de marbre. Mes relations avec les passagères du bord n'allèrent jamais plus loin que des regrets dans mon regard.

La première terre fut annoncée plusieurs heures à l'avance par un immense oiseau blanc qui survola quelques minutes notre petit paquebot. La nuit était tombée d'un seul coup, sans crépuscule, comme toujours sous les tropiques. Les Tahitiens ne dansaient plus. Accroupis sur le pont, par petits groupes, guitare à la main, ils chantaient à mi-voix.

Après douze jours de mer depuis le Panama, les premières terres apparurent sur la droite du *Calédonien*. Une étonnante émotion s'empara alors de nous tous. Les chants avaient cessé. le *Calédonien* fendait les flots dans le silence. Accoudés à la lisse, les passagers avaient les yeux fixés sur ce premier atoll, le Puka-Puka. Notre bateau longea le récif et sa blanche frange d'écume. De l'autre côté du lagon, sur la plage, le long des cocotiers, des hommes couraient et agitaient dans l'obscurité des fanaux lumineux. Nous étions transportés dans les récits des voyages de Cook ou dans les romans de Jules Verne. Notre gorge était serrée : c'était la fin d'un long isolement entre ciel et eau. C'était aussi le premier contact du général de Gaulle avec les Polynésiens. Et, dans la nuit noire, les bras levés, il les saluait comme s'ils pouvaient le voir. Ces habitants des Tuamotu qui, à l'autre bout du monde, couraient ce soir-là le long d'une plage du Pacifique, avaient été les premiers à rejoindre de Gaulle dans l'aventure de la France libre. « Quand la France roulait à l'abîme, ceux-là n'avaient pas cessé de croire en elle », allait-il rappeler, quelques heures plus tard, dans son premier discours à Tahiti.

La nuit fut courte pour le Général et Mme de Gaulle comme pour nous tous. Dans une obscurité profonde, le *Calédonien* longea la première côte de Tahiti, la pointe de Vénus, à 5 h 37. Une demi-heure après, le pilote monta à bord. Puis le bateau franchit la passe à vitesse réduite et pénétra dans le lagon devant Papeete à 6 h 07. Tout le bateau était sur le pont d'où s'élevait le bourdonnement sourd de la foule des passagers. Nous frappèrent d'abord au visage, très fortement, les parfums des fleurs de l'île, qui nous étaient inconnus. Nous étonna ensuite la hauteur des montagnes : les lumières qui, dans la nuit, clignotaient sur leur flanc, se confondaient avec les étoiles. Puis, d'un seul coup, la nuit se déchira et, pendant quelques instants, tout fut d'un rose vif : la mer et la montagne, le lagon et son récif, la plage et ses cocotiers, et, au loin, les montagnes de l'île de Mooréa.

Enfin surgit brusquement dans le lagon, tout autour de notre bateau, une armada de pirogues à balancier. Des rameurs couronnés de fleurs, torse nu, un paréo autour des reins, des colliers de tiaré et de frangipanier autour du cou, les vahinés, des fleurs dans leurs longues chevelures noires et luisantes, tous se tenant debout, acclamaient le Général et chantaient les plus beaux airs tahitiens. À la lettre, nous n'en croyions pas nos yeux : qui aurait pu imaginer un tel spectacle ? Giuge murmurait : « C'est l'apothéose !... »

De Gaulle paraissait pressé de mettre pied à terre. Nous aussi, après cette si longue traversée. On installa le Général et Mme de Gaulle sur la pirogue royale – souvenir somptueux de la reine Pomaré. C'était un grand radeau formé de troncs de cocotiers, reposant de chaque côté sur deux pirogues à balancier.

À terre, les fêtes commençaient. Les Tahitiens prenaient prétexte de tout pour faire la fête. Ils sortaient à peine de la célébration du 14 Juillet – qui dure un mois à Tahiti – pour accueillir le Général par des danses et des chants qui allaient se poursuivre tout au long de leur séjour, et, la nuit, par ce qu'ils appellent des « bringues », où leur excellente bière coulait à flots.

Au fond, nous débarquions à Tahiti un peu comme les explorateurs du XVIIIe siècle. Il n'y avait pas encore d'aéroport et les voyageurs ne pouvaient arriver dans l'île qu'après un long voyage par mer. Le mot « touriste » n'existait pas, en 1956. Papeete n'était qu'un village, et rares étaient les farés qui s'échelonnaient sous les cocotiers, le long du lagon. Un seul hôtel digne de ce nom. Une église au toit de zinc, au petit clocher pointu, baptisée cathédrale.

Avant de poursuivre notre voyage, nous visitâmes plusieurs îles de l'archipel Sous-le-vent, voisines de Tahiti : Huahine, Bora Bora, Uturoa, Raiatea. Chaque fois, notre hydravion *Catalina* se posait sur le lagon et des pirogues à balancier nous amenaient à terre.

Ce fut ensuite une nouvelle semaine en mer jusqu'aux Nouvelles-Hébrides, et enfin quelques jours en Nouvelle-Calédonie. Puis arriva le temps du retour. Le voyage fut très long. Le DC4 que Truman, à la fin de la guerre, avait offert au général de Gaulle, était un peu poussif. Il fallait que l'équipage militaire se reposât, la nuit, de temps à autre.

Après l'envol de Nouméa, le Pacifique ne fut très vite qu'un souvenir. Nous lui fîmes nos adieux au-dessus de la Grande Barrière. La première partie du voyage – Nouméa-Darwin – dura onze heures quinze minutes. Comme chaque fois que nous survolions un État étranger, le général de Gaulle, comme s'il était lui-même chef d'État, adressait un message au dirigeant du pays. Guichard l'écrivait à la main. Le Général y apportait quelquefois des corrections et je m'empressais de l'envoyer à l'AFP, en gardant précieusement l'original que personne, cette fois, ne me demanda de restituer. Le Général agissait sereinement, tout naturellement, comme un dirigeant en titre, et le monde entier trouvait tout à fait normal qu'il en fût ainsi.

Darwin fut, de nuit, notre première et brève escale. Le Général et Mme de Gaulle demeurèrent à bord. Ils n'aimaient guère les escales qui n'étaient pas françaises. Notre seconde nuit se déroula aux îles Cocos, grains de poussière australiens perdus dans l'océan Indien, entre l'Australie et l'Inde. Le Général et ses compagnons de voyage étaient répartis dans des chambres sommaires situées dans un long bâtiment préfabriqué, sans étage, près de l'hôtel où nous prenions nos repas et où le gouverneur australien accueillit son hôte. De Gaulle, au dîner, se prêta de bonne grâce, avec sa courtoisie habituelle, aux questions de ses voisines australiennes qui n'en finissaient pas, toutes aussi oiseuses les unes que les autres :

– Dites, Général, comment faites-vous, au cours de ce voyage, pour dormir si peu ?

Et le Général, imperturbable :

– Mais je dors, madame !

Après une nuit réparatrice, malgré le grondement des brisants sur le récif tout proche, j'allai prendre mon petit déjeuner et passai devant le faré du Général. Celui-ci, sur le seuil, en pyjama, contemplait le lagon et, au-delà du récif, une mer grise, houleuse, sinistre. Je ne m'arrêtai pas, bien sûr, et me contentai d'un joyeux « Bonjour, mon Général ! – Bonjour, Mauriac. »

Ainsi suis-je, c'est évident, le seul journaliste au monde à avoir vu le général de Gaulle en pyjama. N'est-ce pas là le seul vrai titre de gloire que je ramenais de ce voyage ?

Les cinq jours et quatre nuits du retour, à bord de cet avion inconfortable, furent pittoresques. Nous y avions pris nos quartiers et, très vite, nos habitudes et nos aises. Le « frafra » – c'était le nom que nous lui avions donné – ne volait pas à haute altitude. Les côtes australiennes, les cratères des volcans de Java et les rizières étagées sur leurs flancs, les flots de l'océan Indien nous paraissaient tout proches. Et le temps ne nous manquait pas pour admirer le paysage ! 340 km/h était la vitesse maximale de notre avion, et à condition de ne pas avoir le vent debout. Nous avions de la place à bord et chacun son hublot. Mais je n'ai jamais vu le Général le nez collé au sien ou jetant même un bref regard à travers les vitres rectangulaires de notre DC4.

Pendant ces longues étapes, il déambulait parfois dans l'avion et allait de l'un à l'autre pour « causer », comme toujours. Ainsi, quelquefois, sommeillant, je sentais brusquement une présence à mes côtés. C'était le Général qui venait de prendre place. Surpris, mon cœur battait à se rompre. Qu'allais-je lui dire ?

– Où sommes-nous ? me demandait-il.

Un membre de l'équipage venait de m'apporter le bulletin de vol.

– Nous venons de franchir l'équateur, mon Général. Nous arriverons dans moins de deux heures à Colombo.

Mais déjà de Gaulle ne m'écoutait plus et me parlait de l'écroulement des empires.

La nuit, vers quatre heures du matin, alors que nous cherchions le sommeil dans la cabine silencieuse éclairée seulement par une petite veilleuse bleue, je voyais la silhouette immense du Général, un petit sac sous le bras, gagner dans la pénombre les toilettes au fond de l'appareil. Sa préparation était longue et devait être minutieuse : près de deux heures. Rasé, frais comme un gardon, il regagnait alors silencieusement sa place.

Les repas à bord étaient la grande affaire. Pendant deux jours, nous n'avons mangé que du cerf qui avait été embarqué à Nouméa. Deux tables étaient dressées à l'avant, de chaque côté de l'allée centrale : une pour les compagnons du Général (Roger Frey, alors conseiller de l'Union française, s'était joint à nous à Tahiti), l'autre pour le Général, Mme de Gaulle et l'aide de camp. Il restait une place réservée, à tour de rôle, à l'un d'entre nous. La première table était gaie, presque bruyante. La seconde, bien sûr plus solennelle, un peu guindée. Il fallait se tenir sur le qui-vive, répondre au Général si nécessaire, l'aider à soutenir la conversation quand elle languissait, alors que Mme de Gaulle ne tentait guère de la ranimer. C'est un fait : aucun d'entre nous ne souhaitait spontanément être à sa table, si bien que Guichard était contraint d'organiser des tours. Croyant être malin, je m'étais aussitôt inscrit pour le petit déjeuner sur la feuille qu'Olivier faisait circuler. Il vint à moi peu après :

– Non, Jean, le petit déjeuner ne compte pas. Tu t'es inscrit pour le petit déjeuner, c'est bien, mais je t'inscris aussi pour le déjeuner qui suit...

Je protestai pour la forme, en vain. Dans le service, Olivier ne plaisantait jamais.

À Paris, dans son cabinet de travail, François Mauriac avec son fils Jean. 1932.

Les photographies
proviennent
de la collection
personnelle de l'auteur.

Jeanne Lafon,
Mme François Mauriac,
au début
des années 30.

François Mauriac avec Francis Jammes, 2 novembre 1937.
Derrière eux, le portrait de Claire, la fille aînée de François Mauriac, par Valdo Barbey.

François Mauriac et Paul Valéry. 1943.

Dans le salon de Vémars, François Mauriac, avec sa femme et son fils Jean, lit les télégrammes de félicitations du prix Nobel. 8 novembre 1952.

Place de l'Étoile, le 25 août 1944, le général de Gaulle s'apprête à descendre les Champs-Élysées.
À gauche, Claude Guy, son officier d'ordonnance.

À Mouilleron-en-Pareds, sur la tombe de Clemenceau, le 12 mai 1946, premier discours du général de Gaulle après son départ du pouvoir.

Jean Mauriac avec Habib Bourguiba, président du Néo-Destour, pendant les négociations sur l'indépendance de la Tunisie. Paris, mars 1956.

Dans la cour de l'Institut avec Jean Cocteau. Paris, 22 mai 1958.

Avec Julien Green à l'Académie française. Paris, 16 novembre 1972.

Le général de Gaulle traverse le lagon de Bora Bora.

Le *Calédonien* quitte Tahiti. 22 septembre 1956.

24 août 1958, à Brazzaville.

De Gaulle et Sekou Touré (au second plan), le 25 août 1958, à Conakry.

Premier voyage du général de Gaulle en Algérie. Alger, 4 juin 1958.

Le général de Gaulle visite les zones d'opérations en Algérie, 27-30 août 1959.
À gauche du Général, le général Olié, Pierre Guillaumat, ministre des Armées,
le colonel Buis et Paul Delouvrier, délégué général du gouvernement.

Arrivée du général de Gaulle à Tahiti où il va assister à la première explosion nucléaire française
dans le Pacifique. Septembre 1966.

Le général de Gaulle lors d'un voyage dans le centre de la France,
à Montaignac et à Saint-Angel. Octobre 1962.

Auschwitz, 9 septembre 1967.

Paris, défilé du 30 mai 1968 sur les Champs-Élysées.
De gauche à droite Jacques Foccard, Michel Debré, André Malraux, puis François Mauriac et Maurice Schumann.

Le général de Gaulle et sa femme en Irlande. Juin 1969.

Paris, boulevard La Tour-Maubourg, Georges Pompidou vient d'être élu président de la République. 15 juin 1969.

Avec Maurice Druon, ministre des Affaires culturelles, pour sa première interview. Libourne, 6 avril 1973.

François Mauriac à Malagar.

Le 20 septembre dans la soirée, après des escales à Colombo, Djibouti et Fort-Lamy, le DC4 roula sur la piste de Villacoublay. Les voyants étaient éteints. Nous étions tous debout à notre place. Le Général vint nous saluer chacun à notre tour. Moi, le dernier, comme il se doit. C'était la fin d'une grande aventure et j'étais au bord des larmes.

De Gaulle me tendit la main :

– Au revoir, Mauriac.

– Au revoir, mon Général.

Sa fille Élisabeth était montée à bord pour saluer ses parents à leur retour du plus long voyage qu'ils aient jamais fait. Le Général la baisa au front.

– Bonjour, ma fille...

Les effusions n'étaient pas son genre.

CHAPITRE V

La fin de l'Empire

À dater du retour au pouvoir du général de Gaulle, en mai 1958, vous allez suivre de près, en tant que journaliste, le processus qui conduira à la fin de notre empire colonial. Nous évoquerons dans ce chapitre la décolonisation de l'Afrique noire, dont vous avez été un témoin privilégié, avant d'aborder dans le chapitre suivant, celle de l'Algérie, où vous vous êtes souvent trouvé en première ligne, comme nous le verrons. Votre implication personnelle et professionnelle est d'autant plus forte à ce sujet qu'en juillet 1954 vous aviez été le seul journaliste présent à Carthage lors des cérémonies marquant la fin du protectorat tunisien. Dans quelles conditions vous y êtes-vous trouvé ?

Parmi mes nombreux voyages en Tunisie dans les années qui ont précédé le retour au pouvoir du Général, le voyage du 30 juillet 1954 fut politiquement le plus important et, pour moi personnellement, le plus rocambolesque.

Roger Stéphane – à cette époque éminence grise de Mendès France pour les affaires tunisiennes – est à Tunis. Il m'appelle le 28 juillet : « Jean, peux-tu me rejoindre ici ce soir ? Ta place d'avion est retenue. Tu dois tenir ce voyage absolument secret. » Et il raccroche. Je suis aux anges. C'est le genre de reportage que j'aime : sûrement un très grand sujet et la certitude de l'exclusivité.

Adieu la concurrence ! Adieu mes petits camarades d'United Press, d'Associated Press, de Reuter, qui empoisonnent ma vie. Me voici enfin seul.

Le voyage Paris-Tunis à cette époque est long. Les petits « SO Bretagne » qui effectuent la ligne affectionnent les turbulences de la vallée du Rhône. Pendant toute la durée du parcours – environ cinq heures –, nous sommes sanglés à nos sièges, les dents serrées, agrippés à nos accoudoirs. Personne ne m'attend à l'aéroport. Dans l'odeur d'œuf pourri et de putréfaction de la lagune toute proche, je gagne le Tunisia Palace, qui n'existe plus aujourd'hui. J'en garde un bon souvenir parce que les journalistes qui suivaient les affaires du Maghreb s'y retrouvaient toujours. Ils formaient – on s'en souvient – le « Maghreb Circus ». Le Tunisia Palace était aussi inoubliable pour moi parce qu'une petite journaliste suédoise venait quelquefois me rejoindre dans ma chambre...

La lagune dont je viens de parler a disparu elle aussi : le béton a remplacé l'eau frémissante de tous les animaux de la Création et les flamants roses ont laissé place aux réverbères. Mon père m'avait dit un jour : « Avec ma chance habituelle, je vais mourir quand ce monde deviendra inhabitable. » Combien c'est vrai ! Mais ce monde tel qu'il est, même bétonné et pollué, j'aimerais pourtant ne pas le quitter si vite.

Je retrouve Roger Stéphane. C'est un ami et un extraordinaire journaliste. Mais c'est un aîné pour moi, comme Jean Daniel. Je garde donc des distances déférentes qui ont peut-être lieu d'être quand il me demande, alors que nous dînons ensemble à Tunis, si je « marche à voile ou à vapeur ».

Nous mettons au point mon travail. « Jean, me dit-il, réalises-tu que tu seras le seul journaliste à assister à une scène historique ? Pierre Mendès France arrive directement de la conférence de Genève où il a mis fin à la guerre d'Indochine, pour annoncer la fin du protectorat et l'établissement de l'autonomie interne en Tunisie. Il n'est pas trop tard, mais il est grand temps. Les attentats sont de plus en plus fréquents et le général Garbay, de sinistre mémoire, s'apprête à "ratisser" le cap Bon. »

Grâce à la décision de PMF de proclamer assez tôt l'autonomie interne en Tunisie, nous avons sans doute fait l'économie d'une guerre. Pour Mendès, l'effet de surprise doit jouer à fond. C'est pourquoi l'ordre a été donné d'interrompre toutes les relations aériennes et téléphoniques entre les deux pays. Mon avion a été le dernier à atterrir. C'est une sensation étonnante que de se trouver dans un pays coupé du monde entier. Quand j'éteins, tard le soir, ma lampe de chevet, le silence sur Tunis me semble si épais, si total, d'une qualité telle que j'en suis tout impressionné. Même les chiens semblent ne plus aboyer, ni, à l'aube, les coqs chanter.

Ce qu'il faut savoir pour bien comprendre l'événement auquel vous allez assister, c'est que Pierre Mendès France avait échafaudé dans le plus grand secret un plan assez habile, consistant à impliquer dans le règlement du dossier tunisien l'une des figures prestigieuses de l'armée française...

Le 31 juillet 1954 au matin, dans le palais de Carthage, ma surprise est grande, en effet. Aux côtés de Pierre Mendès France, de Christian Fouchet, ministre des Affaires marocaines et tunisiennes, un personnage rutilant : képi à plusieurs rangées de feuilles de chêne, constellation de décorations, étoiles sur les manches jusqu'au coude. PMF a réussi à emmener avec lui le maréchal Juin, l'homme de la droite française, le défenseur des colons dans tout le Maghreb, leur porte-parole aveugle et borné. Je me frotte les yeux : c'est bien lui, avec son visage buriné, coupé à la hache, son air bonhomme, aux côtés d'un Mendès France si exécré par la droite française, venant à Tunis pour proclamer l'indépendance. Car nul n'en doute : l'autonomie interne mènera très vite à l'indépendance.

Je regarde Juin, que je n'ai plus vu depuis la fin de l'été 1944 où il allait rue Saint-Dominique rendre compte au général de Gaulle des opérations qu'il commandait. Et je m'interroge : comment s'est-il laissé convaincre par Mendès de l'accompagner à Carthage ? Comment PMF a-t-il réussi ce que Bourguiba a qualifié d'emblée de « coup de génie » ?

Je revois cette petite brochette d'acteurs.

Mendès, petit, râblé, pressé, sans élégance aucune, son costume gris très foncé plus froissé encore que d'habitude, les cheveux raides et pommadés, le regard profond, de braise, le sourire large, naturel, authentique. Une extraordinaire impression de force émane du personnage. De force et, à mes yeux, de bonté.

Aux côtés de PMF, le bey : une toque sur la tête couverte de dorures, une barbe grise lui mange les joues et finit en pointe sous le menton. Des moustaches énormes. Il porte des lunettes et un costume chamarré de décorations, de broderies d'or et d'un large ruban. J'oubliais les épaulettes !

Christian Fouchet, remarquablement grand, massif, sympathique, un « géant débonnaire », comme on dit.

Ces quelques hommes se trouvent rassemblés dans le palais de Carthage d'où l'on voit par les fenêtres des ruines romaines et la Méditerranée, et dont je garde un bizarre souvenir de turqueries et de verroteries, de faïences, de tapis, avec des spahis en burnous rouge qui rendaient les honneurs, sabre au clair.

La scène est, selon la formule consacrée, « historique ». C'est-à-dire qu'en la vivant nous ne doutions pas qu'elle s'inscrirait dans les manuels d'histoire de France. Il fallait entendre Mendès déclarer, avec sa voix chaude, sympathique, son ton intelligent et inimitable : « L'autonomie interne de l'État tunisien est reconnue et proclamée sans arrière-pensée par le gouvernement français qui entend tout à la fois l'affirmer dans son principe et lui permettre dans l'action la consécration du succès. » Et il fallait l'entendre, se tournant vers le bey Sidi Lamine, lui dire cyniquement : « Vous n'ignorez pas, altesse, que vous pouvez compter sur l'entière bonne volonté du gouvernement français... » Du de Gaulle, n'est-ce pas ? Du très grand de Gaulle. Et avant le de Gaulle de la décolonisation !

Mendès France venait de mettre fin, par une simple déclaration, à des années de présence française en Tunisie et, du même coup, au règne de la dynastie du bey, jusqu'à faire perdre à Sidi Lamine toute existence temporelle. Au fur et à mesure que PMF parlait, on voyait le bey s'effacer peu à peu, disparaître littéralement sous nos yeux.

Le temps de Bourguiba était enfin arrivé, que nous tenions prisonnier à l'île de Groix et que nous avions transféré, quelques jours avant la déclaration de Carthage, au château d'Amilly, près de Montargis. Oui, la France tenait encore Bourguiba prisonnier ! Comme allait l'être le sultan du Maroc et comme l'étaient déjà la plupart des futurs leaders algériens. C'est ainsi que se comportaient les dirigeants français de l'époque : ils emprisonnaient ceux avec qui ils auraient dû parler. Et la France se faisait des ennemis de ceux qui auraient dû être ses amis. Il faudra attendre le retour du général de Gaulle pour changer les choses, la brève exception Mendès mise à part.

C'est aussi en Tunisie, à cette époque-là, que vous avez fait la connaissance de François Mitterrand...

Oui, en avril 1957. François Mitterrand, garde des Sceaux, ministre de la Justice, avait été désigné pour représenter la France aux fêtes célébrant le premier anniversaire de l'indépendance tunisienne. C'était mon premier reportage portant sur une manifestation dans laquelle il jouait le premier rôle, et je me réjouissais de le connaître enfin.

Bourguiba avait donné l'assurance à Mitterrand de maintenir éloignés de lui tous les leaders de la rébellion algérienne qui, réfugiés à Tunis, y tenaient le haut du pavé. Les choses s'étaient jusque-là bien passées : Français et Algériens participaient à toutes les manifestations sans jamais se côtoyer. Mais, ce jour-là, Bourguiba trahit sa promesse : à la manifestation la plus importante, celle où Bourguiba devait prononcer son grand discours, les Algériens se trouvèrent être pratiquement les voisins immédiats de la délégation française. La surprise fut générale et tout le monde s'attendait à un clash. Il n'en fut rien. Mitterrand ne broncha pas : masque de cire, yeux mi-clos, ses minces lèvres si serrées qu'il semblait ne plus avoir de bouche. Je l'observais et regardais ses voisins dans la tribune des chefs d'État. Le visage de Richard Nixon, vice-président américain, trahissait une certaine inquiétude. Fayçal d'Arabie était toujours souriant et énigmatique. Le bey, que Bourguiba avait invité sans doute pour l'humilier, était là, frêle vieillard, l'air absent, ne représentant plus qu'un passé révolu. En revanche, les Algériens contenaient mal leur satisfaction et leur fierté.

Dès que Bourguiba eut terminé son discours au milieu des applaudissements, Mitterrand lui serra la main sans un au revoir. Il passa devant la tribune des journalistes, l'air faussement tragique, et s'arrêta à ma hauteur : « Mauriac, je vous emmène ! » J'hésitai, un peu interloqué, pensant bêtement à mes affaires personnelles que j'avais laissées à l'hôtel. Sa voiture s'était avancée. Je montai avec lui. Sans escorte, nous filâmes vers l'aéroport. L'équipage avait été prévenu et se tenait au garde-à-vous au pied de la passerelle. L'avion décolla aussitôt. Mitterrand semblait aux anges. Il se tourna vers moi : « Alors ? » Respectueux, prudent et flatteur, je répondis : « Bien joué, monsieur le ministre. Vous avez bien fait. »

L'avez-vous revu, dans les années suivantes ?

Le voyage de Tunis mis à part, je ne l'ai rencontré qu'à trois reprises. La première, lorsqu'il m'invita en 1982 parmi ses « amis personnels » qu'il emmenait toujours avec lui dans ses déplacements officiels à l'étranger. Il s'agissait ici de son voyage au

Maroc que j'ai longuement raconté dans *L'Après-de Gaulle*. Il m'invita, je crois, à l'instigation d'Edmonde Charles-Roux qui pensait que ma présence dans la délégation permettrait de faire quelque peu contrepoids à sa composante « gauchiste ».

La seconde fois, ce fut à l'occasion d'une réception à l'Élysée : « Cet endroit doit vous rappeler des souvenirs », me dit-il avec toujours le même air narquois. Il me prit par le bras : « Venez ! Je vais vous montrer les changements que je viens de faire. » La visite fut longue. Je m'inquiétai : « Monsieur le Président, il faudrait peut-être rejoindre vos invités – Mais non ! Nous avons tout le temps. »

Je le revis pour la dernière fois peu de temps avant sa mort. J'étais en voiture avenue Frédéric-Le Play. Je l'aperçus sur le trottoir, cheminant au bras de l'irréprochable docteur Tarot. Je stoppai net et me précipitai littéralement vers lui. J'étais très ému tant il paraissait malade et affaibli. Il demeura silencieux et, curieusement, c'est moi seul qui parlai. Et, plus curieusement encore, de ma propre personne, comme si je n'osais l'interroger sur lui-même. Ce n'était pas un personnage démonstratif. Surtout depuis son cancer. En le quittant, je me souviens, je lui serrai très fort les avant-bras. Il sentit mon émotion. Je partis en courant vers ma voiture stationnée en double file. Sans me retourner.

L'une des toutes premières photographies où l'on vous retrouve aux côtés du Général, après votre voyage commun dans le Pacifique, date du 19 mai 1958, le jour de sa mémorable conférence de presse au palais d'Orsay. Toute la presse nationale et internationale est là, accourue en masse pour entendre celui qui s'apprête à prendre, selon son expression, « la tête du gouvernement de la République ». Curieusement, vous n'êtes pas, ce jour-là, parmi les journalistes, mais près du Général et mêlé à son entourage le plus rapproché, Foccart, Lefranc, Guichard... Comment faut-il interpréter cette situation assez paradoxale et insolite pour un journaliste ?

Mon rôle vis-à-vis de De Gaulle, depuis le 20 janvier 1946, date de son départ du pouvoir et de son installation à Marly, puis définitivement à Colombey, était de le rejoindre dès qu'il venait à Paris. Régulièrement. Une fois par semaine. Je « planquais » alors rue de Solférino, ravi de lui serrer la main et d'échanger quelques mots de courtoisie avec lui. Heureux rien que de le voir.

Durant la traversée du désert, après l'échec du RPF, nous n'avions chaque année qu'une seule occasion officielle de revoir le Général : la petite cérémonie organisée chaque 18 juin. Venant directement de Colombey, il se rendait au mont Valérien, devant la porte même du fort où de nombreux résistants furent massacrés par les Allemands. De tous les moments que j'ai passés auprès du Général, cet hommage rendu aux fusillés de la Résistance devant une poignée de ses fidèles fut sans doute le plus bouleversant.

La conférence de presse du Général au palais d'Orsay était, comme elle devait l'être, « couverte » par le service politique de l'AFP. Et ma mission, conforme à ce qu'elle était depuis la Libération : me trouver le plus près possible du Général, ma présence « rapprochée » étant admise par lui-même et par ses collaborateurs, devenus des amis.

Cela signifie-t-il que vous étiez particulièrement bien informé des conditions de son retour au pouvoir ?

La Quatrième République était à terre. Elle était à ramasser à la cuiller. C'est le peuple français qui a fait, en réalité, appel au Général. Après sa conférence de presse, les dirigeants de la Quatrième ont été suspendus à ses basques pour le convaincre de revenir. Le 22 mai, Pinay a fait à Colombey, comme on sait, une visite suppliante au Général. Le 25, Guy Mollet lui adressait une lettre complètement déboussolée. Le lendemain, le président du Conseil, Pierre Pflimlin, le rencontre en le priant à son tour de revenir, avant de démissionner. Et le pauvre Coty finit par faire appel à de Gaulle pour former un gouvernement. Le 1er juin, à quinze heures, celui-ci se rendit à l'Assemblée pour y lire sa déclaration d'investiture. L'Assemblée lui accorda les pleins pouvoirs et vota le projet de loi le chargeant de la réforme constitutionnelle qui, plus tard, serait soumise à référendum.

Voulez-vous me faire dire que le général de Gaulle, depuis Colombey, a soufflé sur les braises algériennes de manière à rendre son retour inéluctable ? Mon analyse à moi, alors modeste journaliste, est que la décomposition de la Quatrième République était telle que le Général n'avait nul besoin de se mêler de l'insurrection des chefs militaires d'Algérie pour revenir au pouvoir. Au mieux, cette insurrection a pu hâter les choses. Mais la Quatrième, à bout de souffle, s'effondra d'elle-même et tomba dans l'escarcelle des gaullistes comme un fruit pourri dégageant une odeur pestilentielle.

Comment vous est-il apparu, ce 19 mai ?

Comme il est apparu à tous les Français à la télévision. Triomphant, tout à fait sûr de son retour au pouvoir. Ironique, goguenard, moqueur, drôle. Il soulevait les rires de l'assistance. Tour à tour joyeux et grave, optimiste et dramatique. D'une jeunesse, d'un allant saisissants... Cette conférence de presse est la meilleure qu'il fît jamais. C'est une page d'anthologie. D'un coup, ses adversaires politiques furent anéantis.

Dans l'assistance se trouve un personnage illustre : François Mauriac, accompagné de votre frère Claude, de Robert Barrat, de Françoise Giroud et de Jean-Jacques Servan-Schreiber. Le même soir, votre père écrira dans L'Express *: « Ici même, plusieurs fois, j'ai crié vers le général de Gaulle. Maintenant qu'il est aux portes, vais-je me dresser contre lui ? » Très vite, son ralliement à de Gaulle est* *acquis, au point de rendre sa situation à* L'Express *de plus en plus inconfortable. Vous n'êtes pas étranger à son départ définitif de l'hebdomadaire et à sa rupture avec JJSS, en avril 1961...*

Dès le premier jour, j'ai senti que Jean-Jacques Servan-Schreiber avait un grain, comme on dit. Son air sûr de lui, hautain, autoritaire, méprisant, son débit rapide, ses phrases tranchantes, bref, tout son comportement m'ont intrigué, puis inquiété. C'était un homme que le doute n'effleurait jamais. Cela dit, je ne le rencontrais que rarement. En revanche, je l'avais quelquefois au téléphone. Il était le seul à oser appeler François Mauriac pour un oui ou un non, au sujet de *L'Express*, alors qu'il savait très bien que mon père détestait le téléphone. Mais rien ne l'arrêtait. Il est vrai qu'il a su habilement mettre mon père sous son charme, sans avoir à se donner du mal. Qu'est-ce que François Mauriac n'aurait pas accepté de faire pour son « cher Jean-Jacques » ?

Avec moi, cela ne dura pas longtemps. Il n'y avait pas seulement son personnage – y compris sa personne physique – que je détestais. Il y avait surtout ce que Jean Bothorel, dans sa passionnante biographie de JJSS [1], appelle son « antigaullisme frénétique ». Plus le temps passait et plus, à mes yeux, son déséquilibre psychique devenait manifeste. Son outrance contre de Gaulle était telle que ses arguments perdaient tout intérêt. Je disais à mon père : « Votre JJSS est fou. Il est de plus en plus fou. » Je ne me trompais pas : c'est cette folie qui l'amena à créer un *Express* quotidien qui fit naufrage en quelques mois. Et j'assistais sans déplaisir à ses gaffes successives et à sa dégringolade. Il allait payer cher ses injures à l'égard de De Gaulle, ses mensonges, sa « haine cuite et recuite » pour le Général, comme disait mon père. Vous vous souvenez : pour lui, le Général se

1. *L'homme qui voulait tout changer – Les années JJSS*, Robert Laffont, 2005.

comportait comme un « mercanti » et un « marchand de tapis » dans sa négociation avec les rebelles algériens.

Les unes après les autres, ses « vedettes », qui étaient aussi pour la plupart ses amis, s'éloignèrent tous de *L'Express* : Camus, Mendès, Malraux... Même Françoise Giroud s'en alla. Mais elle, il est vrai, c'est la vie qu'elle voulut quitter. Le dernier à partir fut mon père. Il hésita longtemps, traîna indéfiniment. Quitter *L'Express*, pour lui, c'était quitter Jean-Jacques pour qui il avait eu un grand coup de cœur, et quitter aussi ce qu'il appelait une « tribune incomparable ».

Quand ma femme entreprit de rassembler les lettres écrites par François Mauriac à des centaines de correspondants, JJSS fut bien sûr l'un des premiers qu'elle contacta. Mentant comme toujours, ce dernier lui répondit : « J'ai très peu de lettres de Mauriac. Vous savez, nous nous téléphonions souvent. Et les quelques lettres que j'ai ne reflètent en rien la nature de nos relations, qui étaient d'une amitié très profonde. » Aucune lettre de JJSS ne figure donc dans les *Lettres* et les *Nouvelles Lettres d'une vie*. Or les lettres qu'il a écrites à François Mauriac, toutes passionnantes – surtout celles qui datent du départ de *L'Express* de mon père –, vous les trouverez aujourd'hui dans le livre de Bothorel. JJSS, enlisé dans la mauvaise foi, la calomnie à l'égard de De Gaulle, fait face à un Mauriac honnête, loyal, serein. Et talentueux, surtout. Mon père eut vite fait de découvrir ses points faibles et de le frapper, comme à son habitude, là où ça faisait mal.

Les éditoriaux de JJSS devenant chaque jour plus antigaullistes, j'intervenais sans cesse auprès de mon père : « Comment pouvez-vous être encore à *L'Express* ? » Et j'usais d'un argument auquel il ne pouvait rester insensible : « Que doit penser de vous le Général ? Mettez-vous à sa place, chaque semaine, quand il voit votre signature à côté de celle d'un homme qui l'injurie aussi bassement. » Plus je revenais à la charge, plus mon père tergiversait. Il ne se laissait pas convaincre si facilement. Je devais l'apprendre un peu plus tard à mes dépens, lors de l'arrivée au pouvoir de Pompidou. Il vous écoutait, mais ne vous entendait pas toujours.

Comment avez-vous finalement réussi à le convaincre de se retirer ?

Le 14 avril 1961 au soir, je me trouvais à Périgueux. Le Général effectuait un voyage dans les cinq départements du Sud-Ouest. Nous venions de Mont-de-Marsan et d'Agen. Le lendemain, c'était Libourne, Langon et Bordeaux. Il avait été entendu que François Mauriac, qui séjournait alors à Malagar, viendrait saluer le Général à l'étape de Langon, toute proche.

De Périgueux, je lui téléphonai. C'est ma mère qui me répondit : « Allô, maman, puis-je avoir papa ? – Mais nous nous voyons demain à Langon – Oui, mais je veux lui parler dès ce soir. » Il arriva aussitôt. Sa voix au téléphone m'émut. Elle paraissait encore plus enrouée que d'habitude et j'avais du mal à le comprendre. « Allô, papa, je m'excuse beaucoup de vous déranger. – Non, tu ne me déranges pas, qu'y a-t-il ? – Le protocole vous a mis au premier rang des personnalités régionales. – Ah bon. – Savez-vous que le Général attache la plus grande importance à votre présence ? Il m'a dit qu'il était très, très heureux de vous voir. (En fait, il ne m'avait rien dit.) – Ah bon. » Alors je me lançai : « C'est l'occasion idéale pour vous d'annoncer enfin votre départ de *L'Express*. – Tu crois ? » Je sentais mon père toujours hésitant. Dans le brouhaha de l'hôtel, je l'entendais de plus en plus mal – faute de téléphone dans les chambres, j'appelais depuis la réception. Et lui ne m'entendait guère mieux. J'essayais, en bref, de lui faire comprendre qu'il ne pourrait pas voir de Gaulle, le lendemain, s'il était encore à *L'Express*. « Tu crois vraiment ? – Vous connaissez le Général, il tient à vous comme à la prunelle de ses yeux. Il ne comprend plus vos *Bloc-Notes* qui voisinent avec les éditoriaux abominables de JJSS – et je ne vous parle pas des dessins de Siné qui se moquent du Christ sur la croix. Je sais qu'il en souffre. » Alors, mon père : « Tu as raison, je quitte *L'Express*, tu peux l'annoncer. »

J'appelle aussitôt l'Agence : « Un sténo, s'il vous plaît. Bulletin : "François Mauriac annonce son départ de *L'Express*". » Il faut avoir vécu cette époque pour mesurer combien la nouvelle était d'importance.

Le lendemain, à Langon, la meute des journalistes se groupe derrière François Mauriac. En entrant dans le grand salon de la mairie, de Gaulle va droit vers lui : « Ah ! Mon cher maître, je suis très honoré de vous rencontrer et extrêmement heureux de vous voir à Langon. C'est la première fois de ma vie que je vous vois chez vous et, croyez-moi, j'en garderai le souvenir... » Quelle banalité ! Pas un mot sur *L'Express*. Je suis pâle de déception. Après s'être fait présenter toutes les personnalités, le Général demande le silence. Il s'approche de mon père et déclare : « Je suis particulièrement heureux de saluer ici un très, très grand écrivain qui explique, assiste, rehausse l'homme et qui illustre la France. » Dans le contexte où elles étaient prononcées, ces paroles n'en avaient que plus de valeur.

Cela étant, l'aventure de L'Express *a beaucoup compté pour votre père, et Jean-Jacques Servan-Schreiber était un personnage peu banal...*

Oui, vous avez raison : JJSS était infernal, mais il avait en même temps un côté génial. Cela, tout le monde le sait. Je ne vous ai parlé que de mon souci : sa haine – le mot ne me semble pas trop fort – envers de Gaulle. Le reste n'était pas mon sujet. Il est certes devenu l'homme du *Défi américain* et il a été un des initiateurs de la mondialisation. Il fut aussi le premier pédagogue de la révolution informatique, de la société postindustrielle. En ce sens, il fut un visionnaire. Tout cela est vrai.

Et puis, il a eu raison au sujet des expériences nucléaires françaises... De Gaulle avait certes vu juste : nous devions être une puissance nucléaire. Mais à condition d'en avoir les moyens. Ces expériences ne pouvant être faites sur le territoire métropolitain, alors nous sommes allés les faire ailleurs. Nous avons chassé de leurs maisons les habitants polynésiens dans les pires conditions.

Nous savions le Général pressé : pour que la France joue dans le monde le rôle qui lui revenait, elle devait s'affirmer au plus tôt comme une puissance nucléaire. Mais Servan-Schreiber a eu raison de protester quand Chirac, dès son arrivée au pouvoir, a fait éclater dans le Pacifique deux bombes atomiques, malgré les protestations désolées des pays riverains. Ce fut un geste inutile sur le plan scientifique et condamnable sur le plan politique. J'ai vu récemment à la télévision les ruines que nous avons laissées là-bas. J'ai écouté les déclarations de ceux que nous avions expulsés de leurs maisons pour bâtir à la place des silos nucléaires. Quand ils y sont revenus, leurs atolls étaient méconnaissables et, au fond de leur mer, demeuraient des débris atomiques dont les effets mortels ne sont pas près de s'éteindre.

Revenons à 1958 et à l'un des grands problèmes auxquels de Gaulle doit faire face dès son retour au pouvoir : celui de la décolonisation. En août 1958, vous l'accompagnez dans sa tournée des territoires d'Afrique noire. Tout le monde s'accorde à penser à ce moment-là, comme il l'affirme lui-même publiquement, qu'on s'achemine vers un système de type fédéral. Mais, à l'escale d'Abidjan, avant de se rendre en Guinée puis au Sénégal, il vous livre le fond de sa pensée, comme il le fera un peu plus tard à propos de l'Algérie. Que vous confie-t-il ce jour-là ?

Je n'ai rencontré qu'une seule fois le Général en tête à tête pendant notre voyage africain. C'était à Abidjan. Comme toujours, c'est Bonneval qui m'annonça : « Jean, le Général veut vous voir ! » Comme toujours, j'étais à la fois enchanté et inquiet. Se trouver face à de Gaulle n'est pas chose facile... surtout quand il cherche, comme c'est presque toujours le cas, à vous désarçonner ou à vous provoquer. De Gaulle aime à jouer avec son interlocuteur.

Ce jour-là, il commence, comme toujours, par des paroles aimables, personnelles, mais sans s'attarder : « Alors, que pensez-vous du voyage ? – Mon général, vous bâtissez quelque chose d'énorme. Vous êtes en tain de faire un Commonwealth à la française. » Sous ses paupières lourdes, le Général laisse tomber un regard comme de commisération. Il me dit textuellement – et sans ménagement, l'air comme à son habitude un peu goguenard : « Pensez-vous, la Communauté, c'est de la foutaise ! Ces gens-là vont à l'indépendance. À peine rentrés dans la Communauté, ils n'auront qu'une idée, c'est d'en sortir. » Il s'arrête un instant comme pour juger de l'effet produit. Et ajoute : « Mais que voulez-vous ? Il fallait la faire ! »

Je demeure muet, abasourdi, conscient, bien sûr, des paroles que je viens d'entendre et me les répétant pour les graver dans ma mémoire, au point de ne plus entendre ce que le Général me dit ensuite. Bonneval vient l'interrompre. « Au revoir, Mauriac, me lance-t-il. De toutes les façons, nous allons nous revoir bientôt... » Et, bêtement, je le remercie.

Je suis un peu plus tard entouré par mes camarades qui me pressent de questions : « Qu'est-ce qu'il t'a dit ? – Rien, vraiment rien. Du moins, rien de nouveau... »

Je m'interroge : pourquoi m'avoir dit cela sur la Communauté alors même qu'il parcourt toute l'Afrique noire pour annoncer sa création, louer sa pérennité et inviter toutes nos anciennes colonies à la rejoindre ? Que se serait-il passé si j'avais rapporté publiquement de tels propos ? Pourquoi a-t-il pris le risque d'une indiscrétion de ma part ? D'une indiscrétion qui aurait pu se traduire par une fuite ? Je voulais lui poser la question, et je regrette de ne pas l'avoir fait.

Les faits vont lui donner raison, en tout cas, dès son arrivée en Guinée, le lendemain, où il se heurte au refus de Sékou Touré, le leader indépendantiste, d'intégrer la future Communauté.

À notre arrivée à Conakry, le 25 août, tout semblait aller bien. La Communauté franco-africaine que le Général était venu présenter à nos anciennes colonies avait été jusque-là acceptée dans l'enthousiasme à Tananarive, Brazzaville et Abidjan. Nous pensions tous qu'il en serait de même avec Sékou Touré. Nous le savions jeune, turbulent, très à gauche, plutôt tourné vers Moscou... Mais comment imaginer que, devant de Gaulle, il oserait dire non ? Non à une Communauté qui devait mener forcément, tôt ou tard, à l'indépendance ? Après le oui des capitales visitées précédemment, ce n'était même pas envisageable.

En ce 25 août, donc, dans l'après-midi, la Caravelle présidentielle se posa sur le petit aérodrome à l'aspect provincial de Conakry. Le Général passa en revue les troupes de la garnison française et reçut aussitôt tous les corps constitués du pays. Le ciel était assombri de lourdes nuées noires. La pluie allait venir. La chaleur était écrasante. Tout ce que l'on touchait était humide, poisseux. J'observai le Général dans son uniforme léger, kaki clair. Pressentiment ? Je le trouvais fatigué. Quelque chose de sourd dans sa voix, une sorte de lassitude dans ses gestes, de tristesse aussi. Notre représentant à Conakry, le gouverneur Mauberna, l'avait-il mis en garde au sujet du discours de Sékou Touré ? De Gaulle fit comme si de rien n'était, écouta sans impatience le doyen des corps constitués, répondit par une brève allocution chaleureuse, salua chaque femme en boubou multicolore, le képi à la main, s'inclinant selon son habitude et répondant avec son extrême courtoisie aux uns et aux autres, comme s'il avait l'éternité devant lui.

Puis, tout sembla s'accélérer brusquement. Le Général murmura quelque chose à son aide de camp, le lieutenant-colonel de Bonneval. Dépôt rapide d'une gerbe au monument aux morts.

Sonneries. Arrivée au palais du gouverneur. Courts entretiens protocolaires. Les journalistes avaient précédé le Général. Nous l'attendions à l'Assemblée territoriale. Il y arriva à pied, accompagné du ministre de l'Outre-Mer, Cornut-Gentille, de Pierre Messmer, haut-commissaire à Dakar, et de Sékou Touré, tout en blanc. Nous autres, journalistes, nous sentîmes aussitôt que le drame était noué et qu'il allait éclater. D'une part, les hurlements frénétiques d'une salle surchauffée. Frénétiques, le mot est faible : délirants, plutôt. De l'autre, un Général qui savait que tout était accompli : la Guinée dirait non et quitterait la Communauté avant même qu'elle soit née, donnant par là un redoutable exemple.

Comment vous dire ? Tant d'années après, j'en ressens encore comme un serrement au cœur. Le Général (nous l'avons su après) n'avait pas pris connaissance du discours de Sékou Touré. Nous avons assisté en direct au coup de poignard qu'il reçut. Nous avons vu en direct le Général blessé, chancelant littéralement. Curieusement, plus que le texte même de Sékou, c'était l'atmosphère qui régnait dans cette salle qui créa le drame. Jamais je n'avais connu pareil déchaînement lorsque le chef guinéen déclara : « Nous préférons la pauvreté dans la liberté à la richesse dans l'esclavage », puis : « Nous affirmons que la force militaire ne peut plus préserver les intérêts et le prestige d'une métropole », ou encore : « Nous voulons la disparition totale du régime colonial. »

Les soixante envoyés spéciaux, français et étrangers, qui, par devoir, cachaient toujours le moindre sentiment, montrèrent leur extrême émotion en se levant tous comme un seul homme quand, après le discours de Sékou Touré, de Gaulle s'approcha des micros.

Le Général ne dissimulait pas sa fatigue ni sa propre émotion. Plus, une immense tristesse était visible, trahie d'abord par sa voix, basse, grave, amplifiée par les haut-parleurs. Je le voyais ainsi profondément atteint pour la première fois en public.

En cet instant, il se passait quelque chose de si pathétique dans cette salle de l'Assemblée de Guinée, quelque chose de si déchirant et de crépusculaire que la scène n'avait plus grand rapport avec le texte même du discours du Général : « Il n'y a pas de raison pour que la France rougisse de son œuvre ici... L'indépendance est à la disposition de la Guinée. Elle peut la prendre en disant non, le 28 septembre, à la Constitution. La métropole n'y fera pas obstacle et votre territoire pourra suivre la route qu'il voudra dans les conditions qu'il voudra. »

Bien sûr, le Général prononça des paroles d'espoir. Mais personne ne s'y trompa. Son discours était un adieu à la Guinée. L'émotion des Français fut à son comble quand il déclara pour terminer, sur un ton très lent, détachant chaque mot : « Si je ne devais pas vous revoir sachez que le souvenir que j'emporte de la Guinée, je ne l'oublierai pas. Vive la Guinée, vive la France ! » Sa voix alors était comme brisée.

Les jeux étaient faits. Le lendemain, il dit à Sékou Touré, qui était venu le saluer à l'aérodrome : « Bonne chance pour la Guinée ! » Dans ses *Mémoires d'espoir*, le Général ne reprend pas cette phrase, mais écrit : « À Sékou Touré, je dis : Adieu, la Guinée. » Comme nous, le Général s'était senti humilié. Mais, pour lui, bien sûr, c'était avant tout la France qui avait été humiliée par ce jeune leader africain, et il allait lui en faire payer cher le prix.

À Dakar, l'accueil fait au Général, le lendemain 26 août, sera lui aussi plutôt houleux...

Dakar était la capitale de ce que nous appelions jadis l'Afrique-Occidentale française, toute teintée de rose sur les cartes de nos atlas. Elle restait attachée, pour les Français libres, au souvenir du drame de septembre 1940 où le Général avait dû battre en retraite sous le feu des canons de Vichy. Aujourd'hui, Dakar demeure aussi dans nos mémoires comme la ville des « porteurs de pancartes ». J'en ai une sous les yeux, avec son petit manche de bambou qui proclame : « U.P.S. – Section du

P.R.A.[1] – 1) Indépendance immédiate, 2) Nation fédérale africaine, 3) Confédération multinationale avec la France ».

Le Général s'était reposé, après Conakry. Nous retrouvâmes à Dakar le de Gaulle des grands jours. À la vue de toutes ces pancartes, il sembla qu'il avait mangé du lion, hurlant : « Je veux dire un mot d'abord aux porteurs de pancartes. Voici ce mot : s'ils veulent l'indépendance à leur façon, qu'ils la prennent le 28 septembre ! » Et comme les pancartes continuaient à être agitées sous ses yeux, il lança : « Nous ne sommes plus à l'époque des démagogues ; qu'ils s'en aillent, les démagogues ! » Il continua, menaçant : « Nous ne contraignons personne. Nous demandons qu'on nous dise "oui" ou qu'on nous dise "non". Si on nous dit "non", nous en tirerons les conséquences... » Et, changeant brusquement de ton, radouci, presque sentimental : « Allons, la route est claire et la lumière est devant vous ! » Le 28 septembre, dans l'enthousiasme, le Sénégal répondit « oui » à la France.

Avant de rentrer en métropole, vous ferez une brève escale avec de Gaulle à Alger où vous l'aviez déjà accompagné, comme nous allons le voir, dès son retour au pouvoir.

À Dakar, les journalistes logeaient dans le confortable Grand Hôtel de N'Gor, sur les rives de l'océan et à proximité d'énormes baobabs. Le 27 août à six heures, ce fut le départ de l'autocar de la presse pour l'aéroport. Le moteur tournait. Les pneus crissaient. Brusquement, des cris : « Mauriac ! Mauriac n'est pas là ! » Je n'avais pas entendu mon réveil et dormais profondément. Un de mes camarades bondit dans ma chambre, rassembla mes affaires pêle-mêle dans ma valise. Je pénétrai dans le car pieds nus, échevelé et en pyjama, et reçus la plus grande ovation de ma vie.

Aucun retard ne pouvait en effet être accepté. L'avion des journalistes – un super DC6 à hélices d'UTA – devait toujours arriver

1. Parti du regroupement africain, de Léopold Sedar Senghor.

avant celui du général de Gaulle. Pendant tout ce voyage à travers l'Afrique, l'avion avait été transformé en une véritable salle de rédaction. Mon camarade de l'AFP, Willy Lambert, et moi-même n'arrêtions pas de taper des papiers pendant les vols : en tout, cinquante-deux heures de vol pour un parcours de 21 765 kilomètres. Serge Maffert, de *France-Soir*, était toujours mon voisin et le plus amical, le plus charmant compagnon de voyage qui puisse être.

À Alger, nous fûmes relayés par le bureau de l'AFP. Notre travail était terminé. L'avion du Général se posa sur l'aéroport de Maison Blanche quelques minutes après le nôtre. Grand déploiement militaire : tout un régiment de parachutistes – béret anglais bordé de cuir avec deux petits rubans noirs pendant sur leurs crânes rasés, tenue camouflée – présentait les armes avec des mitraillettes sur le ventre. Je faisais à peine attention aux officiers généraux venus accueillir le Général, impeccables dans leurs uniformes bardés de décorations et chaussés de curieuses bottines noires. J'avais tort. Mais comment pouvais-je savoir qu'ils allaient si tristement entrer dans l'Histoire ?

À notre arrivée au bureau d'Alger, mon camarade Lambert et moi trouvâmes le télégramme suivant de notre président, Jean Marin : « Malgré longueur, fatigue et difficultés du voyage, votre service fut excellent et conforme à ce que nous attendions. Grâce à votre effort, l'Agence, tant en France qu'à l'étranger, a remporté de grands succès. Je vous en félicite et vous en remercie. – Signé : Jean Marin ».

Si je rapporte ces félicitations, c'est surtout pour servir la mémoire du très grand président de l'AFP que fut Jean Marin, qui avait suivi personnellement notre voyage, au jour le jour, et qui, en nous félicitant, nous motivait pour les reportages futurs. C'est aussi pour rappeler que beaucoup des présidents qui lui succédèrent à la tête de l'Agence furent de petits énarques incapables de comprendre et donc de diriger les journalistes que nous étions, et qu'ils n'étaient pas.

CHAPITRE VI

Au cœur du drame algérien

La relation de confiance établie avec le général de Gaulle depuis la Libération et qui s'est vérifiée, comme on vient de le voir, dès son retour au pouvoir, vous a permis de suivre de près l'évolution des événements d'Algérie à partir de 1958. Vous êtes souvent l'unique journaliste de métropole présent à ses côtés lors des nombreux déplacements qu'il effectuera sur place – ce qui vous permet naturellement de bénéficier, là encore, d'une situation privilégiée. Mais, compte tenu des positions anticolonialistes prises par François Mauriac depuis l'affaire marocaine, votre patronyme est assez lourd à porter dans le contexte de l'époque. Vous êtes doublement suspect : en tant que fils de François Mauriac et en tant que proche du général de Gaulle. Quel est alors votre propre état d'esprit face au problème algérien ?

C'est la seule fois de ma vie où le nom de mon père ne m'a pas servi. Jugez-en : lors du premier voyage du Général en Algérie, du 3 au 7 juin 1958, le colonel qui cornaquait la centaine d'envoyés spéciaux n'a pas osé prononcer publiquement le nom de Mauriac ! Dans toutes les sociétés il y a des imbéciles, mais chez les officiers d'Algérie la moyenne était largement dépassée : ce qu'ils aimaient appeler leur « devoir » en aura conduit beaucoup à commettre les pires sottises.

Déjà les ministres de la Quatrième République s'étaient illustrés, ces douze dernières années par l'une des plus humiliantes défaites qu'ait connues l'armée française, enfermée dans la cuvette de Dien Bien Phu. Nous avions perdu inutilement des milliers d'hommes en Indochine. Et nous nous en apprêtions à en perdre davantage en Algérie. Pour rien également. À aucun moment il n'a été demandé à nos responsables politiques de rendre des comptes. Leur dernier crime fut le tragique bombardement, le 8 février 1958, du village tunisien de Sakiet-Sidi Youssef.

Si je ne peux m'empêcher d'évoquer ces événements, c'est que je les ai vécus personnellement et douloureusement. Le lendemain de ce bombardement criminel opéré par l'aviation française, je me trouvais dans les ruines ensanglantées de l'école de Sakiet-Sidi Youssef où de très nombreux enfants avaient été tués. Représentant d'une agence de presse, l'AFP, alors quasi officielle, que pouvais-je dire à mes camarades étrangers ? Devant moi, ils mettaient la France en accusation. Justement indignés, révoltés par ce carnage, beaucoup essayaient en même temps d'atténuer mon chagrin.

Je restai alors près d'un mois en Tunisie. Au cours de ce séjour, nous visitâmes, dans le froid et la neige, un camp de réfugiés algériens qui avaient fui leur pays pour échapper à l'« Algérie française ». Cette misère, ces souffrances, notre gouvernement d'alors en était le seul responsable.

Le 3 juin 1958, pour le premier voyage du général de Gaulle depuis son « retour aux affaires », je suis arrivé en Algérie dans un état d'exaltation extrême. Je m'étais levé à trois heures du matin pour être à Villacoublay à cinq heures, horaire fixé pour le décollage de l'avion de presse. En retard, nous rejoignîmes le Général devant le monument aux morts d'Alger. Le lendemain 4 juin, ce fut le discours du Forum, celui du « Je vous ai compris ». Comment décrire l'indescriptible ? Jusque tard dans la nuit, Alger fut la proie d'une foule – française et musulmane –

enfiévrée, hurlante, prête à tous les débordements et se laissant aller par moments à un véritable délire. Des détachements de parachutistes aux crânes rasés, en tenue léopard, chantant comme j'avais entendu chanter les Allemands tout au long de l'Occupation, arrivaient à fendre la masse compacte de la foule qui s'était rassemblée devant le Forum. Des brancardiers effectuaient d'incessantes allées et venues pour extraire des femmes et des jeunes filles évanouies. *La Marseillaise* éclatait ici et là et les « Vive de Gaulle ! » se mélangeaient à des « Vive Soustelle ! » aussi retentissants. (Je pensais : en voilà un qui ne demeurera pas longtemps au gouvernement !) Et dans toute la ville, immobilisées par un gigantesque embouteillage, des milliers de voitures scandaient avec leurs klaxons : *Al-gé-rie fran-çaise ! Al-gé-rie fran-çaise !*

J'ai connu, lors de ce premier voyage, un premier incident avec les militaires. Journaliste depuis déjà quatorze années, j'avais eu affaire à eux à plusieurs reprises. La plupart m'apparaissaient surtout préoccupés de leur tableau d'avancement, de leurs décorations, de défilés et de cérémonies marquant des anniversaires qu'ils répétaient indéfiniment. Bref, je n'avais pas, pour beaucoup de ces officiers, une grande considération. J'évoque là surtout ceux d'Algérie.

À peine débarqués, en ce 3 juin 1958, les envoyés spéciaux se ruèrent pour leur inscription et leurs laissez-passer. Comme tous les fonctionnaires, les militaires sont des paperassiers. Ils raffolent des coupe-files, des « macarons », des « autorisations ». Je les ai toujours vus se noyer dans la bureaucratie. On me donna d'abord un macaron bleu ciel avec un tampon : « Présidence du Conseil, service de presse », portant le sigle mystérieux « E 20 », puis un coupe-file avec la mystérieuse majuscule « D », valable seulement pour la journée du 4 juin 1958, muni d'un autre tampon indiquant que ce document ne concernait que le seul département d'Alger (l'Algérie en comptait trois). Sur un quatrième tampon – celui-ci plus intéressant – était inscrit en lettres rouge vif : « Le colonel Godard, Directeur de la Sûreté nationale en Algérie ». Précieux autographe, Godard étant l'un des pires extrémistes d'Alger !

Puis on nous distribua une « carte d'autorisation de mission de reportage » qui émanait du ministre-résidant en Algérie et du commandement supérieur interarmes. L'officier de service, assis devant une table, m'interrogea :

– Votre nom ?

– Mauriac. (II sursauta. Daigna lever la tête et me regarder. Me dévisager plutôt.)

– Mauriac ?

– Oui, je suis son fils.

– Dans ce cas, j'écris votre nom de manière illisible. Sinon, vous n'irez pas loin.

Je pris sur moi et restai silencieux. Un mot de protestation et je pouvais être coffré. Sur la carte qu'on me remit, le nom de Mauriac est en effet illisible ! Le contenu de ce document vaut d'être cité intégralement : nationalité, numéro de la carte professionnelle, autorisation du ministre de la Défense nationale, but du reportage, date limite de validité de la carte, itinéraire et régions visitées, etc. Et puis, bien sûr, les visas des « Hautes Autorités civiles et militaires ». À quoi s'ajoutent le tampon du service de l'information du cabinet du ministre de l'Algérie, avec signature ; celui du « général commandant supérieur interarmes », avec signature. Restaient vides les cases réservées à « l'Igame de la région visitée », au général commandant le corps d'armée, au général commandant de l'air en Algérie, à l'amiral préfet maritime et au général commandant les troupes des territoires du Sud, au préfet du département, au général commandant la zone opérationnelle, aux commandants de secteurs de base ou chefs de corps. Je n'invente rien.

Le lendemain 5 juin, nous nous sommes rendus à Constantine et à Bône. Le 6 juin, de nouveau à Alger, puis à Mostaganem où le Général, la fatigue aidant, se laissa aller à prononcer – sans le vouloir, j'en suis persuadé – le slogan : « Vive l'Algérie française ! » Enfin, ce fut Oran et son délire. Quand, au retour vers Paris, l'avion survola les flots bleus et calmes de la Méditerranée, je ressentis un étrange soulagement. Exténués, les journalistes demeuraient silencieux. Puis la plupart d'entre eux s'endormirent. Nous étions sortis indemnes de la « bouilloire », de la « pétaudière algérienne », comme on disait à l'époque.

Durant ce premier voyage, les journalistes avaient été tristement logés à la cité universitaire. Grâce à Arlette de La Loyère – que j'avais rencontrée au cours d'autres périples et qui, avant mai 1958, fut une précieuse messagère entre l'entourage du Général et les gens d'Alger –, je trouvai un autre gîte : une chambre confortable dans la maison d'un jeune officier de l'armée de l'air. Il était rentré très tard, le premier soir. Alors que la plupart de ses collègues de l'armée de terre et surtout de la marine pensaient avoir « compris » le Général, ce jeune officier avait parfaitement saisi qu'il s'agissait du premier soubresaut de l'agonie de « l'Algérie de papa ». Il ne s'y était pas trompé quand il entendit le Général déclarer qu'il n'y aurait plus désormais qu'un seul collège électoral en Algérie. Il était si déçu, si furieux, même, que les jugements qu'il portait sur de Gaulle étaient au bord de l'injure. Bien sûr, je me gardais bien de le rassurer et le félicitais pour sa clairvoyance : « Vous ne faites pas erreur, lui disais-je, le Général est revenu au pouvoir pour régler l'affaire algérienne, et il n'y a pas d'issue autre que l'indépendance. » Il m'aurait jeté dehors, s'il avait pu !

Un mot encore sur ce voyage. À chaque embarquement dans les avions, un officier, liste en main, appelait nominativement chaque journaliste. Il n'osait pas prononcer mon nom, nom maudit pour lui aussi, puisque mon père, dans son *Bloc-Notes*, ne cessait de dénoncer la torture et d'annoncer l'indépendance de l'Algérie. Même le cher commandant de Bonneval, devenu l'un de mes plus proches amis, me reprocha avec vivacité les prises de position de mon père.

À mon retour à Paris, quelques journaux relatèrent les obstacles auxquels je m'étais heurté en Algérie. Mais c'est encore François Mauriac qui le fit avec le plus d'esprit. Dans son *Bloc-Notes* de *L'Express*, il écrivit : « Comme mon fils cadet, qui était du voyage d'Alger, devait donner son nom [...], le préposé, dans son saisissement, réinventa presque mot pour mot le cri de Phèdre : "Quel nom est sorti de ta bouche ?" »

En août 1958, vous avez fait de nouveau escale en Algérie au retour du périple en Afrique noire que nous avons évoqué. C'est au cours du deuxième voyage que vous effectuerez avec lui l'année suivante que de Gaulle vous confiera ses véritables intentions, comme il l'avait fait à propos de l'Afrique noire.

Le mercredi 20 août 1958, le Général s'envole en effet pour Madagascar et l'Afrique noire. Un long voyage dont l'Algérie, sur le chemin du retour, sera la dernière étape. Il y arrive le 28 août. À sa descente d'avion, comme nous l'avons vu, il est accueilli par les généraux Jouhaud, Salan et Massu. Sans un mot, il passe en revue un régiment de parachutistes. Le lendemain, il prononce un discours dans lequel il évoque « l'évolution de l'Algérie » et ses « perspectives politiques ». On ne peut être plus clair. Mais, chez les pieds-noirs comme dans l'armée, on ne veut rien comprendre. Qui a jamais réussi à faire boire un âne qui n'a pas soif ? Les gens d'Alger se rassurent comme ils peuvent en écoutant le Général proclamer que « l'évolution nécessaire de l'Algérie doit s'accomplir dans le cadre français », et que la Communauté qu'il vient de créer et où viennent d'entrer nos anciennes « possessions » d'Afrique – comme l'on disait alors – pourrait en être le cadre.

Il est vrai que je n'avais pas grand mérite à me montrer perplexe, le Général m'ayant dit à l'escale d'Abidjan ce qu'il pensait de ladite Communauté. Je savais donc à quoi m'en tenir. J'avais en main le fil d'Ariane.

Un an plus tard, le 26 août 1959, de Gaulle se rendit de nouveau en Algérie. Ce voyage fut baptisé « Visite des zones d'opérations ». Dans mon souvenir, j'étais le seul journaliste métropolitain sur place.

Cette fois, le Général est le chef de l'État[1] et le protocole est tout autre. Le déploiement militaire me stupéfie. Plus, il me consterne. Il ne s'agit pas de « pacification », selon le terme officiel, mais bel et bien de guerre, d'une vraie guerre, et, pour moi, d'une guerre abominable puisqu'il s'agit de vaincre un soulèvement populaire, l'insurrection de toute une nation contre une occupation coloniale. L'armée avec laquelle je vivrai quatre jours d'opérations me semble plus sûre d'elle-même que jamais. Ah, il faut voir comme nos officiers sont contents d'évoluer au milieu d'un matériel sophistiqué, ultramoderne ! Ils font ce pour quoi ils sont faits. Ils font la guerre. De façon implacable. Souvent cruelle. Je leur demande pourquoi. Ils me répondent invariablement : pour que l'Algérie reste française. J'évite en vérité toute conversation avec eux, toute argumentation qui, en deux mots, ferait voler en éclats leurs illusions. Je suis le seul civil présent, avec le cher Paul Delouvrier[2] – qui, lui, a tout compris – et le ministre des Armées, le général Guillaumat. Les officiers, méfiants et inquiets de ma présence les premiers jours, ont fini par m'adopter, du moins par me supporter. Rien de mieux que les voyages pour créer des liens d'amitié. Il est vrai qu'ils voient un Général très courtois à mon égard. Presque attentif. Me serrant la main : « Bonjour, cher ami. Bonsoir, Mauriac. À demain. » Sans un mot de plus, mais de manière presque familière, si tant est que ce mot puisse s'appliquer au Général.

Nous parcourons toute l'Algérie d'ouest en est, en hélicoptère, parfois en avion. Oran n'est qu'une escale technique. Nous commençons aussitôt après la visite des postes tenus en zone

1. Élu président de la République le 21 décembre 1958.
2. Délégué général du gouvernement en Algérie depuis décembre 1958.

d'opérations. Du haut des airs, je mesure l'immensité complètement déserte de ce paysage de montagnes déchiquetées, de gorges profondes, de plateaux désolés. À l'infini, du sable et des rochers. Pas âme qui vive jusqu'à Tamanrasset. Et je m'interroge : comment les maquisards ne seraient-ils pas maîtres d'un tel pays ? Et je me pose toujours la même question : comment notre malheureuse armée peut-elle croire à une victoire durable ? Les opérations militaires peuvent certes avoir du succès, mais après ? L'armée « casse de l'Arabe », incendie les mechtas, torture et assassine à Alger, fait régner la terreur... Et après ? Nos officiers savent-ils ce que l'on dit de la France à l'étranger ? Les deux automnes derniers, j'ai « couvert » pour l'AFP, à New York, les assemblées générales des Nations unies. Journaliste français, je rasais les murs de honte. La France était obligée littéralement d'acheter des voix aux nations en guenilles d'Amérique du Sud et d'Afrique noire. Seul Israël, ravi de nous voir guerroyer en Algérie, votait pour nous.

Le premier déjeuner eut lieu à l'hôtel de ville de Saïda. Le matin même, on m'avait donné une invitation, barrée de tricolore, du colonel Bigeard, commandant le secteur opérationnel et exerçant les pouvoirs civils dans cet arrondissement. Les manches de sa chemise relevées, arborant quelques décorations, aimable mais abrupt et parlant curieusement d'une façon saccadée, jusqu'à avaler certains mots. Le nom de « Mauriac » n'éveilla manifestement rien chez lui. Il en fut autrement d'un certain colonel que je ne connaissais pas : le colonel Buis. Il vint à moi et se présenta. Nous sympathisâmes très vite. Et je dus reconnaître que, contrairement à ce que je croyais, des militaires intelligents pouvaient exister en Algérie. Un soir, très tard, après que le Général se fut retiré, Georges Buis me dit : « Je vais vous faire plaisir... » Il m'invita alors à monter dans un engin blindé : « Nous allons faire un petit tour. » La nuit était totale. On ne distinguait pas les rochers ni les buissons qui bordaient la piste. Un silence total aussi. Pas même un grillon. À un moment, Buis s'arrêta. Il me chuchota à l'oreille : « Attention, nous venons de quitter la zone de sécurité. Ici, les fellaghas sont maîtres du terrain. Ils sont chez eux. » Je ne dis mot. Lui, malicieux, au bout de quelques minutes : « Ce serait peut-être plus prudent de faire demi-tour. » Je demeurai silencieux. Sans doute parce que aucun son n'arrivait à sortir de ma bouche.

Après avoir passé la dernière nuit à Tizi Ouzou, nous rentrons à Paris le lendemain soir. Dans la Caravelle qui nous ramène, je me sens au fond d'un abîme d'épuisement. Pendant ces quatre jours, je n'ai cessé de rédiger mes dépêches, de les téléphoner à Paris jusque tard dans la nuit. Les militaires avaient reçu ordre de l'Élysée de m'autoriser à employer leurs moyens de communication, qui étaient loin d'être excellents. Au fond, je rendais compte des événements par un film en continu, coupé de « flashes », de « bulletins », de « développements urgents » propres aux agences de presse, et j'envoyais les textes des allocutions du Général ou, du moins, ce que je pouvais en prendre, car je n'étais pas sténo.

Pour ne pas me réveiller, l'hôtesse de l'air boucla ma ceinture et déposa le plateau du dîner sur la table voisine. C'est alors que le commandant de Bonneval toucha mon bras : « Jean, vite, le Général vous demande ! » Je sursautai, resserrai ma cravate, enfilai une veste toute froissée, chaussai mes mocassins, me recoiffai. Gaston s'impatientait. Nous traversâmes la Caravelle à moitié vide. Je m'étais installé à l'arrière, et le Général, comme toujours, siégeait à l'avant.

– Bonjour, cher ami.

– Bonjour, mon Général.

Je n'étais pas très à l'aise. Au fond, intimidé comme jamais. Le Général était bien sûr égal à lui-même. Comme s'il pouvait être autre ! Mais, enfin, ce n'était plus le temps de la traversée du désert, ni celui du RPF. Ce temps où j'avais le culot de lui poser des questions était révolu. Il était devenu président de la République, vivait entouré par ses quatre « gorilles », des fonctionnaires du service des « Voyages officiels », et par de nombreux policiers. Dès que je l'approchais, je retrouvais pourtant le même homme, d'une courtoisie presque trop appuyée, avec la même gentillesse et son ironie de toujours. Il se moquait facilement des uns et des autres. Et quand il vous parlait, il le faisait sans hâte, en vous donnant toujours l'impression d'avoir devant lui tout le temps nécessaire. Il n'avait jamais l'air ni pressé ni préoccupé qu'affectaient tous ceux qui s'agitaient autour de lui. Malgré ces quatre journées d'avion et d'hélicoptère, il était alerte comme jamais, la peau du visage fraîche, un peu rose, bien rasée. Chemise blanche impeccable, cravate noire, sans un pli sur sa vareuse. Il est le seul militaire élégant que j'aie connu, d'un raffinement extraordinaire.

De Gaulle se pencha, saisit tous les journaux des derniers jours qui s'entassaient pêle-mêle sur le siège voisin et qu'on lui avait apportés le jour même de Paris, et les déposa à ses pieds.

– Asseyez-vous, Mauriac. Alors, cher ami, que pensez-vous de ce voyage ?

Je m'attendais à cette question, qui était toujours la même, et m'y étais donc préparé. Je répondis comme chaque fois par quelque platitude, puis commençai à développer... le plus brièvement possible. Mais le Général ne m'écoutait pas, pressé par ce qu'il avait à me dire. Il m'interrompait toujours par un : « Pensez donc ! », ou bien par un : « Où avez-vous été chercher tout cela ? », ou bien, encore plus souvent, par un : « Vous m'en direz tant ! » un peu goguenard, ou, une ou deux fois, par un : « Ne poussez-vous pas le bouchon un peu loin ? – Mais non, mon Général, je vous assure... »

Il me dit : « Écoutez-moi, Mauriac, et n'allez pas déflorer ce que je vais vous confier. » J'étais étonné. Après toutes les confidences qu'il avait bien voulu me faire, c'était la première fois – et ce fut la seule – où il prit une telle précaution. Et le mot « déflorer » m'étonna dans sa bouche. Je ne le lui avais jamais entendu dire. Il poursuivit : « Je vais, dans le courant de septembre, à la radio, proposer aux Algériens le choix entre trois possibilités : d'abord la francisation, c'est-à-dire l'égalité de droit avec les Français (je sentis qu'il n'y croyait pas un seul instant), ensuite un système spécial de communauté franco-algérienne, dans lequel nous garderons les Affaires étrangères et la Défense nationale ; enfin la sécession, qui sera désastreuse pour l'Algérie. » Sécession à laquelle je sens que le Général n'accepte pas d'arrêter sa pensée. Mais c'est la suite qui est le plus intéressant. Je pose une question au sujet du second point, une question du genre : « Mais, mon Général, ne pensez-vous pas que... » C'est alors, martelant ses mots, qu'il me dit : « Écoutez-moi. Voilà ce que je leur propose : je leur donne l'indépendance, s'ils la veulent. »

C'est, je crois, la première fois que je l'entends prononcer le terme d'« indépendance ». Je vous rappelle que nous ne sommes qu'en août 1959. Je suis comme paralysé. Incapable de dire quoi que ce soit. Mais le Général semble éprouver quelque satisfaction devant mon silence, ma stupéfaction : quoi, l'indépendance, alors que, tout au long de son voyage, il s'est employé tout au contraire à rassurer ses auditoires militaires en leur disant et redisant que l'Algérie demeurerait dans le giron français, il est vrai au moyen de formules alambiquées ?

Comme s'il ressentait mon trouble et voulait me rassurer, le Général ajouta : « C'est bien l'autodétermination que je leur propose. Mais ce vote ne pourra avoir lieu que quand la guerre sera terminée. Quand ? Peut-être dans quinze ans. Je viens de constater avec vous les progrès, depuis mon dernier voyage en décembre. Ils sont réels, sensibles dans tous les domaines : militaire, économique ; et aussi dans celui du ralliement de la population. »

Cet entretien aura été le plus long de tous ceux que j'eus en avion avec le Général. Je n'ai pas regardé ma montre : trois quarts d'heure, je pense. Peut-être moins. Plus d'une demi-heure, en tout cas. Le Général m'avait dit ce qu'il voulait manifestement me dire, mais en me précisant de ne pas répéter cette fois à âme qui vive ce que je venais d'entendre. Et, de nouveau, comme à Abidjan, je me demandai pourquoi il m'avait réservé des confidences aussi explosives. Peut-être, à travers le journaliste que j'étais, cherchait-il à préparer l'opinion, ou, comme il le faisait souvent auprès d'autres interlocuteurs, à mesurer l'effet produit ?

Comme toujours, il mit fin brusquement à l'entretien par la formule que je préférais : « Au revoir, Mauriac. » *Cher ami* était sa formule habituelle à l'égard de beaucoup. *Mauriac* ne pouvait être qu'unique. Et, bêtement sans doute, je croyais déceler, dans ce *Mauriac*, estime et amitié. II ne m'a bien sûr jamais appelé par mon prénom, cela va de soi. Il demeurait toujours assis et me tendait la main, une longue main très blanche, aux longs doigts. Il fallait la prendre avec délicatesse : il vous prenait la main sans jamais la serrer.

Je regagnais ma place, titubant, ployant sous le poids du secret, sans m'arrêter auprès d'aucun de mes compagnons de voyage. Je savais désormais que le Général allait proposer à l'Algérie l'autodétermination, c'est-à-dire l'indépendance. Assis à ma place, je fis ce que je ne faisais jamais avec le Général : je pris quelques notes sur ce qu'il m'avait confié, avant de resombrer dans le sommeil que Bonneval avait si heureusement interrompu.

Dix-sept jours après, le 16 septembre, j'entendis le Général commencer ainsi son discours : « Devant la France, un problème difficile et sanglant reste posé : celui de l'Algérie... Nous résoudrons ce problème comme une grande nation et par la seule voie qui vaille, je veux dire par le libre choix que les Algériens eux-mêmes voudront faire de leur avenir... » Et il terminait : « La route est tracée, la décision est prise, la partie est digne de la France. »

Pour que nul n'en doute, quelques jours après, devant un millier de journalistes représentant les pays du monde entier, réunis à l'Élysée, de Gaulle répétait : « En ce qui concerne l'Algérie, il s'est produit un fait décisif : les Algériens auront à décider eux-mêmes de leur destin. » Et il insistait : « Leur choix sera entièrement libre. » Se doutait-il qu'il avait encore devant lui deux années de guerre avant la reconnaissance à Évian de l'indépendance de l'Algérie ?

À partir de ce moment-là, les relations entre Paris et Alger, c'est-à-dire entre de Gaulle et les chefs de l'armée, ne vont cesser de se tendre. Quelle était alors l'atmosphère à l'Élysée ?

J'ai rédigé à ce sujet, en octobre 1959, une note confidentielle pour Jean Marin. Je vous en livre la teneur :

« Le renforcement de la position des activistes – notamment des militaires – semble occuper tous les esprits. On a l'impression que l'armée s'est ressaisie après le dernier voyage d'Algérie et la proclamation de l'autodétermination. On est inquiet de la pensée des lieutenants et des capitaines. Encore plus de celle des généraux : Juin, Faure, Zeller... Tous, en fin de compte, sont résolument hostiles à la politique du Général, y compris le général de Beaufort, chef de son état-major particulier à l'Élysée, qu'il voit quotidiennement. Réflexion amusante de Courcel après la lecture du dernier article de Juin dans *L'Aurore* : mais c'est exactement ce que me raconte tous les matins Beaufort...

« Devant cette situation, le Général a expédié hier au général Challe un ordre du jour à l'armée d'Algérie, solennel et vigoureux : l'armée doit être unanime derrière son chef pour appuyer et suivre sa politique. J'imagine que, très bientôt, nous pourrons savoir les raisons de la nouvelle conférence de presse annoncée hier et des nouveautés qu'elle apportera.

« À l'Élysée, on est inquiet de la menace que les activistes font peser sur le Général. On sait qu'il y a, à Paris et à Alger, des hommes qui sont résolus à empêcher le Général de résoudre le problème algérien comme il l'entend. "Tuer de Gaulle pour sauver la France" est leur maxime. Elle est, ici, prise très au sérieux. Les rapports sont formels. Le risque d'un attentat contre le Général est grand. Il grandira à mesure que se précisera sa politique dite "libérale". Si ces activistes voient que l'opinion approuve de plus en plus l'action du Général, que rien ne pourra empêcher l'autodétermination des Algériens, l'association et le reste, eh bien, ils ne reculeront devant rien : il n'y aura plus que l'attentat pour faire triompher leurs thèses ou, plutôt, pour réduire à néant celles du Général. Londres et Washington, dans des messages très confidentiels, nous ont fait part ces derniers jours de leur inquiétude à ce sujet. Tout cela n'est pas une "impression" recueillie de diverses conversations. Cela m'a été dit par celui qui, à l'Élysée, est chargé des services dits "secrets". Entre autres choses, il m'a raconté ce que lui avaient dit ses anciens camarades parachutistes de la guerre : "Si nous ne te connaissions pas, nous te descendrions..."

« L'atmosphère à l'Élysée : elle me semble avoir changé pendant ces trois dernières semaines. Le régime présidentiel s'accentue. Le Général raréfie ses audiences, travaille de plus en plus seul ou avec l'aide de quelques ministres et hauts fonctionnaires. La décision de bloquer les audiences a été prise hier : le Général ne recevra dorénavant que trois fois par semaine (au lieu de tous les jours) : le mardi matin et les jeudi et vendredi après-midi. Il a été décidé que la liste des audiences ne sera plus communiquée à la presse. À l'exception, bien sûr, de celles qu'il sera de l'"intérêt national" de voir figurer dans les journaux. Les "accrédités" voient disparaître les seules informations "officielles" qu'ils pouvaient avoir. Ils vont donc être transformés en concierges pour voir qui entre et sort de l'Élysée. J'ai déjà dit ce que je pensais de ce nouveau règlement. Je vois vendredi M. de Courcel, secrétaire général. Peut-être pourriez-vous me suggérer quelques observations à ce sujet.

« Cette décision a été prise à la suite de toute une série d'incidents, fâcheux il faut bien le dire. Deux exemples entre cent autres : les journaux du soir avaient annoncé la visite de M. Guy Mollet au Général. Or, le leader socialiste, en raison du débat à la Chambre, avait demandé le report de son audience. Il y eut, paraît-il, à cela des conséquences politiques ennuyeuses pour les deux partenaires. Nouvel incident hier : je donne à l'Agence la liste des audiences qui m'est officiellement communiquée – qualités et titres des personnalités compris – par le service de presse. La dépêche de l'AFP entraîne immédiatement un coup de téléphone de Guillaumat, furieux, à Courcel : "Vous avez dit que le général de Guillebon est venu voir le Général avant son départ pour Constantine..., mais, malheureux, il est précisément venu lui dire qu'à aucun prix il n'irait à Constantine. Vous avez annoncé que le général Buchalet était venu : il ne le fallait pas et, de plus, vous lui avez donné un titre qui est loin d'être exact..."

« L'atmosphère pour la presse est donc mauvaise. Il y a à cela une raison primordiale : le fameux article de *Paris-Presse*, paru lundi de la semaine dernière, donnant toutes les indications sur le système de sécurité du Général : la voiture du chef de l'État n'est pas blindée... le colonel de Bonneval n'est pas armé... le chauffeur non plus... la voiture suiveuse est à tant de mètres derrière... le Général sort par telle porte, etc. Suivait le compte rendu précis de toutes les dispositions prises au sujet de la surveillance par hélicoptère, au sujet des transports de plasma pour une éventuelle transfusion, au sujet enfin des hôpitaux des villes traversées en état d'alerte. Cet article fit l'effet d'une bombe à l'Élysée. À juste titre, d'ailleurs. M. Cantelaube, le chef des services de sécurité[1], me raconta toute l'affaire, hier. Je pourrai vous en donner les détails de vive voix, si cela vous intéresse. Papon[2]

1. Accusé depuis lors d'avoir « travaillé » pour le compte de l'« Algérie française ».

2. Alors préfet de police.

entra en transe. Cantelaube dut, pendant toute la nuit, répondre aux questions d'un inspecteur général de la police. Tout le système de sécurité du Général dut être modifié de fond en comble. De nouvelles consignes à l'égard de la presse furent établies. Un exemple : pour le retour du Général de Colombey, le lundi matin, le service de presse l'annonçait dès que le drapeau était hissé sur le toit de l'Élysée. Lundi dernier, à 10 heures, le drapeau s'élevait doucement dans les airs et le service de presse d'annoncer que le Général était revenu et "avait repris ses activités habituelles". Or, il était encore à Colombey et devait y rester jusqu'au soir.

« Ce détail pour vous expliquer ce que sera maintenant notre travail à l'Élysée. »

En mars 1960, ce sera la fameuse « tournée des popotes ». Et, cette fois-là, vous êtes officiellement le seul journaliste autorisé à accompagner le Général.

Heureusement que le Général ne vous entend pas. Il n'aimait pas cette expression : « Les popotes, m'avait-il dit, c'est bien un terme de journalistes, avec leur habitude de vouloir toujours tout vulgariser, tout rabaisser... » J'étais resté coi en l'écoutant parler ainsi. On ne s'adresse à de Gaulle que s'il vous invite à le faire. Il m'avait regardé à ce moment-là – avec cette sorte d'air moqueur et provocant qui n'appartenait qu'à lui... À l'Élysée, à Alger, chez les militaires, cette fameuse tournée était appelée d'une façon plus neutre : « Voyage d'inspection en Algérie ».

J'étais alors à Courchevel, qui n'était à cette époque qu'une toute petite station savoyarde, familiale et modeste, où je skiais prudemment. Le 1er mars en fin d'après-midi, de retour à l'hôtel, bronzé et joyeux, je reçus un coup de téléphone de l'Agence : « Vous partez demain matin pour Alger. Votre avion est à telle heure. Prenez le train du soir. » J'avais l'habitude d'être mobilisé à toute heure depuis le retour au pouvoir du Général. À Paris, j'étais dérangé toutes les nuits. Quand je partais en vacances chez mes parents, à la campagne ou ailleurs, à peine arrivé, on me disait : « Appelez l'Agence. » J'étais le week-end au fond du parc de Vémars, la cloche sonnait sans arrêt : l'Agence. On me rappelait pour m'interroger sur une information donnée par la concurrence ou pour me demander d'écrire tel papier... C'était une couverture accaparante, exigeant une présence vingt-quatre heures sur vingt-quatre. Mais je ne m'en plaignais pas : il s'agissait du Général et j'étais entré en religion.

La « tournée des popotes » fut, avec la traversée du Pacifique, l'un de mes reportages les plus passionnants. D'abord pour une raison essentielle : comme vous l'avez rappelé, j'étais le seul journaliste admis à suivre le Général. Adieu donc la crainte lancinante de manquer des informations, d'être en retard par rapport aux autres journaux et agences. Adieu les notes de la rédaction en chef : « Pour Mauriac : Amélie – dans notre jargon, c'était Associated Press – annonce que... Selon Ursule – United Press –, le Général aurait dit... Rosalie – c'était Reuter – croit savoir que..., etc. » Et je ne vous parle pas de certains de mes collègues de *France-Soir* ou de RTL qui, ayant parfois trop bu, annonçaient n'importe quoi.

Cette exclusivité décidée par le Général en accord avec le secrétaire général de l'Élysée, Geoffroy de Courcel, entré dans l'Histoire pour avoir été son premier compagnon en 1940 à Londres, me valut naturellement beaucoup d'ennuis avec mes confrères. Mais je n'en avais cure. Dès mes premières dépêches, l'ensemble de la presse dénonça le fait que j'avais déjà été, en plusieurs circonstances, le seul journaliste autorisé à accompagner le Général : cette fois-ci, la coupe était pleine. Je m'enveloppai de glace, selon une expression de De Gaulle. Mes confrères auraient dû comprendre que, dans ce genre d'expédition, où il n'y avait place que pour un seul d'entre eux, celui-ci ne pouvait être que le représentant de l'AFP, puisqu'il travaillait pour eux tous.

Aucun journal ne mit en doute mon honnêteté professionnelle ni la véracité de mes dépêches rapportant les paroles du Général, sauf une fois où l'on me confondit avec mon frère Claude. Je ne pus m'empêcher de rire quand le journal en question écrivit que « Claude Mauriac n'ignore pas que le génie saute toujours une génération », et interrogea : « Pourquoi cette exclusivité réservée à l'AFP ? [...] pourquoi avoir envoyé en Algérie M. Claude Mauriac ? Était-ce donc pour faire plaisir à son papa ? »

Cette fois, seul journaliste donc dans les bagages du Général, je retrouvai mes « amis » de l'armée qui me remirent solennellement, à mon arrivée en Algérie, une note intitulée : « Consignes générales : Ne pas marcher devant le Général. Ne pas gêner l'axe de progression. Lorsque les honneurs sont rendus, rester derrière le front des troupes », ainsi qu'un laissez-passer m'autorisant à pénétrer dans la base opérationnelle 211 à toute heure, avec ou sans véhicule. Puis ce fut l'habituelle paperasserie de l'administration militaire : une carte d'autorisation de « mission de reportage », mais, pour la première et unique fois de ma vie de reporter, barrée en grosses lettres rouges d'un « Voyage officiel ». On m'attribuait le Dakota n° 1 et l'hélicoptère n° 3. Et pour la première fois aussi, mon nom fut courageusement écrit en majuscules, ainsi que mon adresse parisienne, rue Théophile-Gautier (mais avec un « h » supplémentaire à Gautier). Tout se passait comme si je ne faisais plus peur aux officiers. Un plan de la base de Telergma me fut donné, ainsi que la liste de mes compagnons de voyage. Je n'y avais que des amis : Pierre Messmer, qui venait d'être nommé ministre des Armées, Geoffroy de Courcel, secrétaire général de l'Élysée, Paul Delouvrier et le lieutenant-colonel Teisseire, aide de camp du Général. À quoi s'ajoutait une noria de généraux aux képis rutilants à feuilles de chêne dorées, dont les généraux Challe et Ely, le général de Beaufort, chef de l'état-major particulier à l'Élysée, qui, comme nous l'avons vu, ne cachait pas ses opinions ouvertement « Algérie française » et n'hésitait pas à critiquer, voire à contrecarrer en sous-main la politique du Général.

Enfin, on me donna quelques autres indications écrites. Je vous en cite une : « Si vous entendez un coup de canon au coucher du soleil entre 18 h 55 et 19 h, c'est le signal quotidien de fin du jeûne du Ramadan ». Nous étions rassurés : ce n'étaient pas les fellaghas qui attaquaient.

Avant de quitter Alger pour la base de Telergma, dans l'Est constantinois, j'avais eu avec le général Lancrenon, directeur du cabinet de Challe, une très brève altercation : « Il va de soi, me dit-il, que vous me soumettrez chaque jour les textes de toutes les dépêches que vous enverrez à Paris. » Interloqué, je demeurai silencieux. « C'est naturel, avait-il poursuivi, puisque vous serez en zone d'opérations et que les déclarations du Général, que vous serez peut-être amené à entendre, seront, par définition, ultrasecrètes, puisqu'elles s'adresseront à des officiers et pourront porter sur l'opération en cours. » D'abord stupéfait, je repris vite mes esprits : « Mon général, je suis journaliste depuis 1944 et il ne m'est jamais arrivé de soumettre une de mes dépêches à qui que ce soit. S'il devait en être ainsi, je rentrerais immédiatement à Paris. – Monsieur Mauriac, c'est ce que nous verrons. » Je ne perdis pas une seconde et me précipitai chez Geoffroy de Courcel. Je lui répétai mot à mot les paroles du général Lancrenon. « Jean, suivez-moi. » Nous filâmes dans le bureau de Lancrenon. « Mon général, lui dit Courcel, c'est le président de la République qui a demandé à ce que monsieur Mauriac l'accompagne pendant ce voyage. Il ne devra avoir affaire qu'à lui ou à moi. À personne d'autre. » L'incident était clos.

Pendant trois jours, nous survolâmes les zones de guerre – pardon, d'opérations – de l'Algérie, d'est en ouest. La noria d'hélicoptères – l'Alouette transparente au dôme de plexiglas transportant le Général ouvrait le cortège – allait de poste en poste, se posait de piton en piton, dans des nuages de sable ou de poussière rouge. J'étais de nouveau étonné par l'extraordinaire puissance des moyens mis en place : hélicoptères, automitrailleuses, chars légers, artillerie, tout un matériel ultramoderne, insoupçonnable pour le reporter que j'étais. Comme toujours, les officiers étaient à leur affaire : heureux d'être en campagne, se saluant la main au képi, claquant des talons, se présentant sans cesse mutuellement leurs respects, croyant enfin tenir leur victoire sur la rébellion algérienne, voulant venger notre déroute en Indochine et, pour certains même, notre défaite de 1940. À chaque escale nous écoutions les exposés des généraux commandant la zone et des colonels commandant le secteur, puis l'allocution toujours brève du Général. C'étaient enfin les exposés sur la situation locale par les commandants des sous-secteurs et des sous-quartiers, devant de grandes cartes déployées.

Depuis que Courcel avait rappelé que je n'avais de comptes à rendre qu'au Général, personne n'osait venir me mettre en garde ni m'empêcher d'entendre tranquillement quantité de secrets militaires concernant le nombre des fellaghas mis hors de combat, celui des armes saisies, le moral des populations, les perspectives des prochaines opérations. En réalité, j'étais mon propre censeur. Et je résolvais le problème en ne parlant pas ou peu, dans mes dépêches, de ces opérations militaires qui, au fond, n'intéressaient personne en métropole. La France, le monde entier se fichaient de l'opération « Pierres précieuses », parce qu'ils savaient que la solution au problème algérien n'était pas là. Elle n'était que politique.

Du haut de mon hélicoptère, à perte de vue, j'apercevais des montagnes escarpées, des vallées encaissées, des rochers gigantesques, des dunes de sable jusqu'à l'infini. Jamais, en survolant ces immensités algériennes, l'inanité, la folie de cette guerre ne m'ont paru plus évidentes. Cette « tournée des popotes » fut une extraordinaire expédition : au moins une dizaine d'étapes par jour. Mais pas un seul entretien personnel avec le Général. Pas un seul : « Mauriac, alors, qu'en pensez-vous ? », comme si souvent, par la suite, à Québec ou à Rio. Chaque matin, c'était un sec : « Bonjour, cher ami », et le soir, un : « Bonsoir, Mauriac », lancés d'une voix neutre, lasse, et accompagnés de la même molle poignée de main. Pas un seul commentaire sur mes premières dépêches relatant les opérations militaires en cours, qui avaient littéralement mis le feu à Paris et soulevé une tempête partout ailleurs. En revanche, mes relations avec l'« entourage » devenaient chaque jour plus étroites. C'est incroyable comme les voyages peuvent nous lier les uns aux autres, sans doute parce que nous partageons la même intimité. Toutes mes amitiés se sont nouées au cours de tels voyages : avec les ministres comme avec les « gorilles », les policiers et ceux que l'on appelle, un rien méprisant, le « petit personnel ». Avec les médecins, aussi. Pendant cette « tournée des popotes », il m'est arrivé d'aider plusieurs fois l'interne de garde à transporter les lourdes valises contenant les flacons de plasma nécessaires à une transfusion en cas d'accident ou d'attentat, qu'on ne cessait de redouter.

Comme toujours lors des voyages du Général, je m'installais le plus près possible de lui, assis sur les marches du podium d'où il parlait. C'est une faveur qui ne me fut jamais refusée. L'essentiel pour moi était d'être assis au bon endroit pour pouvoir écrire le plus facilement possible sur mon cahier d'écolier. Pour le reste, je travaillais comme font tous les journalistes du monde entier – on comme ils devraient le faire –, en mettant les guillemets seulement quand j'étais sûr de la citation et, dans le cas contraire, en usant du style indirect ou du conditionnel. Je m'en tirais aussi avec le « en substance » ou avec des tas de périphrases telles : « La pensée du Général peut se traduire de la façon suivante », « Dans l'entourage du Général, on m'a confié que »... C'est ainsi que je téléphonais directement à Paris tous les discours du chef de l'État.

« Approchez, messieurs les officiers, approchez », disait toujours de Gaulle. La plupart du temps, il n'y avait, hélas, pas d'estrade. Je me mettais alors debout au premier rang – seul civil, avec Messmer et Delouvrier, au milieu de cette marée d'uniformes. Le Général avait passé son képi à son aide de camp. Les marques du képi cernaient son front. Le pouce et l'index glissés dans les poches du haut de sa vareuse, bien campé sur ses deux jambes légèrement écartées, il baissait la voix pour que les officiers se rapprochent encore. Il prenait le ton de la confidence. « Comprenez-moi, leur disait-il, il n'y a pas pour moi que l'Algérie. Il y a le monde entier, il y a les problèmes de ce monde que je dois régler, des problèmes urgents auxquels je ne pourrai apporter une solution qu'une fois la paix revenue. Vous me comprenez, n'est-ce pas ? » Puis, sentant venir leur appréhension, il les rassurait : « Rien de plus important que les opérations. Le problème algérien ne sera réglé qu'après la victoire des armes françaises. Ce que Ferhat Abbas appelle l'indépendance, c'est la misère, la clochardisation, la catastrophe. » Les officiers applaudissaient à tout rompre. J'en entendais murmurer : « Ça y est, le Général renonce à sa politique d'autodétermination et revient à celle de l'Algérie française. » « Il n'y aura pas de Dien Bien Phu en Algérie, poursuivait-il. L'indépendance serait une monstruosité. » Les sourires revenaient, les applaudissements crépitaient.

Après la stupide « Semaine des barricades [1] » et à la veille du dégradant putsch du « quarteron des généraux », quel autre langage aurait pu avoir le Général ? Tenant le fil d'Ariane, comme je vous l'ai dit, je ne m'inquiétais pas, sachant à quoi m'en tenir. Et puis, croyez-moi, le caractère explosif de mes dépêches n'était pas fait pour me déplaire. Plus ça allait mal, meilleures elles étaient. Le son du canon me donnait du talent. Dans *Le Monde*, mes dépêches couvraient des pages entières. À Paris, l'émotion était vive. À l'Assemblée, ce fut, paraît-il, un début de panique et une véritable nuée autour des téléscripteurs dès mon premier

1. Après le départ du général Massu, relevé de ses fonctions le 22 janvier 1960, des civils en armes se sont insurgés à Alger, du 24 janvier au 2 février, en réclamant la démission de De Gaulle.

papier rapportant la première allocution du Général où il semblait vouloir en revenir à l'Algérie française !

Si je vous comprends bien, vous rapportiez fidèlement les propos du Général tout en étant conscient qu'il s'agissait d'une partie de dupes ?

Le Général tenait bel et bien officiellement le langage que je rapportais dans mes dépêches. Mais il en tenait aussi un autre que les militaires feignaient de ne pas entendre. « II n'est pas question de rétablir le système d'avant, déclarait-il dans le même temps. On ne recommencera pas l'Algérie d'avant l'insurrection. Il faut que la France reste en Algérie. Sous quelle forme ? Cela dépendra des Algériens quand ils pourront s'engager librement. C'est l'Algérie elle-même qui réglera son sort... »

De Gaulle fit cette « tournée des popotes » pour dissiper les craintes de l'armée. C'est pourquoi il avait emmené avec lui un journaliste de l'AFP, afin que ses déclarations apparemment rassurantes aux officiers soient rendues publiques. Coincé entre la rébellion et l'armée, de Gaulle a paré alors au plus pressé : la menace que l'armée faisait peser sur lui était telle qu'il lui fallait agir vite et sans craindre de brouiller les pistes.

C'est la raison pour laquelle j'ai mal compris l'interminable « communiqué officiel » – embarrassé et inutile – lu par Louis Terrenoire, ministre de l'Information, devant toute la presse réunie, au retour de ce voyage. Ce communiqué se voulait être une mise au point, suite à mes dépêches, car on n'hésitait pas à affirmer ici et là que j'avais mal interprété les discours de De Gaulle aux officiers. En fait, il ne pouvait faire autre chose que confirmer ce que le Général avait dit et eu raison de dire. Sa « tournée des popotes » lui apporta seulement un an de répit.

Le 19 mars 1960, le Général remit la grand-croix de la Légion d'honneur à François Mauriac et invita toute notre famille à déjeuner à l'Élysée. Il reçut Khrouchtchev et je l'accompagnai dans ses visites officielles en Angleterre, puis au Canada, aux États-Unis, en Guyane et aux Antilles. Il continuait aussi, tranquillement, ses voyages dans chaque département français quand, dans ce ciel serein, éclata l'affaire de Melun.

Cette affaire n'aurait guère eu de gravité à mes yeux si elle n'avait motivé le renvoi brutal, par le Général, de Jean Chauveau, son chef du service de presse à l'Élysée. J'en fus d'autant plus affecté que Chauveau, dont le vrai nom était Xavier de Lignac, était depuis longtemps l'un de mes amis les plus proches. Je n'ai jamais, par la suite, connu à l'Élysée chef de service de presse plus délicat, plus sensible, plus intelligent. Et excellent sur le plan professionnel.

Notre travail à l'Élysée était sans nuage. Jean Chauveau était prudent dans ses confidences. Je l'étais dans mes dépêches. Il fallait souvent décrypter ce qu'il disait. Un silence en réponse à une question, un simple regard pouvaient être une indication. J'étais donc avec lui toujours aux aguets. Mais sans jamais le trahir. Même si, mine de rien, je flirtais souvent avec la « trahison ». C'était l'intérêt de l'AFP d'arriver à dire ce qui ne devait pas l'être. Mais, cela va de soi, sans jamais porter tort au Général.

Dans cette affaire de Melun, tout était clair. Chauveau, à aucun moment, ne m'avait dit ce qu'il disait souvent : « Gardez cela pour vous. » Et, bien entendu, je pensais donc avoir le champ libre.

De quoi s'agissait-il ? Des émissaires français et algériens s'étaient rencontrés à Melun du 25 au 29 juin 1960 pour préparer la future conférence d'Évian devant mettre fin à la guerre d'Algérie. Contrairement à la thèse officielle, j'affirmai que la rencontre de Melun n'avait pas été un échec (c'était le titre, en caractères d'affiche, barrant toute la première page de *Paris-Presse-L'Intransigeant*) et que les pourparlers secrets allaient donc reprendre. Et j'évoquai tout de go la possibilité d'une rencontre de Gaulle-Ferhat Abbas. Il me fallait « sourcer » ma dépêche, comme on dit dans le métier. J'indiquai « les milieux bien informés ». Ce qui signifiait que je n'étais pas « autorisé » à faire ces révélations, mais qu'elles n'en étaient pas moins exactes. *Le Monde* avait titré en première page : « Les milieux officiels déplorent plusieurs des termes d'une note diffusée sur la rencontre de Melun. » J'avais en effet – avec quelle imprudence, il est vrai – appelé les « leaders de la rébellion » – une seule fois dans une dépêche de trois feuillets – « la délégation gouvernementale algérienne ». Cette imprudence équivalait pour la rébellion à la reconnaissance d'un État algérien.

L'AFP, organe considéré comme officiel par le FLN, dut diffuser aussitôt un rectificatif : « au lieu de délégation gouvernementale algérienne », lire « délégation de la direction extérieure de la rébellion ». La presse antigaulliste ironisa et demanda aussitôt quels étaient ces « milieux bien informés ». Georges Bidault, un ami à l'époque de la Libération, et qui savait très bien à quoi s'en tenir, dénonça, dans un article intitulé « Cette obscure clarté qui tombe des étoiles », des « formules bâtardes ou ridicules », et interrogea hypocritement, n'ignorant pas que j'en étais l'auteur : « Il y a bien quelqu'un qui a rédigé ce texte ? »

Le lendemain, je reçois un coup de téléphone de la secrétaire de Louis Joxe, alors ministre des Affaires algériennes : « Pouvez-vous tout de suite passer voir le ministre ? » Je bondis rue de Lille, entre dans le bureau de Louis Joxe qui se précipite sur moi : « Jean, vous avez prolongé la guerre de dix ans ! » Sa colère est si grande qu'elle ne peut être feinte. Il est tout rouge sous ses cheveux blancs comme neige. Il ajoute : « Vous êtes devenu fou ! Il n'y a pas de délégation gouvernementale algérienne ! II ne peut y en avoir ! » Je me justifie comme je peux. Mais sans inquiétude aucune : Louis Joxe est l'intelligence, l'indulgence mêmes. Nous nous connaissons depuis longtemps. Quelquefois, il m'invite à déjeuner au Récamier ou ailleurs. Voyez-vous, c'était l'un des privilèges de ma vie de journaliste : rencontrer des gens de la qualité de Louis Joxe.

Et qu'est-il arrivé finalement à Jean Chauveau ?

De Gaulle le renvoya par principe, puisqu'il était à la source de la malencontreuse dépêche. Mais vous connaissez l'indulgence, ou plutôt la relative tolérance du Général dans ce genre de question. Que de fois l'ai-je vu revenir sur ses décisions en la matière ! Chauveau, dont les vacances d'été furent simplement un peu prolongées, reprit sa place au service de presse de l'Élysée comme si de rien n'était. Lors de sa première audience avec le Général – « Bonjour Chauveau, comment allez-vous ? – Bien, mon général, je vous remercie » –, ce dernier ne fit aucune allusion à la dépêche incriminée. Pas plus d'ailleurs que de Gaulle ne me parla de mes dépêches relatives à la « tournée des popotes ». Jamais il ne me fit la moindre remarque à ce sujet. Il ne descendait pas à ce niveau. Sa seule réponse à ma dépêche de Melun fut le long communiqué emberlificoté dont, bien sûr, pas un seul mot n'était de lui. Quant à Jean Marin, il m'accorda quelques semaines plus tard une prime exceptionnelle de mille nouveaux francs pour « l'effort supplémentaire fourni au cours des derniers mois »...

Je reviens à cette affaire de Melun qui fit donc grand bruit à l'Élysée. Pensez-vous vraiment que De Gaulle n'ait rien dit à Jean Chauveau ? Cette affaire pose tout de même le problème des relations du Général avec la presse, dont il savait se servir tout en s'en méfiant.

Si de Gaulle lui avait dit quelque chose, Chauveau me l'aurait rapporté. Plus tard, sans doute, mais il me l'aurait confié. Cela étant, de Gaulle a fait un jour allusion à ma dépêche de façon indirecte : « Vous êtes ici non pas pour renseigner les journalistes, mais pour répondre à mes questions dans le domaine de la presse, rappela-t-il à Chauveau. S'ils vous interrogent, c'est si facile de leur dire que vous ne savez rien... » Et le Général d'ajouter, narquois : « D'ailleurs c'est vrai, puisque vous ne savez rien ! »

Je connaissais un peu le caractère des relations du Général avec ses trois chefs du service de presse, qui se succédèrent à l'Élysée. Après Jean Chauveau, il y eut Gilbert Pérol et Pierre-Louis Blanc. C'est Guichard qui avait fait entrer Chauveau à l'Élysée. Il dut insister, car le Général se montrait méfiant : non seulement Chauveau n'était pas fonctionnaire, mais il était lui-même journaliste – travaillant seulement, il est vrai, dans des publications gaullistes. De Gaulle embauchant un journaliste ? Qui aurait pu le croire ? Je connaissais bien les étonnants rapports du Général avec la presse. Aussi n'ai-je pas été étonné quand Chauveau me rapporta son premier entretien avec de Gaulle, peu de temps après son arrivée à l'Élysée. « Dites-vous bien, Chauveau, que je n'ai nul besoin de la presse. Ce sont les politiciens qui en ont besoin. Cela dit, je serai content si vous prenez contact avec quelques journalistes. Sans les engager, sans nous engager. » Et le Général, généreux et un peu condescendant, de préciser : « Quelques Français, un Anglais – Harold King[1], par exemple –, un Américain, un Allemand... » Et, après quelque hésitation : « Un Italien ! » Voilà Chauveau prévenu : porte-parole, oui, mais seulement pour porter la parole des journalistes au Général. Et non l'inverse.

Quant à moi, je continuais à lancer des dépêches un peu risquées au sujet de l'Algérie sur les fils de l'AFP, plus intéressé par leur caractère exclusif et le succès qu'elles valaient à l'Agence – et un peu à moi-même – qu'inquiet de leurs possibles conséquences politiques.

C'est ainsi que le 12 novembre 1960 j'annonçai, grâce à des informations recueillies là encore aux meilleures sources, que de Gaulle songeait à proclamer une « trêve unilatérale » en Algérie. Mais je redoublai de prudence, cette fois. J'abandonnai la

1. Correspondant de l'agence Reuters à Paris.

référence aux « milieux bien informés » pour écrire que, « selon certaines indications qui se recoupent, mais dont il faut souligner qu'aucune n'a reçu de confirmation autorisée », le Général pourrait proclamer une « trêve en Algérie »...

J'ouvrais donc un large parapluie. Ce qui me fait rire encore aujourd'hui, c'est un article d'André Noël dans sa lettre confidentielle, célèbre à l'époque, qui, me confondant lui aussi avec mon frère Claude, écrivit au sujet de cette dépêche : « Diffusé par l'AFP, ce texte a été rédigé par M. Claude Mauriac, le fils de François. Il pourrait tout aussi bien être signé de M. Guichard. L'Élysée a donc voulu que ces projets aberrants fussent connus du public... » Le lendemain, André Noël demandait pardon à ses lecteurs pour une photo qui me représentait et avait pour légende : « Claude Mauriac ! L'enfant de Farah Dibah (sic) au pouvoir »... Pas toujours bien intentionné à l'égard de mon frère, j'avoue que j'étais toujours enchanté quand, innocent de tout, il faisait ainsi les frais de mes dépêches. Cela dit, son erreur réparée, André Noël ne se priva pas de m'accabler, m'accusant d'avoir « exposé comment pourrait se dérouler le processus de désintégration nationale ».

En décembre 1960, un mois après avoir clairement posé la question de l'« affaire algérienne », lors d'une conférence de presse, le Général s'envole une dernière fois pour l'Algérie. Et vous êtes naturellement du voyage. Comment s'est-il passé ?

Ce fut affreux. Je dis « affreux » parce que, le 11 décembre, j'envoyai un « flash » depuis Alger annonçant : « 61 morts ».

Les événements furent si dramatiques que j'en garde un souvenir confus et encore ému. Je me pose toujours une question : comment a-t-on pu laisser le Général s'exposer ainsi ? Et comment ne fut-il pas assassiné, pris en tenailles au milieu d'une foule doublement hostile, doublement haineuse, composée d'extrémistes de l'intégration et de ceux du FLN ? Mêlé à cette foule, jamais il ne fut aussi facilement offert à un coup de poignard ou à la balle d'un parabellum tirée à bout portant.

La Caravelle de la presse arriva à Alger le 8 décembre à seize heures. Le lendemain matin, nous reprenions l'avion pour Oran, puis un autocar pour Aïn Temouchent. Tout était calme. J'étais bien sûr angoissé, comme je l'étais toujours au début de chaque voyage du Général. Mais j'étais loin de m'attendre au spectacle auquel j'allais assister à Aïn Temouchent. Le Général avait déclaré qu'il voulait voir « sur le terrain » comment était accueillie sa nouvelle formule d'Algérie algérienne. Il fut servi : il vit et ce fut une sorte d'horreur. Pour la première fois nous côtoyâmes une foule d'Européens – je n'ose écrire de Français – vociférante, hurlant sa haine contre de Gaulle et brandissant des pancartes injurieuses et grossières. Le Général, très calme, contemplait la scène du haut du perron de la petite mairie. Puis, comme s'il était sourd et aveugle, il descendit les marches, malgré les objurgations de son entourage, alla serrer les mains comme il l'eût fait à Colmar ou à Coutances. Les musulmans profrançais qui avaient été disposés au premier rang et qui criaient : « Vive de Gaulle ! » furent vite bousculés. Le Général fut submergé. Nous savions où il était grâce à son képi qui émergeait d'une population européenne venue par cars entiers d'Oran et de la campagne voisine. Comme toujours, je tâchais de coller au plus près de lui, à la grande satisfaction des gorilles qui poussaient toujours les journalistes pour qu'ils fissent rempart de leur corps en cas d'attentat. Mais, à cette époque, ne rêvais-je pas secrètement d'être tué aux côtés de De Gaulle ?

Je pus entrer à la mairie sur ses talons. Il me fallait d'urgence un téléphone. En montant l'escalier de la mairie, j'avais entendu de Gaulle, imperturbable, s'exclamer : « Tous des braillards ! » Je dictai mon papier à Paris sans l'écrire. C'était comme un « *running* » permanent. Mais les événements que je décrivais étaient d'une telle importance que la rédaction en chef tronçonnait mes dépêches pour gagner du temps. C'était une technique qui répondait certes à l'urgence, mais qui pouvait dramatiser l'événement. C'est ainsi que tous les journaux de l'Algérie, de Constantine à Oran, tous abonnés au service de l'AFP, reçurent sur leur fil le bulletin suivant : Aïn Temouchent – Urgent. De Gaulle, devant les protestations des partisans de l'Algérie française, s'exclame : "Tous des braillards !" »

Cette dépêche fit dangereusement monter la température. Les réactions d'indignation, de colère, furent telles que, pour tenter de calmer les pieds-noirs, Louis Terrenoire, ministre de l'Information, décida mon expulsion d'Algérie. Je crois me souvenir que c'est un certain Jean Morin, petit fonctionnaire, délégué général du gouvernement, froid et méprisant, qui, officiellement et solennellement, m'annonça cette décision. « Une voiture va vous conduire à Tlemcen d'où vous prendrez un avion pour Paris. » Je ne dis mot, restai calme ; je faisais la part des choses, constatant la pagaille, l'affolement qui s'étaient emparés de tous les personnages officiels. J'appris plus tard que Terrenoire avait informé par téléphone l'AFP et Jean Marin de mon expulsion, et que celui-ci lui avait répondu : « Nous faisons pleine confiance à notre correspondant. Prenez vos responsabilités. Il prend les siennes. »

Peu de temps s'écoula avant qu'on vienne me prévenir que l'ordre d'expulsion m'avait été « signifié par erreur » et que « je restais bien entendu en Algérie ». Je rejoignis mes camarades. Un hélicoptère nous ramena à Tlemcen d'où nous gagnâmes Alger par avion.

Le reste du voyage fut une descente aux enfers. Le Général avait raison : il fallait aller sur le terrain... Nous découvrîmes la haine qui séparait les deux communautés et nous réalisâmes plus que jamais combien les hommes du FLN étaient maîtres de ce terrain.

Je dus faire face à un travail qui dépassait mes forces morales et physiques. Il me fallait téléphoner au bureau d'Alger ou directement à Paris le compte rendu des événements, mais aussi envoyer les textes des discours du général de Gaulle et les réactions des uns et des autres à ces discours. Le samedi 10 décembre, depuis Alger – où la nuit fut courte –, les journalistes gagnèrent Cherchell et Blida en autocar, puis Orléansville avant de retourner à Alger en avion. Le lendemain matin aux aurores – il faisait nuit noire –, nous allâmes encore à Tizi Ouzou avant de regagner de nouveau Alger dans la soirée. J'étais comme perdu. Un journaliste ami, Paul-Marie de La Gorce, vint généreusement – et avec quelle gentillesse, quelle amitié – à mon secours : « Ne t'inquiète pas. Je te couvre pendant que tu téléphones. » Le voyage se déroulait au milieu de véritables batailles rangées entre les deux communautés. À Bougie, le Général resta bloqué dans la sous-préfecture assiégée par une foule de pieds-noirs hurlante, déchaînée. C'est là que nous parvinrent les nouvelles d'Alger où les affrontements avaient fait cinquante morts. La plupart étaient des musulmans qui, venant des quartiers périphériques, avaient déferlé sur le centre-ville. C'est à ce moment-là que les forces de l'ordre avaient ouvert le feu. Et le chiffre annoncé de cinquante morts allait être doublé le lendemain. À mon retour, le doute m'assaillit : comment de Gaulle pourrait-il réussir à mettre fin à la guerre d'Algérie ? Et s'il échouait ? Mais j'avais au fond de moi la certitude que la fin de cette guerre était proche et que ce pays allait enfin devenir maître de son destin.

J'étais heureux que ce voyage de décembre fût le dernier, heureux de ne plus avoir à subir cette hostilité que je sentais partout contre ma personne, jusqu'au bureau local de l'AFP où tout le personnel me regardait de travers, à l'exception du chef du bureau, Albert Dupuy, journaliste merveilleux, irréprochable, mort aujourd'hui, comme beaucoup de mes amis.

Vos dépêches vont néanmoins continuer à faire du bruit. Dans la phase qui s'ouvre désormais – celle des négociations avec le FLN –, vous restez en première ligne, si j'ose dire, en tant que journaliste...

Toujours chargé de l'Algérie à l'Agence, puisque la politique algérienne se décidait à l'Élysée, je continuais de faire mon métier « au mieux de mes possibilités », selon une expression du Général. Mais, selon une autre de ses expressions favorites, ne poussais-je pas trop souvent « le bouchon un peu loin » ?

Les informations données au cours des conférences de presse au Quai d'Orsay, à Matignon ou à l'Élysée, ne m'intéressaient aucunement. Je ne prêtais attention qu'aux informations secrètes, confidentielles, exclusives. Dans mon métier, le difficile était non pas de trouver des informations, mais de pouvoir les publier, en raison des conséquences politiques qu'elles risquaient d'avoir pour le gouvernement et, surtout, parce que je risquais de compromettre mes sources et de me brouiller avec elles. Cependant, je m'en donnais à cœur joie et mes dépêches continuaient en effet à faire la une des journaux. À cette époque, l'Agence, suivant en cela les mauvaises méthodes d'Havas, réservait souvent mes dépêches pour l'étranger ou la province. Ainsi évitions-nous, au moins provisoirement, les réactions de Matignon ou de l'Élysée.

Le 6 janvier 1961, un titre en caractères d'affiche annonçait dans les journaux : « De Gaulle lance ses ultimes arguments. Son plan de paix après le référendum. Une dépêche de l'AFP le révèle à l'étranger ». Cette dépêche sur le « plan de paix du Général », prise aux sources les plus sûres, fit grand bruit et j'en ris encore aujourd'hui, parce que toute la presse, du moins aux premiers jours, l'attribua une fois de plus à mon malheureux frère ! Je lis : « Cette dépêche, croyons-nous savoir, émanerait de M. Claude Mauriac, collaborateur de cette agence, et dont les liens étroits avec l'Élysée sont connus. » Pauvre Claude qui n'a de sa vie jamais écrit le nom de l'Algérie, à laquelle il ne s'est jamais intéressé ! Et voici que ce « pauvre Claude » – qui n'y pouvait rien – était moqué et traité de « bon jeune homme », et que « sa » dépêche faisait l'objet d'une sévère mise en garde des partisans de l'Algérie française, l'accusant d'être « un journaliste officieux commis à la diffusion de nouvelles orientées ». Tout cela, ajoutait un journal, donnant l'impression d'une « assez sordide manœuvre »...

Je ne résiste pas à vous donner le début de la « lettre confidentielle », très connue à cette époque, de Paul Dehème : « Dans ses Mémoires, Talleyrand nous a révélé que, lorsqu'il partait pour l'étranger ouvrir une négociation, il emmenait toujours avec lui une sorte de personnage officieux, réputé confident, dont le rôle était de commettre des informations orientées. Le journaliste d'agence qui, hier, a rédigé cette dépêche dont fait état *Paris-Presse,* et dont la première partie seulement a été dirigée sur les journaux de province et la totalité diffusée à l'étranger, me semble bien avoir joué le rôle de l'officieux de Talleyrand, dans la mesure où sa dépêche a révélé l'existence et l'essentiel d'un plan de paix pour l'Algérie que le Général n'a pas encore estimé nécessaire de communiquer aux Français. Que le texte élaboré par Claude Mauriac ait été inspiré, voire dicté par l'Élysée, cela n'est douteux pour personne. La seule question qui se pose est de savoir si, en l'occurrence, "l'Élysée" signifie de Gaulle ou seulement l'entourage, et, dans ce dernier cas, si l'entourage était ou non autorisé à commettre cette indiscrétion. Cela dit, constatons que le plan en question reproduit dans ses grandes lignes tout ce que, depuis longtemps, l'entourage chuchote aux oreilles complaisantes. Même la date à laquelle pourrait se dérouler en Algérie le scrutin d'autodétermination, puisque la dépêche de Mauriac fait état d'un délai de deux mois, et que je vous ai écrit dans cette correspondance, il y a plusieurs semaines, que ledit scrutin était prévu pour le mois de mars... »

Onze jours après, le 13 février, je lance sur les fils une nouvelle dépêche disant en bref : pas de contact avec les Algériens tant que les combats continuent (je savais que c'était la position française). Le FLN réplique aussitôt par la voix de son porte-parole : « Préalables inacceptables ». Jean Lacouture, alors correspondant du *Monde*, cite la réaction désabusée de Ferhat Abbas : « J'en ai tant vu, de ces notes officieuses... », et ajoute : « Cette dépêche de l'AFP a suscité une vive réplique du GPRA et une émotion soudaine à Rabat. » *Le Monde* titre son papier : « Le désaccord sur le cessez-le-feu constitue un obstacle à l'ouverture des négociations publiques ».

Curieusement, le feu a du mal à s'éteindre. La presse parisienne et provinciale, comme chauffée à blanc, continue à « tartiner » sur cette dépêche qualifiée de « malencontreuse » et qui, affirme-t-elle, a causé « un malaise qui a gagné les milieux FLN et plus généralement les milieux maghrébins ». Un journal, sans doute inspiré par Louis Joxe, affirme de son côté : « Alors que les pourparlers semblaient proches, l'espoir d'une solution au problème algérien a tout à coup reculé. »

Les hebdomadaires entretiennent l'incendie : plus de quatre colonnes dans *L'Express*, signées Jean Daniel. Celui-ci se livre au plaisir non de l'analyse, mais de la dissection. Tout s'amplifie, tout se complique sous sa plume. Avec délices, il écrit : « C'est le moment de revenir sur l'histoire de cette note qui a failli provoquer une crise très grave et qui révèle des méthodes dont la répétition pourrait compromettre encore les négociations envisagées. » Dans *France-Observateur*, Hector de Galard en remet encore. Si l'affaire vous intéresse, jetez un œil sur cette pile de journaux de l'époque. « Qui a écrit cette dépêche ? » interroge un autre journaliste. Malgré les accusations malicieuses portées contre mon frère, tout le monde sait bien que c'est moi. Mais personne ne le dit. Je suis à la fois rassuré et déçu.

Il y eut un nouvel incident en mars 1961. Après une conférence sur l'Algérie qui avait réuni à Rabat, au début du mois, les dirigeants du Maroc, de la Tunisie et de l'insurrection algérienne, je tentai d'obtenir une réaction officielle de l'Élysée. En vain. Officieusement, le gouvernement français se bornait à confirmer sa position : pas de négociations avec « ces gens » – comme nous disions alors en parlant des membres du FLN – tant que le cessez-le-feu ne serait pas instauré. Dans ce simple rappel donné au lendemain de la conférence de Rabat, et au moment où le Général avançait à grands pas vers la fin de la guerre d'Algérie, je ne voyais rien qui puisse vraiment causer quelque remous. Erreur ! Les journalistes français furent unanimes à condamner cette dépêche, qualifiée dans le meilleur des cas de « malencontreuse », et, dans le pire, de dépêche d'Ems ! Ce furent surtout les « ténors » de la presse de gauche qui donnèrent de la voix et, une fois encore, critiquèrent l'« intransigeance » française. Pierre Viansson-Ponté, Hector de Galard, Jean Lacouture et Jean Daniel ne m'épargnèrent guère, soulignant de nouveau les néfastes conséquences de mes écrits. Ces journalistes assurèrent même que mon article avait failli provoquer une crise grave. Mais alors que les dirigeants des pays du Maghreb continuaient à déclarer que « le retour de la paix en Algérie, le cessez-le-feu ne pouvaient être que le résultat de négociations officielles et directes entre les deux parties », qu'avais-je fait d'autre que rappeler la position de la France ?

Tempête dans un verre d'eau, me direz-vous ? Non, si l'on en juge par l'ampleur des remous à Rabat, dans la presse et l'opinion française, *Paris-Presse-L'Intransigeant* allant jusqu'à titrer, le 7 mars : « Pour éviter un nouvel incident, plus de dépêches officieuses sans l'accord de De Gaulle ! » Comme s'il pouvait être question pour moi de soumettre mes dépêches à l'Élysée... J'avais toujours réussi à travailler librement pour l'AFP. Et, malgré des difficultés évidentes, j'étais toujours parvenu à publier mes informations exclusives.

Au moins ai-je eu la joie de lire, un peu plus tard, toujours sous la plume de Jean Daniel, dans *L'Express*, un témoignage qui me consola des insinuations venimeuses de certains de mes confrères : « Un journaliste de l'Agence France-Presse fit son devoir, qui était d'essayer de comprendre, et il se livra à une minutieuse et scrupuleuse enquête. Il vit plusieurs ministres, il téléphona à d'autres et il réussit à se faire une opinion qu'il transcrivit finalement. » Merci, cher Jean !

Durant cette période, vous avez connaissance de rencontres officieuses entre Georges Pompidou et les envoyés du FLN qui viennent de se dérouler d'abord à Lucerne, les 20 et 21 février 1961, et à Neuchâtel, le 5 mars. C'est Pompidou lui-même qui vous tient informé – sous le sceau du secret, bien entendu...

Mon entretien avec Pompidou eut lieu le 15 mars 1961, à 12 h 15, au siège de la Banque Rothschild où ce dernier était revenu après avoir dirigé le cabinet du Général à Matignon.

Il rentrait tout juste de Suisse où, à deux reprises, il avait reçu deux des membres de la rébellion algérienne dans un secret absolu. Il était seulement accompagné de Bruno de Leusse, le directeur de cabinet de Maurice Couve de Murville, que j'avais bien connu lorsqu'il était conseiller à l'ambassade de France à Washington.

Il faut vous rappeler qu'à cette époque les choses allaient très mal. Le Général se battait davantage sur le front français que sur celui de la rébellion. Des vagues d'attentats au plastic survinrent à Paris les 17 et 18 mars 1961 et se poursuivirent durant tout le mois d'avril dans la capitale et en province. Après l'échec de la tentative de putsch des généraux, l'OAS se déchaînait. J'habitais alors Boulogne-sur-Seine et, un matin, je trouvai un mot de l'OAS m'annonçant un plasticage imminent de mon appartement. J'éloignai le plus possible les meubles de la porte d'entrée et partis dormir dans un hôtel des Champs-Élysées.

Je suis heureux de revoir Pompidou que je connais depuis son entrée au cabinet du Général après la Libération. Raminagrobis – c'est ainsi que mon père l'appelait dans son *Bloc-Notes* – n'a pas changé : cheveux plaqués sur le crâne, sourcils très noirs et très épais abritant un regard de braise, Winston collée aux lèvres, pendant presque à la verticale, qu'il allume l'une après l'autre avec son mégot. Et toujours ses yeux plissés par la fumée de la cigarette, son sourire esquissé, son air malicieux qui donne l'impression qu'il se moque un peu de vous, et sa voix si belle – surtout quand il se met à réciter des vers –, une voix chaude et séductrice.

L'entretien dura près d'une heure. Je me gardai bien de l'interrompre. Le cessez-le-feu, le Sahara, Mers el-Kébir, Ferhat Abbas : tous les problèmes abordés à Lucerne furent exposés devant moi. J'étais stupéfait d'être ainsi mis dans la confidence. Pompidou m'avait autorisé à prendre des notes. Et, soudain, il interrompit son récit : « Mais, dites-moi, Mauriac, votre dernière dépêche ? » Je restai silencieux. Pompidou enchaîna aussitôt : « Elle est tombée la veille de mon second départ pour Neuchâtel. J'allais trouver le Général et jetai un coup d'œil sur *Le Monde*. Je lus la dépêche. C'était tout à fait contraire à mes instructions. M'imaginant que le Général avait peut-être changé d'avis, je me précipitai sur mon coffre, en retirai mes instructions pour les mettre sous son nez en cas de besoin. De Gaulle tempêta. J'ai eu l'impression qu'il était sûr que le coup de votre dépêche de l'AFP venait de Matignon. En sortant, ajouta Pompidou, Courcel m'a dit : “C'est Joxe. – Dites-le alors au Général”, lui ai-je répondu. Quand vous faites une dépêche, Mauriac, exigez un bordereau signé. Ce n'est pas l'intérêt de l'Agence, d'être officieuse. » Puis Pompidou revint sur Joxe : « C'est un drôle de type. C'est un diplomate. Je comprends très bien que l'on affiche des positions fermes au début de la négociation, quand elle est engagée, mais pas avant. Pas avant, comme il le fait ! Quant à Michel Debré [1], on continue à lui mettre tout sur le dos, alors que maintenant il marche à fond avec nous ! »

1. Michel Debré était Premier ministre.

Que vous révéla Pompidou du contenu de ses conversations avec le FLN ?

Voici ce qu'il m'a confié alors très exactement et que j'ai aussitôt relaté dans une autre de mes notes confidentielles :

« J'estime que la négociation va s'ouvrir très prochainement : la semaine prochaine ou celle qui suivra. Le FLN ne peut plus laisser traîner les choses, quoiqu'il m'ait donné l'impression d'aller à cette négociation comme un chien battu. Quant aux chances de réussite, je les estime à 60 %.

« Mais prenons les choses par le début. J'ai été en Suisse deux fois avec Bruno de Leusse. Un séjour de vingt-quatre heures seulement chaque fois. Cette négociation a été préparée directement avec le Général. Je l'ai vu à quatre reprises, longuement, et aucun point n'a été laissé dans l'ombre. Cette "pré-négociation" a réussi parce que les instructions ont été très différentes de celles de Melun. Ahmed Boumendjel m'a fait une mauvaise impression. Je l'ai trouvé antipathique. L'autre émissaire, en revanche, Taïeb Boulharouf, m'a produit un meilleur effet. Ils étaient empressés auprès de nous. Nous buvions beaucoup de café pour nous soutenir et ils se montraient attentifs à nous offrir les tasses et à nous passer le sucre. J'ai eu du mal à éviter des invitations aux repas. Voilà pour le côté humain.

« Tous les aspects du problème algérien ont été passés en revue. Mais il n'y a pas eu de négociation. Ce n'était pas le but. Il y a eu exposé des thèses. Un point important, d'abord : Boumendjel a eu une attitude tout à fait différente lors de notre deuxième entretien. Il semblait vouloir tout éviter, n'apporter aucune précision, éluder toute réponse : "Je ne sais pas, disait-il. Il faudra que je demande. Vous comprenez, moi, je suis un petit..."

« Deux gros sujets de mésentente : le cessez-le-feu et le Sahara.

• Le cessez-le-feu : Nous souhaitions demander une trêve au moment de l'engagement des conversations officielles et directes, et annoncer une suspension des activités militaires. Mais ils n'en voulaient à aucun prix, parce que, disaient-ils, leur arc aurait été débandé et qu'en cas d'échec ils n'auraient pu le retendre. Alors ils nous ont laissé l'espoir qu'au moment de l'ouverture des négociations il y aurait un ralentissement automatique des opérations militaires, mais qu'ils ne pouvaient faire plus. Le cessez-le-feu devra donc être étudié lors de la première phase des négociations officielles et directes. Il n'interviendra qu'après un accord entre les deux parties. »

J'ai demandé à Pompidou : « Qu'allons-nous faire ? – Accepter probablement leur point de vue », m'a-t-il répondu en ajoutant : « Et puis, vous savez, les rebelles sont-ils capables d'interrompre les attentats sur proclamation d'une trêve ? Je suis persuadé qu'une grande partie de ces attentats se passe en dehors de leur contrôle. Il y a parmi eux des communistes, des agitateurs, opérant pour le compte d'autres, des brigands relevant du droit commun. »

• Le Sahara : « Ce fut le morceau le plus dur, poursuivit Pompidou. Dites-vous bien d'ailleurs que la question du pétrole n'a pour ainsi dire pas été abordée, pour la bonne raison que nous sommes d'accord. J'ai lu : Pompidou, l'homme des banques, le pétrolier, a été désigné surtout en raison de cet aspect du problème. C'est idiot. D'ailleurs, 95 % du pétrole appartient à l'État. Non, ils sont d'accord pour que cette exploitation soit commune. Ils voient même d'un mauvais œil la participation à cette exploitation des autres États voisins. Ils voudraient en faire une affaire strictement franco-algérienne. Le désaccord a porté sur la nationalité territoriale. J'ai dit : le Sahara est français. Ils m'ont répondu : Nous avons appris à l'école que le Sahara, c'était l'Algérie. J'ai dit alors : Mais l'Algérie, c'était la France. Ils se sont montrés inflexibles : Votre politique de décolonisation serait une aberration si elle n'englobait pas le Sahara. Il faut étendre l'autodétermination au Sahara.

« Je leur ai conseillé, poursuit Pompidou, d'accepter l'autodétermination pour le Sahara après qu'ils auront proclamé l'indépendance. Alors, leur ai-je dit, vous pourrez négocier le problème d'État à État. Ils sont demeurés intraitables. Il est à craindre qu'ils choisissent ce sujet pour compromettre la négociation. Ils n'ont aucun droit au Sahara, c'est vrai. Mais, au niveau de l'opinion mondiale, ce terrain est pour eux un bon terrain. S'ils le prennent pour faire basculer la négociation, il faudra l'éviter à tout prix, et choisir un autre terrain : celui du statut des minorités, par exemple.

« Car pourquoi voulons-nous garder le Sahara ? Pas pour le pétrole, bien sûr, mais seulement parce qu'il est le seul endroit où nous pourrons poursuivre nos expériences nucléaires... Croyez-vous que nous puissions avoir l'appui des Américains, des Anglais et de l'opinion mondiale s'ils savent que nous désirons garder le Sahara pour poursuivre une politique d'expérimentation que tout le monde condamne ?

« Toutes les autres questions ont été abordées. Malgré l'attitude réticente de Boumendjel au second entretien, j'estime que les chances d'accord sont bonnes. C'est là où les journaux, par manque d'information, écrivent des idioties qui pourraient être dangereuses : un bail de trois ans pour Mers el-Kébir, les Français qui pourraient perdre leur nationalité, etc.

« Pour Mers el-Kébir, j'ai dit que la base devait rester française. Ils m'ont répondu : On pourra négocier des accords de défense. Mais après le cessez-le-feu, et le Sahara, ce sera la question la plus dure. »

Et le Général ? demandai-je.

« Il s'est résigné. Le moment le plus dur est passé. Il a réussi à avoir tout le monde pour lui. À part les plastiqueurs, qui ne le soutient pas dans sa politique actuelle ? »

La première conférence d'Évian se tiendra enfin, en mai 1961, après une guerre qui aura coûté à la France beaucoup trop de morts et à l'Algérie, selon des sources invérifiables, un million de vies humaines. Sans parler des blessés à vie, des estropiés, de tous ceux qui ne pourront plus mener une vie normale. Des mutilés pour rien.

Pour les journalistes, la conférence d'Évian fut triste. Parqués dans un hôtel, nous étions mis dans l'impossibilité d'exercer notre métier. De leur côté, les délégués français étaient logés dans un hôtel en pleine nature, et interdiction leur avait été faite de nous rencontrer. Par des moyens détournés, indirects, par des messages, j'ai tout tenté pour les voir. Peine perdue. C'était d'autant plus triste pour moi que je connaissais bien certains de ces délégués, comme Robert Buron. Et Louis Joxe n'était-il pas un de mes meilleurs amis ?

Nous avions une conférence de presse par jour, tenue par le responsable de l'information, Philippe Thibaud, qui répétait invariablement : « Messieurs, je n'ai rien à vous dire. » Nous le mitraillions de questions. D'une affreuse voix nasillarde, il partait dans de longues explications pour confirmer qu'il n'avait absolument rien à ajouter. Il existait surtout à mes yeux parce qu'il était le fils de Jacques Thibaud, le merveilleux interprète bordelais de tous les concertos pour violon de Mozart.

J'étais bien sûr heureux à l'idée que cette guerre fût peut-être en voie de se terminer, même si le journaliste que j'étais regretterait un peu cette époque de scoops et de gros titres dans les journaux. Mais la France allait pouvoir voguer sur une mer à peu près tranquille, et le Général être enfin débarrassé du boulet algérien qui l'immobilisait. Finies, les condamnations humiliantes à l'ONU, les critiques du monde entier. La France redevenait la grande nation « aux mains libres », et de Gaulle allait pouvoir instaurer une politique amicale à l'égard du monde arabe et tenter de s'opposer sans crainte à l'hégémonie américaine.

La manière dont de Gaulle a réglé le problème algérien n'en reste pas moins discutable. L'approuvez-vous sans réserve ?

Au risque de vous paraître un peu idolâtre, j'y vois un véritable chef-d'œuvre de stratégie politique. En tenant compte, bien sûr, de la situation que de Gaulle a trouvée en arrivant au pouvoir, situation dramatique au point d'être insoluble. Il a d'abord essayé de s'entendre avec le FLN – la « paix des braves » – et il a compris très vite que les Algériens ne céderaient sur rien et que la seule solution était l'indépendance, comme il l'a d'ailleurs sans doute toujours pensé. Il a entrepris alors de faire accepter à l'opinion française, aux pieds-noirs d'Algérie et à l'armée, cette issue pour eux fatale. Il lui faudra quatre années pour parvenir à ses fins, en avançant tout doucement, de conférence de presse en conférence de presse, de discours en discours, à la télévision et lors de ses voyages en province. Le processus a été long, parce que de Gaulle n'a pu aller plus vite : il lui fallait transformer trois départements français en un État indépendant, envers et contre tous.

Bien sûr, tout au long de ce processus, le Général a été obligé par moments de tenir un double langage, de tromper ses adversaires, de reculer carrément et de ménager de très longues pauses. Bref, de louvoyer. Il a su prendre son temps. Et réussi non seulement à convaincre l'opinion française – le référendum sur l'indépendance de l'Algérie a été remporté à une écrasante majorité –, mais aussi à maintenir l'essentiel de l'armée dans son devoir – à quel prix, il est vrai ! Il n'y a qu'une seule chose qu'il n'a pas pu prévoir : l'OAS qui, dans sa folie meurtrière, a finalement obligé le million d'Européens à quitter l'Algérie au milieu d'un chaos tragique.

Mais quoi ? Ces transferts de population ne sont-ils pas chose normale lors des grandes transformations de l'Histoire ? N'est-ce pas là une conséquence inévitable quand des États disparaissent et que de nouveaux apparaissent ? Que pèse ce petit million de Français d'Algérie quand on songe aux grands drames de l'Histoire contemporaine : les immenses mouvements de population lors de la création du Pakistan, puis du Bangladesh, de l'instauration des nouvelles frontières de la Pologne après la guerre, de toutes ces minorités ethniques obligées de fuir leur pays, quand elles n'ont pas été décimées – à l'exemple des musulmans de Yougoslavie massacrés par les Serbes ?

Permettez-moi, pour clore ce chapitre si cruel, si sanglant de l'Algérie, de vous lire la citation suivante. J'y tiens particulièrement parce qu'elle réunit deux noms qui comptent pour moi plus que tous les autres : ceux du général de Gaulle et de François Mauriac. Elle est tirée du *De Gaulle, mon père*, de l'amiral de Gaulle, et c'est ce dernier qui parle :

« – Un autre jour, plus tard, il [le Général] ouvre l'un des tiroirs de son bureau et me tend un papier sorti d'une enveloppe. Le voici :

– Un article de François Mauriac ?

Dans *L'Express*. Il l'avait découpé et le gardait précieusement sous le coude. Il me l'a lu. Écoutez : "La question n'est pas de savoir si, dans l'absolu, il eût mieux valu pour la France et s'il eût été plus agréable aux Français d'Algérie de ne pas subir l'épreuve de l'autodétermination, mais si, en fait, et le monde étant ce qu'il est, la France a le choix entre cette politique et une autre, et laquelle, et s'il dépend d'un million d'Européens de pouvoir dominer une race dix fois plus nombreuse et qui le sera vingt fois plus... résolue à l'indépendance, soutenue par les Soviets et par la Chine, et par le monde arabe, et par une complicité universelle."

Il a replié le papier en deux, l'a remis dans son enveloppe et a conclu dans un soupir : "Qu'on me dise comment et qui aurait pu l'éviter." »

Êtes-vous revenu en Algérie après la cessation des hostilités et la signature finale des accords d'Évian, le 18 mars 1962 ?

J'y ai séjourné quelques jours après, avec une dizaine de journalistes, à l'invitation de Christian Fouchet qui portait encore le titre de haut-commissaire. Il s'était installé dans les environs d'Alger, en un lieu appelé « Rocher noir ». La guerre était terminée, la victoire de la rébellion acquise. La signature de la paix était proche. L'OAS continuait à se livrer aux pires exactions. Les Français d'Algérie tentaient de regagner la métropole dans un indescriptible désordre, la peur au ventre et l'âme emplie de désespoir.

Le programme de cette visite fut exclusivement touristique. Je n'en pris connaissance qu'à mon arrivée. Manifestement, le but de Fouchet était de nous montrer que tout était calme. Avec mes compagnons de voyage, Michel Péricard, Serge Bromberger, Dominique Pado, Serge Maffert, nous fîmes du tourisme alors que l'Algérie était en proie aux plus terribles convulsions et que l'OAS, sans distinction aucune, exécutait militaires et civils, dont de malheureuses femmes de chambre se rendant à leur travail.

À Biskra, gênés, presque honteux, nous prîmes un verre chez le sous-préfet, visitâmes une école coranique et nous baladâmes en calèche dans la palmeraie. À El Oued, même programme. À Ghardaia, nous eûmes un inoubliable déjeuner, au milieu du ruissellement des eaux de la palmeraie et dans le parfum des roses et du jasmin... Dans la soirée du 6 juin, nous atterrîmes à Oran. Tout changea alors du tout au tout. Nous fûmes désormais escortés par des automitrailleuses et par des militaires, le doigt sur la gâchette. Je lis dans mon petit agenda de poche : « Atmosphère dramatique dans la ville déserte où des commandos de tueurs circulent... » L'OAS était partout, et la ville résonnait en permanence du bruit des tirs et des explosions. À l'hôtel, ma chambre se trouvait au rez-de-chaussée. J'y étais à peine installé qu'on frappa à ma porte. J'ouvris et tombai sur un groupe d'hommes, mitraillette au poing : « Monsieur Mauriac ? – Oui. » Une lueur d'effroi dut passer dans mes yeux. « Ne soyez pas inquiet, vous êtes ici à Oran sous la protection de l'OAS. » Ils me serrèrent la main. « Bonne nuit. Soyez tranquille. Nous veillons sur vous. Vous êtes sous notre protection. » J'étais à demi rassuré, sans vraiment comprendre ce qui m'arrivait.

La partie touristique du voyage était, Dieu merci, bien terminée. Nous étions redevenus des journalistes, mais en permanence protégés par une importante escorte militaire : de jeunes soldats qui paraissaient nerveux et restaient muets. À Tlemcen, le préfet nous fit rencontrer quelques responsables du FLN. À Rocher noir, on nous organisa un rendez-vous avec les généraux Fourquet et Katz, préfet de police à Oran, et avec Bernard Tricot[1], que je connaissais bien, toujours avec sa mine hermétique, son sourire figé, sa voix blanche et son air convenu.

Au départ pour Paris, je ne reconnus pas l'aéroport de Maison Blanche dont j'avais traversé si souvent le hall, tant il était envahi par une foule grouillante. C'étaient les pieds-noirs dont je parlais beaucoup dans mes dépêches, souvent de façon critique et sans doute injuste. Ils étaient là devant moi, silencieux au milieu des hurlements de leurs enfants, résignés, découragés, désespérés. Ils quittaient tout pour ne rien trouver à leur arrivée en France. Depuis plusieurs jours, ils attendaient d'hypothétiques avions qui n'arrivaient pas. Ils étaient là, assis, couchés par milliers. Nous avons traversé leur foule, toujours sous bonne escorte. La Caravelle nous attendait. Peu après le décollage, le plateau roulant des apéritifs passa entre les sièges. Je bus un Ricard. Et puis un second. L'hôtesse, souriante, nous distribua le menu. Après le Ricard, ce fut le vin. Il me fallait le plus vite possible oublier ce que je venais de voir. À ma tristesse s'ajouta une sorte de honte. Lâchement, je m'endormis.

Je ne suis jamais plus revenu en Algérie.

1. Alors délégué auprès du haut-commissaire en Algérie.

Chapitre VII

Sous toutes les latitudes

En dehors de l'Afrique noire et de l'Algérie, vous avez accompagné le général de Gaulle dans la plupart de ses déplacements en province et à l'étranger. On ne saurait évoquer ici, naturellement, chacun de ces voyages, tant ils furent nombreux et incessants. Nous ne nous arrêterons que sur quelques-uns d'entre eux qui vous ont particulièrement marqué. Commençons par le voyage triomphal au Mexique, au printemps 1964.

C'est l'un de ceux qui m'ont laissé un souvenir inoubliable. Il y eut d'abord cette immense place du Zócalo, à Mexico, où s'entassait une foule évaluée à près d'un million de personnes. Lorsque le Général lança son célèbre : « *Marchamos la mano en la mano* », l'ovation qui monta de cette foule fut telle qu'elle évoquait un grondement de tonnerre qui allait s'amplifiant. Et cette ferveur, difficile à expliquer, redoubla jusqu'au délire lorsque le Général se rendit le lendemain à l'université de Mexico...

Il était manifestement heureux de pouvoir s'adresser à des étudiants, et jamais je ne l'avais vu s'exprimer avec autant de vigueur, d'allant, de spontanéité. Comme porté par son auditoire, il fut plus long que d'habitude, se laissant aller à l'improvisation. Le Général était sensible aux jeunes, sans doute parce qu'il était difficile, pour un homme de son âge, de les convaincre, de se faire aimer d'eux. Il y a réussi à merveille. Si bien qu'au moment où il a voulu partir, il n'a pas pu le faire. Acclamé, pressé de tous côtés par les étudiants déchaînés, le Général a dû quitter l'amphithéâtre, porté sur les épaules de ses gardes du corps, comme un empereur romain.

Quant à nous – « entourage » et journalistes –, la bousculade était telle que nous étions coincés dans les travées, sans échappatoire possible... Je me souviens de Couve de Murville à la sortie : il n'avait plus un seul bouton à sa veste !

C'est une ambiance assez comparable que vous allez retrouver trois ans plus tard au Canada où le Général est accueilli en véritable libérateur par la foule québécoise.

Le 15 juillet 1967, de Gaulle embarque sur le *Colbert* qui, après cinq jours de mer, arrive en rade de Saint-Pierre-et-Miquelon où le Général passera seulement la journée avant de repartir pour Québec.

Pour nous, journalistes, ce voyage est beaucoup plus compliqué : d'Orly, nous gagnons Sydney, en Nouvelle-Écosse, avant de prendre, le lendemain, un bateau pour Saint-Pierre, un petit bateau surchargé de passagers, la plupart complètement ivres, affalés partout, sur les ponts, dans les coursives... À Saint-Pierre, je suis logé à l'Hôtel de la Rade. Ah ! quel accueil ! Jamais je n'en ai connu de semblable. Les femmes, qui paraissent être les patronnes, nous souhaitent la bienvenue avec une chaleur surprenante, une gentillesse sans équivalent. Quelle aventure, j'allais dire quelle aubaine pour elles que de recevoir des journalistes arrivant de Paris ! D'hommes, elles ne connaissent que les leurs – pêcheurs qui sont souvent en mer...

Avant le dîner, je m'étais éclipsé pour faire un tour. Je remontais la rue principale de Saint-Pierre, boueuse et pleine d'ornières, bordée de maisons multicolores aux toits pointus et pentus. Au bout de cette route, c'était tout de suite la lande :

une petite herbe rêche se frayait un chemin à travers les rochers. Au large de la côte, quelques îlots inhabités, puis l'océan plat et gris. C'était l'été mais il faisait froid. Une corne de brume poussait ses gémissements funèbres à intervalles réguliers. Les jours commençaient déjà à raccourcir et je m'imaginais Saint-Pierre-et-Miquelon dans les tempêtes neigeuses des longues nuits d'hiver. Je frissonnais de froid devant ce paysage de désolation avant de retrouver la chaleur de l'hôtel (nous vivions collés aux fourneaux de la cuisine) et celle de nos hôtesses.

Pendant ce temps-là, le croiseur du général de Gaulle traversait majestueusement le golfe du Saint-Laurent et remontait doucement l'estuaire du fleuve comme l'avaient fait jadis Jacques Cartier et Samuel de Champlain. Comment ne pas être ému de voir, du haut des rives, ce bateau gris à peine visible sur les eaux grises du Saint-Laurent, comme perdu dans l'immensité des paysages du Nouveau Monde ?

L'escale à Québec fut pittoresque. Mais engloutie par ce qui allait se passer ensuite à Montréal. Le *Colbert*, arborant le drapeau du Québec, bleu à fleurs de lys, avait accosté dans la matinée du 23 juillet au lieu-dit l'« Anse-au-Foulon », au pied de la citadelle. C'est alors que l'aide de camp de service vint me trouver : « Jean, le Général vous demande. »

Jamais je n'avais vu de Gaulle si détendu, si reposé : « Alors, vous allez vous marier ? » (Je lui avais écrit juste avant le départ pour lui annoncer mes fiançailles.) Il ajouta curieusement : « Je suis heureux, parce que vos parents vont être contents. » Il aurait pu l'être d'abord pour moi ! Déjà, il m'avait écrit, le 14 juillet, avant d'embarquer : « C'est de tout cœur que je vous félicite de l'heureuse nouvelle que vous m'annoncez et qui doit remplir vos parents de joie. » Puis venait un extraordinaire éloge de ma belle-famille lilloise : « En vieux Lillois que je suis, je sais depuis toujours ce qu'est, ce que vaut l'ancienne et excellente famille Flipo... » Suivaient des paroles affectueuses et, pour finir :

« À bientôt, mon cher ami, puisque vous allez m'accompagner dans un nouveau voyage... »

À la veille de notre départ pour le Québec, je lui avais écrit de mon côté : « Cette lettre est une occasion de vous dire combien je ressens le privilège d'être auprès de vous, toujours là où vous allez. Jamais, autant que dans ces voyages, je ne ressens la joie et la fierté d'être français – que vous nous avez rendues en 1958. Jamais ne m'apparaît aussi bien le visage de la France... »

Vous a-t-il prévenu, à ce moment-là, de ce qu'il avait l'intention de dire à Montréal ? Et que s'est-il vraiment passé dans les heures qui ont précédé ?

En réponse à son éternel et embarrassant : « Alors, que pensez-vous de la situation ? », je formulai quelques banalités sur l'attachement des Québécois à la France. C'est alors qu'il me déclara très rapidement et, comme toujours, d'un ton provocateur : « Pensez-vous, ces gens-là vont à l'indépendance ! »

Le « Vive le Québec libre ! » qui suivit fut-il prononcé dans l'ivresse de l'accueil qu'allait lui réserver la « Vieille Province », ou réfléchi et mûri de longue date ? La question n'a jamais été vraiment résolue. C'est pourquoi je verse au dossier une lettre de mon ami Gilbert Pérol [1] à sa femme : « Je peux vous en parler, lui écrit-il depuis Montréal. J'étais à quelques mètres de lui quand de Gaulle s'est écrié : "Vive le Québec libre !" La foule lui avait soufflé le mot qui courait sur toutes les lèvres. » Et Gilbert d'ajouter : « À l'appui de ce témoignage, sur des centaines de photos prises tout au long de son séjour au Québec, pas un seul drapeau canadien, pas un seul dans la marée des drapeaux à fleur de lys. »

Le Général avait toujours souffert de l'attitude des Canadiens anglophones à l'égard des Canadiens francophones. Un Québé-

1. Le chef du service de presse à l'Élysée.

cois m'avait dit : « Ils [les Anglais] nous traitent comme des domestiques. » Ce qui est tout à fait vrai : les Canadiens anglais, c'était l'aristocratie. Les autres, avec leur accent des vieilles provinces françaises, roulant les « r », c'était le « bas peuple » qui faisait rire les Anglais. Et, hélas, les Français aussi !

Mais reprenons la chronologie des événements. À l'embouchure du golfe du Saint-Laurent, un officier canadien de haut rang, désigné par le gouvernement fédéral, monta à bord du *Colbert*. Il était chargé d'accompagner le Général au Québec, province canadienne, puis à Ottawa. Mais, d'origine anglophone, il ne connaissait pas un mot de français et n'avait aucun interprète à ses côtés ! De Gaulle, imperturbable, fit comme si de rien n'était. Il ignora cette incroyable et mesquine provocation et répondit en anglais à ses salutations. Il poussa même la courtoisie jusqu'à inviter l'officier à déjeuner à bord.

Puis l'incroyable se produisit. Dès l'arrivée à Québec, le Général quitte le *Colbert*. Sur le quai éclate le *God save the Queen* joué par une musique militaire en uniforme rouge et bonnet à poils noirs, comme à Londres. Je n'en crois pas mes oreilles : l'hymne anglais est sifflé, et *La Marseillaise* qui suit reprise en chœur par la foule. Mon cœur bat très fort. Je me précipite au téléphone pour dicter une première dépêche. Ce téléphone, je ne le quitterai guère jusqu'au moment où le Général, sain et sauf, quittera le Canada français.

Le départ pour Montréal eut lieu le lendemain 24 juillet. Tout devait aller très vite. Le Québec était comme une botte de foin que de Gaulle allait embraser. Le spectacle était tel que nous nous demandions si nous ne rêvions pas : ce fut, de Québec à Montréal, une marée humaine en proie à un véritable délire. Je ne quittais pas des yeux le Général. Il ne se laissait pas porter par la foule, il l'orchestrait à sa manière, avec un art extraordinaire. Il demeurait impassible, mais je le connaissais bien : il avait du mal à dissimuler son émotion, sa joie, son extrême bonheur. Il allait d'un trottoir à l'autre, de ses grandes enjambées, serrait des mains par milliers, s'attardait indéfiniment. Son aide de camp lui soufflait : « Mon Général, nous avons une heure de retard. » Il n'entendait rien. Il écartait le service d'ordre et s'immergeait dans la foule. Les Québécois eux-mêmes devaient prêter main-forte aux gorilles et à la police provinciale pour le protéger. De Gaulle était bousculé, emporté... Et rien ne semblait pouvoir l'arrêter.

Il y avait dans son attitude quelque chose qui venait de loin. De Gaulle, nous le savons, ne s'est jamais consolé d'aucune défaite de la France depuis Vercingétorix. La perte de la « Vieille Province », l'abandon du Québec aux Anglais lui ont été particulièrement cruels. Et plus encore, peut-être, l'indifférence de la France à l'égard d'un Québec perdu qui, lui, demeurait fidèle à notre pays. Le Général, par sa seule présence, voulait réparer ce passé honteux.

Quant à moi, j'exultais et ne pouvais m'empêcher de rire quand je l'entendais dire d'un ton bonhomme, un peu familier et qui se voulait confidentiel : « Et, après tout, on est ici chez soi... » Cette remontée du chemin du Roy – la route de deux cent soixante-dix kilomètres qui relie Québec à Montréal le long du Saint-Laurent – fut un moment absolument unique dans la vie du général de Gaulle, c'est-à-dire dans l'histoire de la France. J'en garde un souvenir presque de frustration, parce que je n'étais pas un spectateur libre de s'abandonner à son émotion et à ses larmes de joie, mais un reporter tenu de raconter ce qu'il voyait, de trouver les mots justes pour décrire un spectacle « indescriptible » et dicter, tout au long de la route, les dépêches du journaliste d'agence que j'étais et m'efforçais de demeurer.

Sur la place de l'hôtel de ville où le Général allait lancer son « Vive le Québec libre ! », la masse humaine était plus compacte qu'au Forum d'Alger ou au Zócalo de Mexico. Mais l'important n'était pas là. Il était dans le déchaînement, presque dans l'ivresse de cette foule. Et rien n'était plus drôle que cet orchestre, au pied du balcon de l'hôtel de ville, jouant des airs militaires français sans que le moindre son ne nous en parvienne. Et pourtant, le chef d'orchestre lui aussi, à sa manière, se déchaînait.

C'est le Général qui, une fois de plus, a su décrire d'un mot la situation. Personne ne pensait à pareille assimilation. Aucun journaliste n'aurait osé la faire. Et, pourtant, il n'y en avait pas d'autre. Il n'y avait qu'une seule comparaison, et il la fit : « C'était une atmosphère du même genre que celle de la Libération. » C'était exactement cela. Peut-être le Général n'aurait-il pas dû le dire ? Mais le fait historique était là. Croyez-moi, moi qui ai vécu la libération de Paris : la joie des Québécois était la même que celle des Parisiens à ce moment-là. Il suffisait de regarder : tout était dans leurs regards, dans leurs yeux emplis de larmes !

Il faut avoir été au Canada en de pareilles circonstances pour mesurer l'hostilité, la mesquinerie du Canada fédéral à l'égard de la France et du Québec. Savez-vous qu'à Montréal les standardistes – toutes anglophones – disaient à leurs interlocuteurs qui parlaient français : *« Speak white »*, ce qui voulait dire : « Parlez blanc », parlez en anglais, c'est-à-dire dans la langue des Blancs, avec tous les sous-entendus que cela pouvait comporter ! Au fond, régnait une sorte d'apartheid.

Dans ce contexte, le discours du Général ne pouvait être que très mal ressenti par les autorités fédérales. Quel était le climat, le lendemain ?

Jamais, dans ma vie de journaliste, je ne ressentis, lors d'un voyage à l'étranger du Général, une atmosphère aussi lourde, presque dramatique. En France, les échos de la presse me font encore si mal que je ne les évoquerai pas, sauf un : l'article d'André François-Poncet dans *Le Figaro*, qui, littéralement, sombra dans l'ignominie.

Le Général poursuivit son programme sans sourciller, comme si de rien n'était. Non seulement il ne changea rien au déroulement de sa visite à Montréal, mais il sembla s'attarder à chacune des manifestations qui s'enchaînaient. Il serrait les mains, allait de l'un à l'autre de ses grandes enjambées chaloupées, plus souriant et bienveillant que jamais à l'égard de tous. Il n'en était pas de même dans la délégation française qui, suspendue au téléphone avec Paris, avait du mal à cacher son désarroi. Je reconnaissais là l'influence du Quai d'Orsay, toujours prêt à se conformer aux positions des Anglo-Saxons et à se rallier au point de vue d'une presse parisienne qui, bien sûr, condamnait unanimement le prétendu faux pas du Général. Je regrette presque de ne pas citer les noms de ceux qui me déclaraient alors : « Le Général devient gâteux », entre autres formules du même genre.

Le matin du 26 juillet, de Gaulle inaugura le métro de Montréal, construit par des entreprises françaises, avant d'aller visiter la Foire internationale et d'offrir un banquet dans le pavillon de la France. C'est dans le métro que Gilbert Pérol s'approcha de moi et me glissa très bas à l'oreille : « Jean, le Général interrompt sa visite. Il ne va pas à Ottawa, parce que Pearson [le Premier ministre] a qualifié son discours d'"inacceptable". Nous rentrons tout à l'heure directement à Paris. »

Quel cadeau me faisait là Gilbert ! Quel scoop, pour parler le langage d'aujourd'hui ! Je descendis à la station suivante, riche d'une information qui, dans quelques minutes, allait faire le tour du monde. Je me précipitai sur un téléphone : « Flash – Le Général ne va pas à Ottawa et rentre ce soir à Paris – Bulletin n° 1 : C'est parce que le gouvernement fédéral canadien a qualifié d'"inacceptable" le discours du Général à Montréal que celui-ci a décidé d'interrompre son voyage. » Les autres bulletins suivirent. La joie au cœur, je sautai dans le métro pour rejoindre le Général et mes camarades journalistes qui ne savaient encore rien de ce qui se passait.

Ensuite, tout s'accéléra dans une atmosphère de plus en plus dramatique. C'était toujours l'euphorie chez les Québécois, entraînés par leur Premier ministre, le cher Daniel Johnson. En revanche, la déclaration du Premier ministre fédéral, Lester Pearson, provoqua une quasi-rupture diplomatique entre les deux capitales. Je pense, je sais même que le Général fut enchanté de la réaction de Pearson, qui lui permit d'annuler son voyage. De toute façon, quelles qu'eussent été les réactions des Canadiens au niveau fédéral, le Général ne se serait jamais rendu à Ottawa. Cela, j'en ai la totale conviction.

Comme vous l'imaginez, cette brusque annulation fut un événement de portée mondiale. Cela ne s'était jamais vu au cours d'une visite d'État. J'observai dans la délégation française un énervement croissant. Énervement, le mot est faible. Je dirai une sorte de panique. Il fallait faire revenir le DC8 présidentiel – qui se trouvait déjà à Ottawa –, le programme prévoyant en effet que le Général devait effectuer en train le parcours jusqu'à la capitale. Les services de sécurité, ceux du protocole, côté québécois et côté fédéral, les membres de la délégation française eurent à faire face à toute une série de problèmes que, manifestement, ils ne dominaient pas tous. C'est Pérol qui m'affranchit : « Jean, ne le dites surtout pas, il y a des menaces précises d'attentat contre le Général. Plus : il s'agit d'un véritable complot visant à l'assassiner. » Je fis les frais de ces menaces. « Vous ne pourrez pas, ajouta Pérol, prendre place dans l'avion du Général pour le vol de retour. Les extrêmes mesures de sécurité l'interdisent. Le DC8 vient de faire l'objet d'une fouille. Tous nos bagages sont passés au crible. »

Il y eut, dans ce départ à la sauvette, quelque chose de théâtral. La nuit était tombée et des projecteurs éclairaient l'avion du Général, entouré par un cordon de policiers. Le maire de Montréal, Jean Drapeau, tous les ministres du Québec et un tas de personnalités diverses étaient – chose incroyable – au pied de la passerelle. Les journalistes étaient là aussi, contrairement à tous les règlements, ainsi qu'une petite foule qui acclama de Gaulle. Le Général prit congé tranquillement. Il serra toutes les mains, enlevant son képi devant les dames, ayant un mot aimable pour chacun. Puis il fit un geste d'adieu à l'égard de la foule. Il gravit rapidement, presque lestement, l'escalier roulant et s'engouffra dans l'avion sans se retourner.

Une heure après, je prenais un avion de ligne pour Paris. La rédaction en chef me demandait de me trouver tôt à l'Élysée dès le lendemain matin.

Deux mois après, vous êtes témoin d'un événement plus bouleversant encore : la visite du Général au camp d'Auschwitz, lors de son voyage officiel en Pologne.

Je n'oublierai jamais, non plus, cette journée du 9 septembre 1967 à Auschwitz et le récit de ce guide polonais nous expliquant d'une voix neutre : « Le tri des déportés se faisait sur le quai dès la descente du train... » Le général de Gaulle est à Birkenau, précisément, sur le quai même. L'officiel polonais ajoute : « 80 % allaient directement à la chambre à gaz » – chambre à gaz dont on aperçoit les ruines à quelques mètres du ballast, au milieu d'une prairie bordée de peupliers. « Une chambre à gaz traitait quarante mille prisonniers en vingt-quatre heures, poursuit notre guide. Mais les crématoires n'en brûlaient que huit mille. Le reste était consumé sur des bûchers. »

Le Général demeurait silencieux. Pas un son, d'ailleurs, n'est sorti de sa bouche pendant toute la visite. « Silence... Silence... Silence... », c'est un vers d'Albert Samain que j'aime grâce à François Broche qui me l'a fait connaître, comme celui d'Anna de Noailles : « S'en aller calmement avant la fin du jour. » Je regarde à l'instant, en vous répondant, les photos de cette visite. Les rides du Général sont comme creusées, ses paupières tombent encore davantage, ses lèvres sont serrées. Je suis tout près de lui pour ne pas manquer la parole « historique » qu'il ne peut pas ne pas prononcer. Mais il ne dit rien et ne dira rien. « Silence... Silence... Silence... » Je crois qu'à l'arrivée il a serré tout au plus les mains des Polonais qui l'accueillaient eux-mêmes sans un mot. Toutes les mines étaient sombres, comme recouvertes d'un voile de deuil. Même l'aide de camp du Général, le colonel Jean d'Escrienne, ce bavard qui ne pouvait habituellement cesser d'afficher une mine sottement réjouie, était devenu muet.

Ce silence, je n'ose dire par peur du cliché qu'il était de mort. Mais c'était bien un silence écrasant, comme palpable dans son épaisseur. Un silence tellement chargé de douleur qu'il en était insupportable. Le cœur serré, la respiration difficile, je m'agrippais à mon voisin, un policier polonais, comme si j'allais me trouver mal. Et ce silence oppressant se confondait étrangement avec les croassements, au loin, des corbeaux, inséparables de toutes les campagnes polonaises, et, de temps à autre, avec la voix rauque du traducteur polonais qui se faisait, comme à regret, dignement entendre.

Bien sûr, c'était la présence de De Gaulle qui ajoutait au caractère dramatique de cette journée. De Gaulle était là comme pour racheter le crime des crimes commis par Vichy : l'ordre donné aux policiers et gendarmes français d'arrêter à l'aube, à Paris, tous les juifs, de les parquer sauvagement au Vel' d'Hiv', de les transporter à Drancy, dernière étape avant Auschwitz. Et devant les ruines des fours crématoires, nous nous interrogions : comment le monde avait-il pu laisser sans un cri commettre un tel crime ? Comment expliquer le silence de Pie XII ? Comment l'aviation alliée n'avait-elle pas bombardé toutes les voies menant à Auschwitz et aux quatre autres camps d'extermination : Sobibor, Treblinka, Chelmno, Madanek ? Questions devenues presque banales, qui, là ou nous nous trouvions, s'imposaient à nous de nouveau...

Puis on montra au Général ce qu'on ose appeler le « musée d'Auschwitz ». Nous vîmes alors l'innommable. Dans ma naïveté, jamais je n'aurais pensé voir ce que j'ai vu. Ni pouvoir supporter une telle vision. Derrière de grandes vitrines – exactement comme celles des grands magasins parisiens – s'entassait tout ce qui avait été retiré aux déportés dès leur arrivée au camp ou sitôt après leur mort. Comment y croire ? Et, pourtant, j'ai bien vu ce que j'ai vu, aux côtés du Général, accélérant le pas, détournant la tête, comme englouti dans une sorte d'affreuse désespérance. Leurs bourreaux avaient retiré à ces millions de cadavres tout ce qui pouvait leur être ôté pour être recyclé et servir à l'« effort de guerre » de la monstrueuse Allemagne. Dans des vitrines, soigneusement triés, des monceaux de brosses à dents, des chaussures – celles d'enfants, de petites bottines à lacets –, des vêtements, des jouets, des prothèses, des paires de lunettes toutes enchevêtrées...

Le Général jeta un coup d'œil rapide sur les photos originales prises par les bourreaux eux-mêmes. Il paraissait manifestement à bout et pressé d'en finir. Il serra les mains des autorités du camp et se dirigea vers la sortie. Mais on avait oublié le livre d'or que tous les visiteurs illustres signent avant leur départ. Oui, il y a même un livre d'or à Auschwitz ! Pas un livre noir ! Pas tout simplement le « livre d'Auschwitz » ! Non, le livre d'or, comme à la sortie d'un grand restaurant ! Le Général s'assit sur une chaise devant une petite table de bois blanc. J'étais derrière lui. Il décapuchonna son stylo. Il hésita longuement. Puis je le vis écrire lentement, comme s'il hésitait :

« *À Auschwitz, quelle pitié, quelle tristesse, quel dégoût, et malgré tout quelles espérances humaines ! – Charles de Gaulle.* »

Quelles espérances humaines à Auschwitz ? Quand on venait d'entendre ce que nous avions entendu, vu ce que nous avions vu ? Ce fut, sur le moment même, difficile à comprendre. Je téléphonai aussitôt à l'Agence France-Presse la citation du Général. Et dans notre jargon journalistique, je dis : « Bulletin urgent. Encadré livre d'or d'Auschwitz. » Et je dictai distinctement la phrase désormais historique.

Nous filâmes sur Katowice, puis Zabrze, Gdansk et, le lendemain, Gdynia, l'ancien Stettin allemand. Nous traversâmes cette somptueuse campagne polonaise, verte et touffue. Les longues charrettes à foin tirées par une procession de chevaux, les maisons dont l'extrémité des toits de chaume semblaient toucher le sol nous plongeaient loin dans les siècles passés.

À Katowice, un bureau AFP avait été installé à l'occasion de la visite du Général. Comme toujours, je regardai ce que nous appelions les « retours ». D'un doigt léger, je soulevai la bande du téléscripteur. Tout de suite j'allai au « livre d'or d'Auschwitz », et là, je lus « quelles expériences humaines » au lieu de « quelles espérances humaines ». Oui, sans doute celles du Dr Mengele ! Je téléphonai aussitôt à Paris pour rectifier l'erreur de la sténo. Mais, bien sûr, il était trop tard, et les « expériences humaines » dont le général de Gaulle était censé avoir fait état à Auschwitz étaient passées sur les téléscripteurs du monde entier. Je m'effondrai littéralement et demeurai longtemps prostré.

Le Général s'est rendu à plusieurs reprises aux États-Unis, notamment pour les obsèques de Kennedy en 1963, puis pour celles d'Eisenhower, le 30 mars 1969, ce qui fut son dernier voyage à l'étranger.

Cet ultime voyage du Général aux États-Unis fut exceptionnel par l'émotion qu'il suscita. L'Amérique venait de perdre l'un de ses trois plus grands hommes du siècle, avec Roosevelt et MacArthur, et elle pressentait qu'elle voyait pour la dernière fois, dans le général de Gaulle, le seul héros survivant de la Seconde Guerre mondiale. Et nous, le petit groupe qui accompagnait le Général, nous savions que ce voyage historique était sans doute le dernier que de Gaulle, président de la République, effectuait dans un pays étranger. Nous étions à quelques semaines du référendum fatidique.

De l'aéroport Foster Dulles, on conduisit le Général directement au Capitole où avait été déposé le catafalque. Nous y sommes entrés par les « coulisses » pour nous retrouver juste derrière le cercueil, face au public qui défilait.

Le Général – képi kaki aux deux étoiles, grande capote de même couleur – se mit au garde-à-vous devant la dépouille d'Eisenhower, son frère d'armes qui avait accepté que Paris fût libéré par l'armée française, et Strasbourg gardé à la France malgré l'offensive allemande de l'hiver 1944.

La foule des Américains qui avait attendu des heures avant de pouvoir pénétrer dans le Capitole s'est brusquement figée. Ils avaient reconnu de Gaulle et apparaissaient comme pétrifiés. Leurs yeux, par-delà la dépouille, étaient rivés sur le Général : « C'est de Gaulle ! », au point que les gardes, devant cette file subitement immobile, durent intervenir pour la remettre en marche.

Le lendemain, grande réception à la Maison-Blanche. J'y pénétrai sur les talons du Général. Le président Nixon, resté sur le seuil de la porte d'entrée donnant sur les jardins, accueillait ses invités. Dans les salons, chefs d'État, de gouvernement, ministres, militaires en grand uniforme, représentants de tous les pays du monde et de tous les corps constitués américains, tous voulaient approcher le général de Gaulle, le voir, lui parler, lui serrer la main. La bousculade était telle autour de lui que les agents du protocole durent mettre un peu d'ordre. Une file fut organisée. Ainsi chacun put saluer le Général au point de faire dire à un invité américain qui se pencha vers moi : « Dites-moi, c'est votre Président qui reçoit, ce soir ? »

Dans l'une des voitures qui nous ramenait directement à l'aéroport Dulles, j'écrivis ma dépêche pour l'AFP en lui donnant comme titre : « De Gaulle reçoit à la Maison-Blanche ». Le ton était un peu lyrique, peut-être, mais conforme à la vérité. À l'aéroport, je confiai mon texte à notre correspondant à Washington, venu assister au départ du Général, pour qu'il l'envoie au plus vite à Paris. Mais cette dépêche ne fut jamais transmise. J'aurais dû me méfier de mon confrère : un imbécile, qui plus est antigaulliste.

Parmi les voyages les plus saisissants que vous avez accomplis avec le Général, on compte aussi celui qui s'est déroulé à Tahiti en septembre 1966, lors de la première explosion nucléaire en Polynésie.

Ce fut pour moi le reportage le plus difficile sur le plan professionnel.

Je retrouvai pourtant Tahiti avec une joie indicible : ses danses, ses chants et le parfum de tiaré et de frangipanier qui flottait sur toute l'île. Avec l'installation du centre d'expérimentation du Pacifique, ce n'était certes plus le Tahiti d'autrefois, que j'avais connu avec le Général en 1956. Mais ce qui subsistait le rendait encore merveilleux. Plus pour longtemps, hélas : lors de mon tout dernier voyage, il y a quelques années, ce n'est plus Tahiti que j'ai revu, mais Honolulu, Acapulco ou Juan-les-Pins. Je n'exagère en rien. Je ne reconnaissais pas les lieux où j'avais habité. Les cocotiers, le long du lagon, avaient été rasés, remplacés par diverses constructions. Une eau sale et trouble ourlait les côtes bétonnées.

La rédaction en chef tentait de freiner mon ardeur et m'envoyait note sur note : « Pour Mauriac, votre service du 7 septembre compte 5 000 mots. Stop. C'est une prouesse pour un seul homme, mais aucun client ne peut en absorber autant. Stop. Amitiés. Redchef. » Comme j'ai pu aimer l'Agence à cette époque, dirigée par ce très grand journaliste qu'était Jean Marin, avec une rédaction en chef qui comptait des hommes de presse aussi intelligents, talentueux, professionnellement impeccables que Claude Imbert, Jacques Boetsch, Jean-Jacques Faust et, plus tard, Bernard Cabanes !

À Tahiti, le Général ne paraissait pas heureux. Comme il me l'avait dit un jour, ce n'était pas les paysages qui l'intéressaient, mais les hommes. Manifestement, il craignait un peu les vahinés : il lui fallait à chaque rencontre ôter son képi, se pencher sagement pour recevoir des colliers de fleurs ou de coquillages. Il ne les gardait jamais longtemps. Et le commandant Lurin, son aide de camp – l'un de ses préférés –, l'en débarrassait prestement et me les donnait. Je les enfilais pieusement autour de mon cou. Il y avait aussi les embrassades ! Le képi ôté à nouveau, laissant un cercle rouge sur son front, le Général était obligé d'ouvrir ses bras à chaque vahiné et de l'embrasser sur les deux joues. Mme de Gaulle, pas jalouse, mais vigilante, semblait heureuse. Elle avait chargé Lurin de rassembler et de garder les coquillages et tous les cadeaux reçus par le Général pour les enfants de sa famille.

Tout fut compliqué lors de cette expérience de la bombe atomique française. La remise du tir à vingt-quatre heures, d'abord pour des raisons techniques, puis pour des raisons météorologiques, n'arrangeait pas les choses. Et, cerise sur le gâteau – comme auraient écrit mes camarades de l'Agence –, c'étaient les militaires, maîtres de la manœuvre, qui étaient chargés de cornaquer les journalistes ! Cela dit, le chargé de presse, le commandant Yves Lancien, fut sympathique, amical et d'une efficacité irréprochable. Il faut vous dire que c'était un gaulliste pur et dur, chose rare chez les officiers. Et qu'il l'est toujours.

Les militaires me firent d'abord savoir qu'il ne s'agissait pas d'une bombe, mais d'un « engin ». Je ne pus qu'acquiescer après leur avoir dit cependant que les lecteurs de *La Petite Braguette d'Agen* (c'était ainsi que nous autres journalistes, nous surnommions l'ensemble de la presse de province) comprenaient parfaitement les termes « bombe atomique », mais sûrement pas celui d'« engin ». Mais les militaires ne simplifiaient jamais les choses, sans doute pour donner plus d'importance à leur rôle !

Le samedi 10 septembre, de Gaulle quitta Papeete pour Mururoa, à mille deux cents kilomètres de Tahiti, à bord d'un DC6 militaire. Il arriva sur place après trois heures de vol. Il embarqua immédiatement à bord d'un hélicoptère et survola les sites de l'atoll : le stockhaus « Denise » et le poste de contrôle du tir appelé « Anémone ». Ces prénoms féminins ne cessaient pas de m'étonner. Ils évoquaient pour moi, comme pour d'autres, les noms des avant-postes de Dien Bien Phu tombés aux mains du Vietminh dans les circonstances les plus dramatiques qui puissent être.

Après avoir survolé « Denise » et « Anémone », le Général embarqua sur le *De Grasse*, croiseur antiatomique de dix mille tonnes, mouillé à proximité du lagon de l'atoll. Le navire gagna aussitôt, à vitesse réduite, le lieu, en haute mer, à trente kilomètres de là, d'où le Général devait assister à l'explosion de l'« engin ». Pendant ce temps-là, le commandant Lancien confirma à la vingtaine d'envoyés spéciaux présents que l'expérience se déroulerait à la date prévue. À quelques heures de l'expérience, l'amiral Lorrain, responsable de toute l'affaire, annonça que les conditions météo étaient bonnes et que l'explosion aurait lieu sans encombre.

Un coup de téléphone de l'un des amis les plus sûrs que je comptais dans l'entourage du Général m'apprit à deux heures du matin que le tir était, en fait, remis de vingt-quatre heures pour « raisons techniques ». La ligne de télex étant coupée à notre bureau, je gagnai dans la nuit noire et chaude un bâtiment administratif d'où je pus câbler la nouvelle. Celle-ci réveilla toute l'armée en Polynésie. Les militaires étaient furieux. Ils dictèrent aussitôt un communiqué indiquant que c'était « en raison des conditions météorologiques » que l'expérience avait été reportée, et non techniques. Le commandant Lancien, bien qu'innocent de tout, fut purement et simplement relevé de ses fonctions. Il fut ma troisième « victime », après Jean Chauveau pendant la guerre d'Algérie et avant Thierry Kaeppelin au lendemain de la manifestation des Champs-Élysées du 30 juin 1968, sur laquelle nous reviendrons.

L'explosion eut bien lieu et elle fut réussie, mais vingt-quatre heures après l'heure prévue. Grâce au ministre chargé de l'opération, Alain Peyrefitte[1], toujours amical et faisant l'impossible pour me faciliter la tâche, je gagnai Hao, base arrière de Muru-

1. En tant que ministre de la Recherche et des Affaires atomiques et spatiales.

roa, où je retrouvai le Général. Je fus ainsi le seul journaliste présent sur l'atoll. Peyrefitte me fit, dans le détail et en exclusivité, le récit de l'événement. Le *De Grasse*, avant de gagner la zone d'où le Général devait assister à l'expérience, était passé à quelques encablures de l'« engin » : de la taille d'une grosse valise, ce dernier était suspendu à un ballon, cinq cents mètres au-dessus des flots. Le Général avait enfilé sa « tenue de sécurité » : bottes de caoutchouc, combinaison blanche d'aviateur, lunettes noires spéciales, aux verres tellement épais et opaques qu'on voyait à peine le soleil au travers quand on le regardait en face. Malgré cette protection, et le dos tourné, le Général dut tout de même fermer les yeux. Il « vit » l'éclair de l'explosion et ressentit en même temps une chaleur très vive sur sa nuque. Le Général se retourna alors et put distinguer pendant quatre secondes la boule de feu qui se développa pour se transformer en une minute en un nuage en forme de champignon. C'est alors qu'une onde de choc fit trembler toutes les vitres du *De Grasse*, suivie quelques secondes plus tard d'une deuxième.

Je demandai à Peyrefitte ce qu'avait dit le Général. Il me répondit : « Ah ! Je suis content et vous félicite tous. » J'insistai pour savoir s'il n'avait pas ajouté autre chose. « Non... » Et j'hésitai à transmettre ces paroles plus plates qu'historiques.

Les Américains ne se firent pas oublier. Ils étaient là comme ils sont d'ailleurs partout dans le monde. Leurs avions, venant de la lointaine Honolulu, se mêlèrent carrément à nos « Vautour » pour opérer des prélèvements sur le nuage radioactif. On informa le Général qu'un bâtiment de surface américain, le *Richfield*, croisait à la limite de la zone dangereuse, et qu'un sous-marin au moins avait été détecté à proximité de Mururoa. Je demandai aussitôt à Peyrefitte : « Qu'a dit le Général ? » Silence de Peyrefitte. Puis, en réponse, il eut un geste las. Son silence et ce geste en disaient plus que de longs discours. Mais je n'en restai pas là et tentai d'en savoir davantage auprès de Messmer et Billotte, deux amis, sur ce qui s'était passé avec les Américains.

Messmer, souriant mais desserrant à peine les lèvres, se borna à me répondre : « Les avions américains volent en bonne intelligence avec les Vautour français. » Et comme j'insistais assez lourdement : « En bonne intelligence ? » – il me tourna le dos.

Nous étions donc à Hao. Le Général avait auparavant quitté le *De Grasse* en hélicoptère pour l'atoll de Fangataufa d'où il s'envola à bord d'un DC6 pour la destination où je l'attendais. Mais je ne devais pas voir le Général. Dès son arrivée, il s'enferma avec les scientifiques qui avaient réalisé un premier examen du nuage radioactif. Moi, plus modestement, je m'enfermai avec Peyrefitte pour écouter son long compte rendu et écrire la dépêche-fleuve – seize très longs feuillets – que je téléphonai à Papeete.

Je n'eus que le temps de rejoindre le Général qui faisait maintenant ses adieux à la population de Hao réunie dans le petit village d'Otepa. Impeccable comme toujours, il semblait sortir de sa salle de bains. Pas un signe de fatigue, pas même de lassitude ne marquait ses traits. Il était pourtant en route depuis le 25 août, avait effectué un voyage officiel à Djibouti, en Éthiopie, au Cambodge, en Nouvelle-Calédonie et en Polynésie – après celui qu'il avait accompli, à peine deux mois avant, en Union soviétique, de Moscou, Novossibirsk et Baïkonour à Leningrad, Kiev et Stalingrad.

En faisant ses adieux à Otepa, le Général prenait congé pour toujours de la Polynésie. Les militaires avaient bien fait les choses. Jamais, dans aucun voyage, il n'y eut une telle profusion de drapeaux et d'étamines tricolores flottant des deux côtés de la seule rue du village. Mais la profusion de palmes, de feuillages, de guirlandes était bien le fait de la population, tout comme les extraordinaires ovations qu'elle fit au Général. J'observai cet adieu d'une population très pauvre vivant sur un atoll des Tuamotu perdu dans l'immensité du Pacifique, anneau de corail blanc où ne poussaient que quelques rares cocotiers souffreteux. « Je vous salue au nom de la France », s'écria le Général qui fut interrompu parce qu'à ce moment-là les femmes et filles d'Otepa offrirent à tous des colliers de coquillages. Mon « boa » de colliers était tel qu'il me couvrait presque les oreilles.

La nuit tropicale était tombée brusquement. Les eaux du lagon, vert clair, avaient pris une teinte bleu foncé et les nuages gardaient encore les reflets du soleil couchant. Moment unique. Les femmes se mirent à chanter, à danser, les hommes portaient des torches, d'autres battaient des tambours qui résonnaient étrangement sur l'atoll et dont les accents, portés par le vent, semblaient aller mourir loin sur les eaux noires du Pacifique. Aux pieds du Général et de Mme de Gaulle s'amoncelaient d'innombrables colliers, couronnes et objets de vannerie. Le commandant Lurin veillait à ce que tout fût soigneusement empaqueté et chargé dans l'avion.

Lurin, qui devint par la suite l'un de mes amis les plus proches et que je vis régulièrement jusqu'à sa mort, me transmit l'invitation du Général à prendre place dans le DC8 présidentiel pour le voyage de retour. Je dus, hélas, prolonger mon séjour à Tahiti, à la demande de Jean Marin, pour notamment « couvrir » une autre expérience atomique. Je revins à Papeete, mes colliers de coquillages au cou et le chagrin au cœur. Les nombreux messages de Jean Marin – « Bravo et merci pour excellent travail. Félicitations. Votre service sur expérience nucléaire a été excellent de bout en bout, rapidissime et très supérieur à la concurrence » – n'arrivèrent pas à me dérider. Tahiti, sans le Général, était comme désenchanté. Je pris seul, dans un bistrot de Papeete, le dîner le plus triste de ma vie. J'obtins heureusement de Jean Marin un rapide rapatriement.

Le Général a été un véritable globe-trotter, mais il a pris soin, dans le même temps, de visiter un à un tous les départements français. Là encore, vous avez souvent eu l'occasion de l'accompagner et de vérifier l'importance qu'il attachait à tous ces déplacements...

Que signifiaient pour lui ces contacts réguliers et prolongés avec le peuple français ?

Ils ont occupé une part politiquement essentielle dans l'action du général de Gaulle pendant ses dix années à l'Élysée, depuis le premier voyage consacré à Toulouse et à sa région, en février 1959, qui se déroula au milieu d'une ferveur extraordinaire, jusqu'à celui du 16 au 20 juin 1965, consacré aux trois départements qu'il lui restait encore à visiter : la Seine-et-Oise, la Seine-et-Marne et l'Eure-et-Loir. Comme lors de tous ces déplacements en province, le président de la République recevait dans chaque préfecture les parlementaires du département, les maires de toutes les communes, puis, toujours à part, les anciens combattants, les corps constitués et enfin ceux qui n'avaient pu prendre place dans aucune des catégories précédentes, les « notabilités locales ».

Devant chaque assemblée, le général de Gaulle prononçait une allocution. Il fallait toujours l'écouter très attentivement, parce qu'il lui arrivait de faire éclater de véritables bombes politiques devant les auditoires les plus anodins qui puissent être.

Le dernier voyage de 1965 fut, pour nous journalistes, émouvant. Même les plus endurcis, les plus blasés, les plus antigaullistes ne cachaient pas leur émotion. Moi, cela va sans dire, j'« arrosais » tout le monde de mes larmes. Après tant d'années passées ensemble, tous mes confrères étaient devenus des amis. Nous étions un peu les « gens du voyage », unis par tant d'aventures vécues ensemble. J'aimerais tant les nommer un par un. Mais retrouverais-je seulement leurs noms ? Sauf, bien sûr, celui de Georges Roche, chef du service politique de l'AFP, qui fit équipe avec moi lors de tous ces voyages. Aucun problème ne me sépara jamais de lui.

Je me souviens qu'à Beauvais le service des « Voyages officiels » nous logea dans un hôtel qui était un bordel. Vous imaginez nos plaisanteries. Quant à moi, je m'installai toute la soirée auprès de la « mère maquerelle » qui nous avait adoptés et qui me fit connaître – rien qu'en l'écoutant – tous les secrets de la vie de ses pensionnaires. Et puis, rien n'était plus intéressant que la tête des clients à leur arrivée et à leur départ !

Naturellement, il ne faut pas confondre cette visite méthodique des départements avec les centaines d'autres voyages en province que le Général effectua pour des raisons « ponctuelles », depuis sa visite à Fréjus, à la suite de la rupture du barrage de Malpasset, jusqu'au dernier, en Bretagne, du 31 janvier au 2 février 1969, dont je garde un souvenir douloureux : accueil froid, au mieux indifférent, quelquefois hostile. À Brest, je vis quelqu'un cracher sur le Général, et Paul Comiti, l'un des quatre « gorilles », essuyer du revers de sa manche le crachat qui s'était écrasé sur la veste du chef de l'État. Nous comprîmes ce jour-là qu'il devenait difficile d'exposer de Gaulle aux foules françaises. Le fait était là, mais lui-même ne semblait pas en avoir pris pleinement conscience.

Ce voyage en Bretagne marqua la fin du règne du Général, puisque c'est à Quimper qu'il annonça officiellement son référendum suicidaire sur la réforme des régions et du Sénat. Et il le fit de telle manière que tout retour en arrière était devenu impossible. « Tout, dans la vie du Général, est naturellement dramatique », a dit Maurice Druon. Le 2 février 1969, à Quimper, nous entrions dans le dernier acte du drame. Nous venions d'assister à la messe dans la si belle cathédrale, et gagnâmes à pied la place de la Résistance toute proche, où était dressée une haute estrade adossée à une falaise verdoyante, le mont Frugy. Comment oublier ? Comme toujours, je m'installai sur une marche du podium pour prendre en note le discours. Ce fut à partir de ce jour-là un chemin de croix jusqu'au 27 avril, jour où, dans leur majorité, les Français chassèrent de Gaulle du pouvoir. Non parce qu'ils s'opposaient à la réforme du Sénat et des régions, mais, plus simplement, parce qu'ils n'en pouvaient plus de ce vieil homme qu'ils voyaient et entendaient depuis plus de dix ans. Tout était dit dans le slogan : « Dix ans, ça suffit. » Et aussi parce qu'ils savaient que le successeur, Georges Pompidou, vieux « Raminagrobis » ambitieux et fûté, était là, tapi dans l'ombre, et que la succession allait se passer sans heurts.

Ces voyages en province furent une manifestation unique dans les annales du général de Gaulle. Connaissez-vous un autre président qui, méthodiquement, visita tous les départements français durant son règne, à la cadence de cinq jours en moyenne pour chaque voyage, quatre à cinq fois par an ? Connaissez-vous un chef d'État qui prononça en une seule journée – c'était le 17 juin 1965, en Seine-et-Marne – neuf discours consécutifs ? Je m'en souviens : c'était à Champs, Chelles, Meaux, Coulommiers, Provins, Montereau, Nemours, Fontainebleau et Melun.

Ces discours improvisés, le Général les prononçait du haut d'une estrade, face à la population de la ville rassemblée devant la mairie, ou bien n'importe où dès qu'il voyait des gens regroupés à quelque carrefour. Et les samedis, il s'arrêtait toujours, dès qu'il voyait une mariée en blanc sur le bord de la route, pour la féliciter et l'embrasser.

Politiquement, ces voyages étaient importants parce que le Général évoquait les grands problèmes de l'heure et, souvent, lançait des ballons d'essai. Pas une journée, avant la fin de la guerre d'Algérie, où il n'ait dit une phrase à l'égard de la rébellion, des pieds-noirs ou de l'armée. Et pas une de ces phrases qui n'ait joué un rôle dans les négociations en cours.

Que sont devenus les centaines, les milliers de discours du Général prononcés en province depuis celui de Bayeux, le 14 juin 1944, le premier en terre française libérée, jusqu'aux allocutions égrenées lors du dernier voyage en Bretagne en 1969 ? Certains – ceux des préfectures notamment – ont été dactylographiés par les services des municipalités et remis à la presse. Seuls les passages les plus importants figurent dans les dépêches des envoyés spéciaux. Le général de Gaulle, il est vrai, n'a reproduit aucun de ces textes dans ses *Discours et Messages*, sous prétexte, paraît-il, qu'il ne « reconnaissait que ce qu'il avait écrit ».

La fameuse formule « Les couteaux au vestiaire ! », à l'adresse des rebelles algériens, fut lancée au cours de l'un de ces voyages, devant les maires du département qu'il visitait à ce moment-là. Comme à son habitude, le Général les questionnait : « Et les adductions d'eau, et les chemins... » Puis il enchaînait : « Je vais maintenant vous parler des affaires de la France. » Michel Bassi, l'envoyé spécial du *Figaro*, et moi étions les seuls journalistes présents. Nous dressâmes l'oreille : « Je vais vous révéler quelque chose que vous ne répéterez pas. Demain, je m'adresserai publiquement aux gens du FLN pour leur dire que je suis prêt à discuter avec eux pourvu qu'ils acceptent *de laisser les couteaux au vestiaire.* » La formule fit le tour du monde... Mais les rebelles gardèrent leurs couteaux.

Ce jour-là, alors que je me trouvais coincé au milieu des maires, le Général m'aperçut et me tendit la main en me disant, de cet air souvent un peu moqueur qu'il affectionnait : « Tiens, vous voilà maire, maintenant ? Eh bien, bonjour monsieur le maire ! »

CHAPITRE VIII

De Gaulle et les siens

Sans être un de ses intimes, vous avez d'une certaine manière partagé le quotidien du Général à l'Élysée et côtoyé beaucoup de ses proches, que vous n'hésitiez pas à interroger à son sujet, en particulier sur son mode de vie. Quelles étaient, en privé, ses habitudes, voire ses manies ?

Le général de Gaulle n'a jamais aimé se lever de bonne heure. À Colombey où aucune tâche, en principe, ne l'attendait, il ne s'éveillait pas avant neuf heures et, quelquefois, restait tard dans son lit. « C'était un gros dormeur », m'a confié un de ses aides de camp. À l'Élysée, le valet de chambre frappait à huit heures à la porte de la chambre du Général et de Mme de Gaulle : « Mon général, il est huit heures, le petit déjeuner est servi. » C'est toujours Mme de Gaulle qui, à travers la porte, répondait d'un simple merci. Au moment de se lever, le Général buvait un verre d'eau dans lequel Mme de Gaulle avait versé quelques gouttes de fleur d'oranger.

Le petit déjeuner était servi dans le salon des appartements privés qui donnent sur la rue de l'Élysée et sur la roseraie du parc. Le plateau était posé sur une table à bridge : café au lait, toasts, croissants, brioches et confiture – le Général aimait tout ce qui était sucré – ainsi que les quotidiens parisiens du matin et le *Herald Tribune*. Le Général avait passé sur son pyjama une robe de chambre écossaise. Les informations à la radio n'étaient écoutées qu'en temps de crise.

Le Général était un homme d'habitudes. Il lisait les journaux pendant que le bain coulait. Dans le cabinet de toilette, le valet de chambre disposait un costume qu'il avait quelquefois choisi lui-même, selon le programme de la journée, parmi la quinzaine que le Général possédait. Mais, le plus souvent, c'était Mme de Gaulle qui laissait des indications par écrit : n° 1, les costumes pour tous les jours ; n° 2, pour les dimanches ou quand il y avait des invités à déjeuner, etc. Si le Général devait revêtir un uniforme, lui-même le faisait savoir la veille. Toujours une chemise blanche. L'a-t-on jamais vu avec une chemise de couleur ou rayée, même à Colombey ? L'hiver, un petit sous-vêtement en laine. Chaque matin, le choix lui était laissé entre trois cravates.

Personne n'a jamais aidé le Général dans sa toilette ni à s'habiller, sauf, le soir, quand il revêtait son uniforme de soirée. Son valet de chambre lui nouait alors son nœud papillon blanc et lui mettait sa grand-croix de la Légion d'honneur, et, quand il recevait un chef d'État, la décoration du pays dont ce dernier était ressortissant (les décorations, plus de soixante, occupaient un placard spécial). Le valet de chambre l'attendait à son retour, seulement pour lui retirer ses décorations, l'aider à enlever sa veste d'habit et à ouvrir le col empesé de sa chemise. Un « en-cas » – sandwiches et petits-fours – était alors toujours servi au Général et à Mme de Gaulle.

Le matin, le Général demeurait plus de trois quarts d'heure dans sa salle de bains et, les jours précédant ses allocutions télévisées et ses conférences de presse, il apprenait par cœur, à haute voix, ses textes en faisant sa toilette. Sa voix grave résonnait à travers tout l'appartement. La température de l'eau du bain était vérifiée grâce à un thermomètre. Les lames de rasoir étaient changées tous les trois jours. Le Général se rasait toujours de très près, devant une grande glace-loupe avec éclairage intérieur.

Le Général rencontrait, presque chaque matin, le fleuriste de l'Élysée qui disposait ses bouquets en commençant par ceux de l'appartement. Il s'appelait M. Harry et avait reçu le prix du meilleur ouvrier de France. De Gaulle aimait échanger quelques mots avec lui.

À l'égard de ceux qui le servaient, il était prévenant et délicat. « Il faisait tout pour nous déranger le moins possible », m'a dit l'un d'eux. Il était aussi attentif à l'avenir de ses serviteurs quand ceux-ci le quittaient. À l'un de ses maîtres d'hôtel – militaire de carrière – qui n'avait pas obtenu l'affectation qu'il souhaitait, le Général déclara : « C'est parce qu'"ils" ne veulent pas vous en trouver... Où souhaitez-vous aller ? Je vais m'en occuper. » Tout fut réglé en un tournemain.

Derniers détails : Vauclair était le tailleur militaire du Général ; Johnson et Marié, son tailleur civil. Le Général l'avait connu à Londres en 1940 et lui était resté fidèle à Paris où il avait, rue des Pyramides, une petite succursale. Les cravates et les chemises venaient de Charvet, place Vendôme (pour son voyage en Amérique latine, le Général avait emporté trente-deux chemises). Les chaussures, de Bunting, rue Saint-Honoré. Bref, ce qu'il y a de mieux. Le Général se faisait faire ses souliers sur mesure, en raison d'une blessure de guerre à un pied, reçue en 1914, qui le faisait encore souffrir. Les cravates étaient toujours achetées par Mme de Gaulle, qui choisissait également les tissus des costumes. Quand le tailleur venait présenter ses étoffes au Général, à l'Élysée, Mme de Gaulle, comme elle avait sans doute vu sa mère le faire, brûlait à la flamme d'une bougie un morceau d'échantillon et jugeait, à l'odeur, de la qualité de la laine.

Le Général était un homme raffiné, sensible à l'élégance. « Il était toujours impeccable », disaient ses aides de camp. À table, cependant, il lui arrivait de faire des taches sur sa veste, parce qu'il y voyait mal. Que de fois ne l'a-t-on vu alors tremper tranquillement, mais le plus discrètement possible, sa serviette dans son verre d'eau pour nettoyer la tache en question !...

À la vérité, le Général voyait très bien, mais à condition, bien entendu, de porter ses lunettes. Or, dès qu'il était en public, il ne portait jamais – ou presque jamais – celles destinées à voir de loin, parce qu'il estimait que de Gaulle ne devait pas se montrer aux Français le nez chaussé de lunettes aux verres épais. Son chirurgien et le professeur Louis Guillaumat, son ophtalmologiste, furent littéralement stupéfaits de le voir, après sa première opération de la cataracte, renoncer très vite à ses lunettes, c'est-à-dire accepter de ne plus voir que trouble, de ne plus vivre que dans le brouillard. Quelle volonté ! Il s'ensuivit, selon eux, une sorte de miracle médical : une adaptation progressive, menant à une vision au moins acceptable. Le Général put, peu à peu, mener une vie quasi normale sans lunettes, alors que ses yeux avaient perdu leurs cristallins ! « C'est, m'a déclaré son opticien, Jean-Pierre Bonnac, un cas tout à fait extraordinaire, même unique, d'adaptation sensorielle à la perception des formes. »

Entre 9 h 30 et 9 h 50 – cela variait tous les jours –, le général de Gaulle, accompagné de son valet de chambre et tenant à la main une serviette de box noir, empruntait un couloir étroit, sombre et bas de plafond, pour gagner son bureau. Au moment où il poussait la petite porte dérobée ouvrant sur son cabinet de travail, un voyant lumineux disposé dans le bureau des aides de camp, sur la cheminée face à leurs tables, s'allumait et les prévenait de l'arrivée du président de la République.

Quelquefois, les aides de camp se sont trouvés dans l'obligation de surveiller le Général à son insu, l'un des battants de la double porte de son bureau étant laissé entrebâillé. C'est ainsi que, lorsque le président de la République reçut, dans un secret absolu, en pleine guerre d'Algérie – et en pleine nuit –, le colonel Si Salah, chef de la wilaya IV – région d'Alger –, le 10 juin 1960, un aide de camp et le chef de la sécurité présidentielle, les yeux rivés sur Si Salah et ses compagnons, surveillaient la rencontre, un pistolet au poing, prêts à intervenir.

L'écriture continuait-elle d'occuper, même à l'Élysée, une place prépondérante dans sa vie quotidienne ?

Il vivait littéralement la plume à la main. Il ne dictait jamais. Il écrivait ses discours, bien sûr, mais aussi toutes ses conférences de presse et de multiples « notes » pour les membres de son cabinet et ceux du secrétariat général de l'Élysée. La moindre idée était aussitôt jetée sur une feuille de papier (la correspondance personnelle était réservée pour Colombey). Il y avait toujours plusieurs jets, indéfiniment raturés. Les « rajouts » à ses discours, la plupart du temps, n'étaient pas en marge, mais entre les lignes.

Il appelait quelquefois son aide de camp, demandait une loupe : « Ah ! C'est plus fort que de jouer au bouchon, je n'arrive pas à me relire ! »

Le soir, après qu'il eut quitté son bureau, les aides de camp inspectaient sa corbeille à papier et se livraient à la reconstitution de véritables puzzles. Ce qui pouvait être sauvé était soigneusement « scotché » – comme on dit... Une fois, c'était pendant la guerre d'Algérie, les aides de camp trouvèrent dans la corbeille trois brouillons d'une lettre de reproches au maréchal Juin au sujet d'une de ses interviews relatives à l'Algérie. Tous déchirés en plusieurs morceaux. Le premier brouillon avait trois pages et était très sévère à l'égard du maréchal. Le deuxième, moins vif, avait deux pages. Le troisième, une page seulement et était anodin. Le lendemain matin, le général de Gaulle demanda à son aide de camp de porter une lettre au maréchal. Il ne restait que trois lignes, à peu près celles-ci : « Mon cher Juin, je n'oublie pas ce que nous avons fait ensemble. Tâchons d'en faire autant aujourd'hui. » Est-il besoin de préciser que ces documents reconstitués étaient mis aussitôt au coffre de son secrétariat ?

Comment s'ordonnait ensuite chacune de ses journées à l'Élysée ou à Colombey ?

À l'Élysée, vers onze heures, l'aide de camp pénétrait, toujours sans frapper, dans le bureau du Général, et disposait, sans dire un mot, *France-Soir* sur la petite table du téléphone – un instrument dont il ne se servait pratiquement jamais, parce qu'il en avait horreur.

À treize heures moins deux minutes – toujours le souci impératif de la ponctualité –, le président de la République gagnait ses appartements privés, juste à temps pour entendre le journal de la mi-journée. Le déjeuner se déroulait dans ses appartements, en tête à tête avec Mme de Gaulle ou, le plus souvent, avec une douzaine d'invités. Jamais plus. Auparavant, le Général avait examiné avec soin le plan de table et le curriculum vitæ de chacun de ses hôtes. Ainsi pouvait-il demander à ses voisines ébahies des nouvelles de leurs enfants, en les appelant par leurs prénoms, et se montrer très compétent au sujet de leurs études. Le repas, souvent un peu guindé malgré les efforts du Général pour détendre l'atmosphère, était expédié. Il n'aimait pas rester longtemps à table, comme on sait.

Le café était pris dans le salon attenant à la salle à manger. Tout se déroulait rapidement aussi, et de façon immuable. Les dames faisaient cercle autour de Mme de Gaulle – la conversation portait sur les enfants, leur scolarité, leurs vacances – pendant que le Général entraînait les hommes pour parler de choses « sérieuses ». Puis les deux groupes se retrouvaient. Le Général faisait alors assaut d'amabilités auprès des dames, avec une courtoisie un peu surannée, et allait jusqu'à chercher un briquet pour allumer leurs cigarettes. Lui-même, grand fumeur jadis, ne fumait plus. Il avait arrêté en 1947, le jour de la mort de Leclerc. « Mais ce n'était pas pour cela ! » précisa-t-il un jour. Toute sa vie il regretta le tabac. À Desgrées du Loû, son aide de camp après qu'il eut quitté le pouvoir, il dit un jour, à Colombey :

« On ne se console jamais de ne plus fumer. » Et une fois que Desgrées allait écraser une cigarette avant d'entrer dans le bureau du Général à La Boisserie, il murmura avec nostalgie : « N'en faites rien. Il ne me reste plus qu'à humer les cigarettes des autres... »

À quatorze heures, toujours à Colombey, tout était achevé. Le Général et Mme de Gaulle passaient dans la bibliothèque. Le Général prenait une infusion et faisait des réussites – il en faisait à ses moments perdus – dont il notait les résultats sur de petites feuilles ou sur des blocs qui ont été tous retrouvés à La Boisserie. Ces réussites faisaient partie de sa vie quotidienne. Elles sont entrées dans l'Histoire depuis ce 9 novembre 1970 au soir, quand le général de Gaulle s'est effondré sur sa table de bridge au moment où il étalait ses cartes à jouer.

Revenons à Paris. Les après-midi ordinaires, ceux sans événements exceptionnels, étaient consacrés le plus souvent, au moins deux fois par semaine, de quinze heures à dix-sept heures trente, à des audiences de demi-heure en demi-heure. Sauf quand le général de Gaulle préparait une conférence de presse. Alors, dans les jours qui la précédaient, il entrait en religion et ne voyait plus personne. Le Général attachait quelque prix à ces audiences très diverses, parce qu'elles constituaient pour lui une source directe d'information. Souvent, au grand étonnement de ses visiteurs, il les interrogeait sur des problèmes qui n'étaient en rien de leur spécialité et pour lesquels ils n'étaient pas venus. Le Général ayant le culte de l'heure, aucun visiteur n'est jamais arrivé en retard, sauf un, une seule fois, qui pour cinq minutes de retard ne fut pas reçu.

À dix-sept heures trente, le Général regagnait quelquefois son appartement pour prendre le thé avec Mme de Gaulle. À dix-huit heures, il recevait les « quatre grands » de l'Élysée pendant une vingtaine de minutes chacun : le chargé des Affaires africaines, le directeur de son cabinet, le chef de son état-major particulier, enfin le secrétaire général. Chacun restait debout à sa gauche pour lui présenter les notes et textes à signer. Une fois les affaires traitées, le Général était souvent disponible « pour causer », comme il disait. Il se rejetait alors un peu en arrière dans son fauteuil, se calait et interrogeait : « Et alors ? » ou bien : « Que dit-on ? » Quelquefois il disait aussi : « On me dit que..., il me revient que... » Il protégeait ses sources à l'aide de ce « on » elliptique.

Dans ce genre de conversation d'après le travail, ses interlocuteurs devaient se tenir sur leurs gardes. Le général de Gaulle était un provocateur-né et disait souvent le contraire de ce qu'il pensait pour sonder leurs réactions. Il fallait aussi demeurer réservé à l'égard d'un pessimisme qu'il affichait volontiers. De Gaulle noircissait à plaisir le tableau et avait naturellement recours à l'hypothèse la pire, la plus dramatique, à laquelle, bien entendu, il ne croyait en rien. C'était pour lui, a dit un membre de son entourage, une sorte d'hygiène morale de pouvoir constater qu'au fond les choses n'allaient pas si mal.

Ainsi, la conversation n'était pas si facile. Il fallait aussi tenir compte de sa susceptibilité, ne pas se laisser démonter par un ton quelquefois bourru et, surtout, par un humour naturel et souvent mordant, par une ironie quelquefois perfide, par des plaisanteries qui pouvaient être cruelles et par ses jugements à l'égard des uns et des autres, où un certain mépris pouvait l'emporter sur la bonhomie apparente. On l'aura compris : il fallait posséder une sorte de grille pour affronter le Général.

Il restait un dernier type de conversation : celle où le Général se détendait. Beaucoup plus qu'à l'Élysée, elle avait lieu à Colombey ou pendant les voyages. Alors le Général pouvait parler avec une liberté extrême et parfois stupéfiante : l'Algérie, l'Alliance atlantique, le Québec, la Chine, les partis politiques, sa succession... : « Je vais vous dire... Mais, bien sûr, n'en dites rien ! » D'un coup, on devenait dépositaire de secrets d'État. Habituellement, le Général vous posait une question anodine. Il suffisait alors d'être le mur qui renvoyait la balle. Sur votre réponse – qu'il écoutait à peine – il embrayait aussitôt.

Quelquefois, on avait droit également à des tirades extraordinaires sur l'Histoire. Pendant son voyage en Italie sur les sites des champs de bataille napoléoniens, en juin 1959, le chef de l'État, au premier soir à Milan, alors qu'il regagnait sa chambre après une soirée de gala à la Scala, évoqua longuement devant son valet de chambre médusé la fulgurante campagne de Bonaparte contre les Piémontais et les Autrichiens, et la paix qu'il imposa à Campoformio. Devant ce même valet de chambre, au cours de la tournée en Algérie dite « des popotes », il exposa dans le détail sa politique algérienne.

Comment se comportait-il avec ses plus proches collaborateurs ?

Bien sûr, ce sont ses aides de camp qui se trouvaient exposés en première ligne. Le Général était à leur égard d'une exigence particulière. Dans ses rabrouements, dans ses emportements, dans ses très rares colères, il pouvait être d'une mauvaise foi totale, mais pas grave dès lors qu'on savait qu'il en avait pleine conscience. Il montrait avec eux un goût curieux pour la généralisation : « Dans le temps, a-t-il dit un jour, il y avait des aides de camp qui connaissaient leur métier. Maintenant, tout le monde s'en fout et ne pense qu'à rigoler avec ses copains ! » Et une autre fois : « Les aides de camp ? Mais vous vous prenez pour les rois de la terre ! » En fait, les rapports du Général avec ses aides de camp étaient de caractère militaire : c'étaient des rapports hiérarchiques de général à colonel. À Colombey, il en était autrement : les aides de camp étaient alors les hôtes du Général.

Il les aimait bien. Certains plus que d'autres. Il avait manifestement une préférence pour Claude Guy, Emmanuel Desgrées du Loû et Albert Lurin, tous trois aviateurs. Sauf erreur, je ne crois pas qu'il avait un goût particulier pour les deux « marins », les amiraux Flohic et Besnault. D'ailleurs, l'attitude de la plupart des amiraux pendant la guerre – Argenlieu et Auboyneau mis à part – ne l'incitait guère à l'indulgence. La marine française était restée antigaulliste. Par esprit rétrograde, d'abord, par une aversion naturelle et traditionnelle à l'égard de l'Angleterre, ensuite. Demandez à l'amiral de Gaulle comment il fut reçu quand il arriva chez les fusilleurs marins de Leclerc, au moment de la Libération. Avec méfiance chez tous, quand ce n'était pas de l'hostilité.

Le colonel de Bonneval – Gaston, comme nous l'appelions tous – était un cas à part. Je l'ai connu à son arrivée au cabinet du Général, au lendemain de la Libération. Il revenait de déportation et faisait peine à voir. Il avait pour le Général une fidélité à toute épreuve, une passion anxieuse et empressée qui finissait parfois par agacer un peu l'intéressé. Le Général se déchargeait quelquefois sur lui de son impatience ou de sa mauvaise humeur. Un jour, alors que Bonneval se risqua à lui demander quand il comptait partir en vacances, de Gaulle laissa tomber sèchement : « Vous verrez bien, Bonneval ! »

Ayant refusé tout commandement pour rester à ses côtés, il ne « fit » ni l'Indochine ni l'Algérie. Et de Gaulle, dur, implacable – et, dans ce cas, sans doute assez injuste –, ne permit pas à Bonneval d'avoir ses deux étoiles de général de brigade quand il prit sa retraite. Il finit sa carrière avec le seul grade de colonel.

Quant à ses collaborateurs à l'Élysée, ils devaient être précis et surtout rapides. Si par malheur l'un d'eux se répétait, il était aussitôt interrompu d'un cruel et traditionnel : « Je sais, vous me l'avez déjà dit », dont j'avais moi-même fait les frais durant notre traversée du Pacifique. Et le Général pouvait se montrer vite agacé...

Les relations de travail avec de Gaulle n'étaient pas toujours très aisées, mais, dans l'ensemble, les choses se passaient bien. Un proche de l'entourage, résumant le problème, a déclaré : « Il n'essayait jamais de prendre les gens en défaut. Et, s'ils l'étaient, il n'insistait pas. Il avait ses habitudes et ses règles. Dès lors qu'on les connaissait, il était possible de s'exprimer très ouvertement et de faire au Général des objections, même de lui résister. Il aimait le "caractère" chez ses collaborateurs. Mais il ne fallait pas l'amener à rendre les armes sur-le-champ. Quand il vous disait : "Reparlez-m'en" ou "Je verrai", on savait que la partie était gagnée. »

Ce qu'il demandait d'abord, c'était la discrétion. L'Élysée était le temple du secret et du silence. Malheur aux collaborateurs dont un écho des propos qu'il avait tenus paraissait dans un journal ! L'orage tombait alors sur lui.

On a toujours affirmé qu'il ne s'est jamais plu à l'Élysée. Est-ce exact ?

Le Général n'aimait pas l'Élysée. Dès son arrivée, le 8 janvier 1959, il avait déclaré : « Il me faut trouver une autre installation. » Il avait suggéré le château de Vincennes, « site historique digne de la République ». Ce n'était pas réalisable. Alors il s'est résigné à rester faubourg Saint-Honoré, vivant dans un petit appartement bourgeois auquel il n'avait pas apporté de changement et travaillant dans un bureau Second Empire, appelé « Salon doré », surchargé de muses aux seins nus, de ridicules scènes mythologiques, sans parler des « N » et des « E » entrelacés qui rappelaient les amours de Napoléon III et d'Eugénie.

« Je suis comme dans une prison », disait-il souvent. Dans les mois qui précédèrent son arrivée à l'Élysée, alors qu'il était, à Matignon, le dernier président du Conseil de cette malheureuse Quatrième République, il fit, à la tombée de la nuit, quelques tentatives de promenades dans les jardins des Champs-Élysées, aux Tuileries et sur les quais, à la hauteur de l'île des Cygnes. Mais il dut bien évidemment renoncer à ces sorties, la plupart des promeneurs le reconnaissant sur-le-champ et une certaine « faune », aux Tuileries, n'ayant pas plu à Mme de Gaulle.

Le Général quittait très rarement le palais de l'Élysée, sauf pour aller chez son dentiste, boulevard Malesherbes. Il ne dînait jamais en ville, parfois chez ses enfants. Ces derniers venaient le dimanche quand le Général ne se trouvait pas à Colombey. De Gaulle, grand marcheur, souffrait plus qu'un autre de cette claustration. À qui n'a-t-il pas dit : « Ah ! J'aimerais bien me promener ! » Un jour, sa voiture ralentissant devant Hermès, il s'exclama : « Vous avez vu ces vitrines ? Ah, quelle chance vous avez de pouvoir aller où bon vous semble ! »

À la vérité, le général de Gaulle vivait à l'Élysée exactement comme on vit à l'hôtel. Il se considérait comme de passage. Il n'avait rien amené de Colombey : pas un objet personnel, pas un souvenir, pas un livre, pas même une photo.

Que savait-on de son état de santé, dont il ne faisait pas davantage étalage, j'imagine, que de sa vie privée ?

Pendant tout le temps de son règne, l'épreuve de son opération de la prostate ainsi qu'une alerte tenue secrète mises à part, le Général s'est bien porté. Plus : il a toujours fait preuve d'une vigueur, d'une endurance, d'une volonté de ne jamais prendre en compte la moindre fatigue et d'une sorte d'alacrité peu communes. Il ne se plaignait jamais, c'était une question d'éducation. D'ailleurs, grippé ou même très fiévreux, il s'est toujours refusé à s'aliter. Il ne voulait jamais reconnaître qu'il était malade et, comme je l'ai déjà dit, n'a pris dans sa vie qu'un seul médicament, l'aspirine, qu'il jugeait souveraine contre tous les maux. S'il avait mal à la gorge ou seulement pour s'éclaircir la voix avant un discours, il prenait des pastilles d'Euphon contre « les troubles fonctionnels de la voix parlée ou chantée ». En revanche, il aimait beaucoup les bonbons. Il en déposait souvent un paquet dans le tiroir de son bureau. Il gardait les dragées reçues à l'occasion des baptêmes de ses nombreux filleuls, qu'il mettait quelquefois à même les poches de sa veste.

La prostate (un adénome, donc, par définition de caractère bénin), ce fut une autre affaire, qui pesa à peine sur sa vie à l'Élysée. Il fut opéré par l'un des meilleurs urologues de l'époque, le professeur Pierre Aboulker, le 17 avril 1964, à l'hôpital Cochin, et stupéfia tout le monde en reprenant sa vie normale de travail quelques jours après, sans la moindre convalescence.

Il avait eu sa première crise au cours d'un voyage en Algérie, à la base militaire de Telergma, dans le Constantinois, le 11 décembre 1960. Tout s'était déroulé dans un secret absolu, mais de façon dramatique. La découverte de taches de sang sur le siège de la voiture fit craindre un instant que le Général eût été blessé. C'était en fait une hémorragie. Un de ses collaborateurs m'a raconté depuis : « Le général de Gaulle fit venir aussitôt le médecin qui l'accompagnait toujours dans ses voyages et qui était le jeune interne de garde à l'Élysée, et l'interrogea : “Est-ce grave ? Si ça l'est, combien de temps estimez-vous que j'aie encore à vivre ?” Le Général craignait qu'au moment précis où il s'apprêtait à dénouer l'affaire algérienne il ne puisse pas continuer sa tâche à la tête de l'État. »

Il fut décidé d'appeler sur-le-champ, à Paris, le médecin habituel du Général, le docteur Lichwitz, qui le soignait depuis de longues années et en qui il avait une pleine confiance. Celui-ci effectua le déplacement, toujours dans le plus grand secret, sous une fausse identité – celle d'un officier –, à bord d'un avion du Glam qui atterrit à Telergma. Il tenta de rassurer le Général et décida d'écourter le voyage d'une demi-journée.

Une autre alerte eut lieu quatre ans plus tard, juste avant le voyage au Mexique, en Guyane et aux Antilles (15-23 mars 1964). Ce nouvel incident nécessita la pose d'une sonde, avec l'appareillage et les conséquences extrêmement pénibles – voire douloureuses – que l'on sait.

L'opération de la prostate devenait alors, selon le professeur Aboulker qui venait voir le Général plusieurs fois par semaine, une nécessité urgente. Le Général ne voulait à aucun prix différer son voyage. Il le maintint donc aux dates fixées et décida que l'opération aurait lieu dès son retour. Où trouva-t-il le courage de faire ce long déplacement au Mexique avec une sonde, sans jamais se plaindre, sans jamais même sourciller, sans que personne s'en aperçût ?

Le professeur Aboulker fit accompagner le Général par l'un de ses adjoints. Ce voyage fut l'un des plus harassants que vécut de Gaulle, en raison d'une chaleur accablante et de l'accueil populaire qui, au Mexique, toucha au délire, comme nous l'avons vu. Au soir de la journée qu'il vécut à Mexico, le Général reçut son urologue : « Alors, docteur, n'êtes-vous pas trop fatigué ? » interrogea-t-il en l'accueillant.

Il y eut plus tard, à l'Élysée, dans la nuit du 13 au 14 mai 1967, une autre alerte, de caractère circulatoire, semble-t-il, qui plongea Mme de Gaulle dans l'inquiétude la plus vive, puisqu'elle crut un moment que le Général avait eu une attaque. En fait, il ne resta couché, sur l'ordre de son médecin, que pendant une journée. Il fut même rasé dans son lit, et cette alerte fut sans conséquences, du moins dans l'immédiat, puisque, deux jours après, en grande forme, il tenait une conférence de presse. Mais c'est vraisemblablement à partir de ce jour-là que de Gaulle a senti qu'il avait été touché et que ses jours allaient lui être comptés.

Au terme d'une journée de travail à l'Élysée, peu avant vingt heures, le Général sonnait son aide de camp pour lui dire au revoir. Celui-ci le trouvait debout, immense, derrière son bureau, tenant ses lunettes aux verres épais repliées dans sa main gauche. Après Mai 1968, dans les derniers mois qui précédèrent son départ, il commençait à avoir le dos voûté et paraissait souvent, le soir, fatigué. Dans un geste familier, il passait et repassait alors la main sur son front.

Par-dessus le bureau vide de tout papier, il disait en tendant la main à l'aide de camp : « Eh bien, je m'en vais ! » ou, dans les périodes critiques : « Ne me dérangez pas cette nuit, sauf s'il y a la guerre ! » Il se penchait alors sur son bureau et éteignait la lampe-bouillotte. Montrant d'un signe de la tête le lustre allumé, il disait : « Pensez à éteindre les lumières. » D'un pas qui, chaque année, devenait plus las, plus lent, plus lourd, le Général, sa serviette de box noir à la main, suivait le petit couloir obscur menant à son appartement. Il y entrait à vingt heures, juste à la première image du journal télévisé.

Quelles relations entreteniez-vous avec la famille du Général ? Se confiait-elle volontiers au journaliste que vous étiez ?

La famille du Général donnait l'apparence d'un véritable fortin d'où aucune confidence à caractère personnel ne devait sortir. Tout ce qui concernait la vie privée, familiale du Général était donc secret. C'était, chez eux, une règle absolue, tacite, que le Général et Mme de Gaulle n'avaient même pas le besoin d'exprimer. Ainsi n'ai-je jamais été tenté de voir Élisabeth, la fille du Général, ni sa petite-fille, Anne, ni aucun des quatre fils de Philippe de Gaulle. Leur demander un rendez-vous eût même été inconvenant et je ne m'y suis jamais risqué. Quant à Mme de Gaulle, je ne pense pas qu'elle ait jamais adressé un seul mot à un journaliste – à un journaliste exerçant ses fonctions, bien entendu.

Par nature, Mme de Gaulle était d'une profonde méfiance. Sa situation, bien sûr, l'incitait à la prudence. Elle ne se sera, de toute sa vie, jamais exprimé officiellement en tant qu'épouse du général de Gaulle. Qui pourrait seulement citer un jugement public de Mme de Gaulle sur son mari, sur les événements et sur la politique ? Elle s'était donné comme règle, dès qu'elle se trouvait « en société », de ne rien dire qui touchât de près ou de loin au Général. L'actualité, la politique, les « affaires », Mme de Gaulle ne se risquait jamais à les commenter, ni même à les évoquer, de peur que ses jugements pussent être divulgués et interprétés comme étant ceux du Général.

Cela dit, toute règle a ses exceptions. Et j'ai pu tirer parti de quelques-unes d'entre elles.

La première a été le général de Boissieu. L'homme me réserva presque toujours un accueil amical et souriant. Il prit la responsabilité de me parler, et le plus librement du monde, notamment au moment de la mort du Général. Il reconstituait de mémoire ses entretiens avec son beau-père, ce qui exaspérait Philippe et m'inquiétait un peu. À la vérité, il fallait demeurer très vigilant, car Boissieu avait une tendance bien naturelle à ne pas s'oublier quand il parlait du Général. C'était toujours « Père » par-ci, « Père » par-là. En bref, il fallait veiller à ne pas se laisser manipuler.

Mes relations avec Boissieu connurent des hauts et des bas. Lorsque je publiai, il y a quelques années, dans *Le Monde*, un article assez critique[1] sur les derniers livres d'entretiens de Philippe de Gaulle avec Michel Tauriac, Boissieu, faisant pour une fois cause commune avec son beau-frère, ne répondit pas à ma dernière lettre et me fit l'« œil de verre » au cours de plusieurs réceptions.

Une fois précédente, nous demeurâmes brouillés plusieurs années jusqu'au jour où, dans le train qui nous ramenait de Colombey, il vint à moi pour une accolade fraternelle. La cause de cette brouille était cependant sérieuse. Dans une série d'articles parus dans *Le Provençal* au sujet du voyage à Baden, j'exposais une thèse plus proche de celle de Massu et de Pompidou que de la sienne, que je jugeais pleine d'invraisemblances, parce qu'il réfutait, en bref, toute défaillance du Général. Il m'écrivit quelques jours après notre réconciliation : « Un 9 novembre, c'était bien l'occasion d'en finir avec cet incident [ma relation de Baden] dont j'étais, je dois l'avouer, *le premier responsable* [c'est lui qui souligne]. Moi aussi je suis heureux que tout ceci soit de l'histoire ancienne. »

1. « Les erreurs de l'amiral de Gaulle », *Le Monde*, 28-29 mars 2004.

Comme investi d'une mission divine, Boissieu était prêt à tout dès lors qu'il pensait que la réputation de son beau-père pouvait courir quelque danger. Ainsi à la mort du Général : l'AFP fut la première à l'apprendre grâce à notre correspondant de Dijon qui tenait la nouvelle de la gendarmerie. Mais la rédaction en chef ne voulut pas annoncer la mort du Général sans ma confirmation. Je téléphonai aussitôt à Colombey et eus la chance d'avoir immédiatement la communication. Boissieu était au bout du fil.

« Mon général, est-ce vrai ?

– Oui, mon beau-père est mort hier soir.

– Comment ?

– Il faisait une réussite en écoutant les nouvelles régionales. »

Boissieu resta un moment silencieux, puis :

« Non, ne le dites pas. Dites qu'il est mort en écrivant ses *Mémoires*.

– Mais, mon général, c'est un mensonge, puisque la vérité est autre. »

S'ensuivit une discussion qui me fit perdre les minutes les plus précieuses de ma vie. Mes arguments finirent par convaincre Boissieu. Et il dit comme à regret : « Eh bien, allez-y ! » Mais, hélas, l'AFP avait été déjà devancée par Europe 1.

Quel est le journaliste qui n'a pas eu de problèmes avec ses « informateurs » ? Je n'ai cessé d'en avoir. Combien de fois ai-je entendu : « Mais, Mauriac, je vous avais dit cela *off the record.* » Avec Boissieu, il n'y avait jamais d'*off the record* ou il y en avait toujours, on ne savait plus. Dès qu'on le contredisait, il se fâchait avec vous, comme tout général, d'ailleurs, lorsque l'on n'est pas de son avis. On se brouillait et puis on se raccommodait. Un peu comme des enfants. Mais l'homme était gentil et généreux.

Je vis aussi souvent la sœur aînée du Général, Marie-Agnès Cailliau, qui m'accorda une longue interview pour *Paris-Match* après la mort du Général. C'était une vieille dame merveilleuse, drôle, spirituelle, pleine d'humour. J'ai gardé ses quelques lettres : quel naturel, quelle franchise, quelle sincérité, quelle droiture ! J'étais loin des lèvres serrées et des visages hermétiques des autres membres de la famille.

Mme Cailliau vivait depuis 1970 dans un petit studio meublé simplement – « Les Allemands m'ont tout pris en 40 », disait-elle – dans une maison de retraite de Boulogne-sur-Seine, après avoir vendu sa maison de Sainte-Adresse, au Havre, où elle habitait depuis 1921.

Elle y recevait ses cinq enfants qui venaient la voir souvent, ses neveux et nièces, notamment Geneviève de Gaulle-Anthonioz, la fille de Xavier – le frère aîné du Général –, à qui elle témoignait une grande tendresse, et, plus rarement, Philippe de Gaulle dont elle disait : « Philippe a souffert toute sa vie d'un effacement dû à la gloire de son père. » Elle parlait de son mari, Alfred Cailliau, qui fut déporté à Buchenwald, de ses enfants, mais, très vite, toujours elle revenait à Charles de Gaulle dont elle me citait de mémoire certains passages de ses lettres.

Mme Cailliau ne supportait littéralement pas ceux qui, au cours des années passées, s'étaient opposés à son frère ou avaient osé le critiquer. Elle ne pardonna pas, par exemple, à Henri Frenay[1] d'avoir parlé de l'« éternel orgueil » du Général, de « sa froide ingratitude pour tant de ses vieux compagnons », de son « machiavélisme ». « Si je croise Henri Frenay – le hasard a voulu qu'ils aient habité la même maison de retraite –, je lui serrerai la main parce qu'il fut un grand résistant, mais je lui dirai ce que je pense, affirmait-elle, impétueuse. Comment lui pardonner ce qu'il a dit ? Le Général n'était pas orgueilleux pour lui. Il l'était pour la France ! » Sans doute Mme Cailliau n'a-t-elle pas su qu'Henri Frenay avait écrit après la mort du Général : « En un instant, comme par miracle, s'effacèrent de mon esprit les traces de tout ce qui m'avait opposé à lui et qui m'avait si vivement irrité et parfois révolté. »

1. Un des principaux dirigeants de la Résistance, parmi les plus critiques à l'égard de De Gaulle.

Nous savons que Marie-Agnès Cailliau ne se trompait pas quand elle déclarait : « Le Général n'était ni insensible ni indifférent. C'était un homme délicat, qui pouvait se montrer affectueux, d'une profonde générosité : il pensait aux autres. » Et elle rappelait ce que de Gaulle avait écrit un jour à Gaston Palewski : « Vous savez quels sont mes sentiments pour vous, sous la cuirasse. »

Marie-Agnès Cailliau ne pouvait pas parler du général de Gaulle sans évoquer les deux drames qui avaient frappé son frère Jacques et sa fille Anne. À trente-trois ans, en 1926, le frère cadet du Général, Jacques – ingénieur des Mines – fut atteint d'une encéphalite léthargique qui entraîna une paralysie générale, puis sa mort en 1946. Ce frère, le Général l'aimait tendrement. Recherché par les Allemands depuis le début de la guerre, difficilement transportable en raison de sa maladie, Jacques de Gaulle fut caché dans un chalet en Savoie, dans un petit village proche de Talloire, puis transféré en Suisse. Pendant vingt ans, il subit sa maladie sans jamais avoir laissé échapper une plainte, sans la moindre défaillance, avec une abnégation totale, un courage que ses enfants évoquent toujours avec émotion et admiration. Jeanne, sa femme, lui faisait chaque jour la lecture à haute voix. Il ne pouvait plus parler. Son intelligence, qui était grande, demeura intacte jusqu'à sa mort.

Anne de Gaulle, le troisième et dernier enfant du Général, née infirme, comme on sait, est morte à vingt ans. « J'ai vu pleurer le Général une seule fois dans ma vie, me confia Mme Cailliau. Anne devait avoir trois ans, et il était venu chez moi à Sainte-Adresse passer deux jours. Charles m'a dit alors : "Elle n'a pas demandé à vivre. Je ferai tout pour la rendre heureuse." À Colombey, ajouta-t-elle, il passait de longs moments auprès d'Anne, chantant, battant des mains, s'ingéniant à la distraire. Il ne la quittait, chaque soir, que quand elle était endormie. La vie d'Anne fut, pour le Général et Mme de Gaulle, le plus grand des drames. Sa mort, un affreux déchirement. »

Le Général croyait en la vie éternelle. Alors qu'à la fin de 1958 il allait, premier président de la Cinquième République, quitter Matignon et s'installer pour dix ans à l'Élysée, il écrivit à Marie-Agnès : « Nous allons bientôt changer de demeure et de cadre. Mais cela ne changera guère mes propres devoirs et responsabilités. La tâche sera lourde. Invoque, je te prie, avec moi, les êtres chers que nous avons perdus : papa, maman, Alfred, Charles, Denys et la petite Anne afin que, grâce à leur intercession, je puisse porter le poids. »

CHAPITRE IX

Le départ du Général

Vous avez assisté de près, du côté gaulliste, aux événements de Mai 1968 et à l'onde de choc qui a ébranlé à ce moment-là non seulement l'État et le pouvoir politique en place, mais le général de Gaulle directement. Comment avez-vous interprété son subit départ à Baden-Baden, le 29 mai ? Êtes-vous de ceux qui croient, comme c'est mon cas, à une manœuvre tactique visant à retourner l'opinion en sa faveur, ou de ceux qui, se référant à la version soutenue par le général Massu, croient davantage à une volonté réelle de retrait, par lassitude ou dépression ? Tout ceci reste encore assez mystérieux...

Le journaliste que j'étais s'entendait assez bien avec le général Massu et je pense qu'il a été souvent injustement attaqué. Vous vous souvenez de l'histoire idiote qu'on faisait courir à son sujet : de Gaulle interrogeant Massu : « Toujours aussi con, Massu ? » De même, on avait affublé jadis l'amiral de Gaulle du surnom de « Sosthène » – un sobriquet ridicule qu'il ne méritait bien sûr en aucune façon. Il est évident que c'était le père que l'on visait à travers son fils.

Quant à l'affaire de Baden, à mon sens, il n'y a aucun vrai mystère. Si vous ne croyez pas à ce qu'a affirmé Massu lui-même, croyez au moins à ce qu'a dit le Général à Michel Droit : « Oui, le 29 mai, j'ai eu la tentation de me retirer. » Et il énumère alors toutes les fois où il s'est demandé s'il ne devait pas quitter le pouvoir. Et il ajoute : « Je me suis résolu. » C'est bien ce qu'il a fait : il n'est pas resté à Baden, il est revenu à Paris et a repris les rênes du pouvoir. Où est le mystère ? Pourquoi ne pas croire également l'amiral Flohic, l'un des aides de camp du Général, quand il rapporte ces paroles de De Gaulle : « J'étais près de m'en aller », propos conformes à ceux qu'il a tenus à Mme Massu devant de nombreux témoins : « Madame, c'est la Providence qui a placé votre mari sur ma route, le 29 mai [...], ce qui a eu des conséquences considérables sur-le-champ et peut-être considérables pour l'avenir. »

On sait par ailleurs que le Général confiera au même Flohic qu'il serait resté quelque temps en Allemagne, puis qu'il aurait gagné l'Irlande, avant de se rendre « beaucoup plus loin ». « De toute manière, a-t-il ajouté, je ne serais pas resté en France. »

Je ne veux pas rouvrir le dossier, mais enfin, comment tant de gens ont-ils pu croire que de Gaulle était allé voir Massu à Baden pour s'enquérir de la fidélité des troupes françaises ? Comment croire à une sottise d'une telle taille ? Qu'ont à faire dans cette histoire nos troupes basées en Allemagne ? Comment le général de Boissieu a-t-il réussi à faire croire à une pareille histoire ?

C'est toujours gênant de s'octroyer des satisfecit, comme le font souvent les mémorialistes. J'en demande pardon à l'avance à mes lecteurs. Mais, enfin, j'ai toujours pensé, dit, écrit que de Gaulle était parti pour de bon à l'étranger, même si c'était à titre provisoire. Et je n'ai pas été fâché quand j'ai lu dans le fameux récit de Massu : « Le plus extraordinaire est que personne, en dehors de nous, les initiés, et excepté sans doute Jean Mauriac, du moins pour ce que j'en sais, ne semble avoir compris, et que les hypothèses les plus fantaisistes ont été avancées sans que personne ne propose la solution la plus simple... [1] »

1. *Baden 68, souvenirs d'une fidélité gaulliste*, Plon, 1983.

En quoi un tel départ aurait-il pu diminuer de Gaulle et porter atteinte à sa légende, au personnage historique qu'il était ? En rien. C'est le père Bruckberger qui a écrit à Massu : « La gloire de l'homme est de pouvoir faiblir et de se reprendre... » Vous savez, de Gaulle n'a pas besoin que l'on réécrive son histoire. Il est l'Histoire, et son histoire est belle jusque dans ses défaites. Ceux – c'est-à-dire presque tous – qui n'ont pas voulu admettre la défaillance du Général le 29 mai, et se sont acharnés à défendre l'idée d'une « mise en scène », ont montré qu'ils ne comprenaient rien à de Gaulle et lui ont rendu le pire des services.

De Gaulle était ainsi. Il l'a rappelé lui-même. Que de fois, « depuis quelque chose comme trente ans » qu'il avait « affaire à l'Histoire », il lui est arrivé de se demander s'il ne devait pas la quitter ! Il a connu cette tentation à Londres à plusieurs reprises, quand l'ostracisme des Anglais à son égard devenait intolérable, puis à Alger face à Giraud et aux Américains, et surtout en janvier 1946 lorsqu'il a choisi d'abandonner ses fonctions de chef du gouvernement.

Avez-vous eu l'occasion de vous entretenir personnellement avec le général Massu à ce sujet ?

Oui, et de nombreuses fois. Les deux principales ont été à l'occasion d'une longue interview pour l'Agence France-Presse et d'un déjeuner chez lui, le 7 juillet 1982, avec ma femme, à Conflans-sur-Loing. Une vraie maison de campagne avec un jardin, un verger, un potager et même un poulailler. Le Loing coulait à proximité. Massu venait de se remarier avec une Anglaise. Mais il gardait un culte pour sa première femme, Suzanne, commandeur de la Légion d'honneur pour ses exploits, en tant que « Rochambelle », dans la division Leclerc et en Indochine. Dès notre arrivée, nous étions tous allés nous recueillir sur sa tombe au cimetière de Conflans qui jouxtait la maison de Massu.

Massu, à chacune de nos entrevues, me parlait de Baden, à sa manière, avec une franchise désarmante, presque brutale. Je sentais, je savais qu'il ne mentait pas sur l'histoire de Baden. Hélas, quand il s'exprimait, il aboyait plus qu'il ne parlait. Cette fois-là, il y est allé très fort. Il m'a dit lors du déjeuner chez lui : « Le voyage à Baden, ça a été la fuite à Varennes. » Je sursautai et n'eus aucun mal à lui démontrer qu'il n'y avait pas le moindre rapport entre Varennes et l'affaire dont nous parlions.

Que vous a-t-il dit exactement ce jour-là ?

J'ai rédigé une note à ce sujet. Elle est datée du 7 juillet 1982, c'est-à-dire du jour même de notre déjeuner à Conflans. Je l'ai trouvée longtemps si déplaisante que je ne l'ai pas publiée dans mes *Notes confidentielles*. Comment oser comparer le général de Gaulle à Louis XVI ? Et la fuite à Varennes au voyage de Baden ? Cette note résumant les propos de Massu, la voici :

« Le voyage à Baden, ça a été la fuite à Varennes. Quand Boissieu raconte que le Général ne voulait pas aller à Baden, il ment. Toutes ces histoires de projet de retour, le soir même du 29 mai, à Mulhouse ou à Colombey, ce sont des mensonges. Le général de Gaulle s'installait à Baden avec sa femme, son fils, sa belle-fille et ses petits-enfants. Pour combien de temps ? Je ne le sais pas. Il ne me l'a pas dit. Ce que je sais, c'est que c'est bien à Baden qu'il voulait aller et qu'il voulait rester, peut-être seulement pour une nuit, en tout cas pas pour deux heures. Ce que je sais, c'est qu'il était bien dans l'état que M. Pompidou a décrit.

« Je vous dirai même que je pense que ce n'est pas moi que le Général allait voir. Il y aurait eu à Baden un autre commandant en chef des forces françaises en Allemagne que moi, il y serait venu tout de même. Pourquoi voulez-vous que de Gaulle aille voir Massu ? Il n'avait aucune raison pour me voir. Vous savez, le Général et moi, nous ne nous sommes guère rencontrés dans notre vie. Le Général n'avait aucune raison de me voir, moi personnellement. Cela, je vous en donne l'assurance.

« Ce qui est vrai, c'est qu'aucun autre général n'aurait réussi ce que j'ai fait, car moi je n'ai jamais hésité à dire à de Gaulle ce que je pensais. Avec un autre général à Baden, peut-être de Gaulle serait-il resté à Baden. J'ai réussi, moi, à le convaincre de rentrer [...].

« Toute cette affaire a été montée par Boissieu qui n'a jamais dit la vérité, qui a toujours menti. À quoi bon ? Vous savez, la vérité finit toujours par sortir. La vérité sur Baden sera un jour connue, révélée par moi ou par mes enfants. La vérité ne peut jamais rester cachée. D'ailleurs, pourquoi la dissimuler ? Pourquoi ces mensonges ? De Gaulle n'a rien à craindre de la vérité : il a eu une défaillance. Je lui ai parlé. Je l'ai convaincu de repartir. J'ai réussi. Il est reparti. Il en a fait lui-même l'aveu.

« J'ai le rapport de ma femme sur tout ce que lui ont dit Mme de Gaulle et sa belle-fille (tout n'allait pas bien dans la famille de ce dernier côté). Croyez-moi : ce que Mme de Gaulle a dit à ma femme ne laisse place à aucun doute : c'est bien à Baden que le Général voulait aller et il n'était pas question, selon elle, qu'il rentre le soir même à Mulhouse[1] ou à Colombey, comme Boissieu le raconte. Boissieu ne peut en apporter aucune preuve. Il n'était pas là. C'est moi qui y étais. Il y avait les bagages. Il y avait Mme de Gaulle qui s'installait. Il y avait Philippe de Gaulle et sa famille qui arrivaient et qui s'installaient eux aussi (ils sont restés une semaine) dans une villa qui appartenait à un certain M. Varenne, ce qui a fait rire tout le monde à cause de la fuite à Varennes. Croyez-moi, les officiers de mon état-major, les chauffeurs – à tous j'ai demandé de garder le

1. Où le général de Boissieu avait un commandement.

silence – ne s'y sont pas trompés. Tous ont pensé qu'il s'agissait d'une sorte de fuite à Varennes. »

Le plus intéressant, selon moi, a été dit par Philippe de Gaulle à Michel Tauriac peu de temps après Baden. Le plus intéressant et le plus émouvant. Philippe s'adresse au Général : « Papa, lui dis-je, il faut bien voir qu'à terme votre règne est fini. » Et le Général lui répond : « Je ne me fais pas d'illusions, vieux garçon. Mais les choses étant reparties, il me faut les rétablir. » Et de Gaulle ajoute simplement : « Encore une fois, ne me décourage pas. »

Manœuvre ou pas, l'un des résultats décisifs de Baden a tout de même été la grande manifestation gaulliste du 30 mai, qui a mobilisé plus de cinq cent mille personnes sur les Champs-Élysées. En tête de cortège on trouve tous les dignitaires gaullistes, mais aussi François Mauriac et vous-même. Est-ce à votre instigation que votre père a pris part à ce défilé, ce qui n'était guère dans ses habitudes ?

À l'instigation de l'Élysée ou à la mienne, je ne sais plus. À 15 h 55, ce jour-là, je lançai un « bulletin » sur les fils de l'AFP : « François Mauriac assistera ce soir à la manifestation place de la Concorde. » Un camarade me remplaça à l'Élysée où une voiture – cocarde, sirène, gyrophare – fut aussitôt mise à ma disposition. Quelle responsabilité je prenais : Papa, âgé de quatre-vingt-trois ans, n'était vraiment pas bien. Maman se relevait d'un accident d'auto et tenait mal sur ses jambes.

Comment, au milieu d'une foule très dense à partir de Cours-la-Reine, avons-nous réussi à traverser la place de la Concorde jusqu'au ministère de la Marine où se regroupaient les membres du gouvernement et les organisateurs de la manifestation ? Je me souviens qu'une acclamation salua mon père quand il descendit de voiture, suivie d'une nouvelle acclamation, dans les salons, de tous les ministres et de toutes les personnalités présentes qui le conduisirent jusqu'au balcon. Ce fut alors une véritable ovation : « François Mauriac est là ! » Tel un souverain, il salua la foule.

La grande place historique se chargeait encore une fois d'Histoire. La foule rappelait celle de la Libération. Elle débordait de tous côtés : rue Royale, rue de Rivoli, les Tuileries, le pont sur la Seine, Cours-la-Reine par lequel nous étions miraculeusement arrivés, étaient noirs d'une foule délirante.

Mon père prit la tête du cortège. Si les photos des journaux n'étaient là pour en témoigner, je ne le croirais pas. Mon émotion était alors si grande... André Malraux et François Mauriac donnaient le bras à Michel Debré et à Maurice Schumann, maman clopinait doucement à mon bras, loin derrière dans le cortège. *Paris-Presse*, sous une grande photo de mon père à la une, écrivait : « François Mauriac s'est déclaré bouleversé par les mains qui se sont tendues vers lui et par la ferveur qui, à ce moment-là, l'entourait. » C'était vrai : François Mauriac connut là l'une des plus grandes joies de sa vie, mêlée d'un sentiment de fierté. Il me l'a dit. Il m'en remercia. Pour la première fois de sa vie il se trouvait acclamé par une foule et, qui plus est, à la tête d'un cortège immense qui allait sauver de Gaulle, c'est-à-dire la France.

J'étais responsable de mes vieux parents. À la hauteur de l'avenue Marigny, je leur fis quitter le cortège. Sur un banc des jardins des Champs-Élysées, ils reprirent souffle. Mon père fut à nouveau reconnu, acclamé, photographié. Mais je fus vraiment heureux quand je pus les installer dans une voiture de l'Élysée. Je connaissais le chauffeur. Je lui dis : « Je vous confie ce que j'ai de plus précieux ! »

Mais existe-t-il des joies sans ombre ? Écoutez-moi bien, car j'ai du mal à vous dire ce qui suit : j'appris dans la soirée que mon frère Claude me reprochait avec véhémence la présence de François Mauriac à la tête du défilé des Champs-Élysées. Aucune des fluctuations politiques – et autres – de Claude ne m'étonnait. Mais tout de même ! Il s'agissait de François Mauriac et de

De Gaulle, tous deux parvenus à l'extrême fin de leur vie et réunis de façon si bouleversante et inattendue dans une même page d'histoire. Claude, qui aimait tant proclamer qu'il avait deux pères : le Général et François Mauriac – il est vrai que Sartre était aussi son grand « frère » –, comment avait-il pu s'éloigner à ce point et de l'un et de l'autre ?

Mais c'est l'attitude de mes deux sœurs qui, au fond, me surprit le plus. Elles étaient venues sur les Champs-Élysées en « curieuses », seulement pour voir le cortège, mais depuis les trottoirs, silencieuses et hostiles. Elles se sont refusées à marcher derrière André Malraux et François Mauriac !

Le lendemain, Claude eut la mauvaise idée de m'appeler pour me faire part de ses reproches. Ma réponse dut être assez sèche, car il coupa aussitôt la communication, comme il avait coutume de faire quand il ne pouvait se dominer. Hélas, mes deux sœurs très chéries – mais fluctuantes – se joignirent à lui pour m'adresser avec véhémence les mêmes griefs. Elles ne cachaient pas leur réprobation, presque leur colère d'avoir vu mon père au premier rang d'une manifestation qu'elles accusaient bêtement d'être d'extrême droite. « Pauvres femmes », aurait dit mon père, selon l'une de ses expressions favorites. Claire, il est vrai, avait quelques excuses, chauffée à blanc qu'elle était par ses deux jeunes enfants[1] qui exécraient de Gaulle et adulaient Mao et Che Guevara. Ils participèrent avec une extraordinaire exaltation à tous les défilés de Mai 1968 – comme Claude, au demeurant – et poussèrent leur militantisme d'extrême gauche jusqu'à cacher Cohn-Bendit, plus tard, dans le propre appartement de François Mauriac ! Il faut bien que jeunesse se passe.

1. Anne et Pierre Wiazemsky.

Dans les heures qui ont suivi la manifestation des Champs-Élysées s'est produit, à l'Élysée même, un incident lié à une de vos dépêches et dont Thierry Kaeppelin, après Jean Chauveau, a fait les frais...

Incident, c'est beaucoup dire. Énarque, Thierry Kaeppelin était l'adjoint de Gilbert Pérol, chef du service de presse de l'Élysée. Est-il besoin de le dire ? J'avais noué avec Thierry des relations de confiance et d'amitié. Le triomphe de la manifestation des Champs-Élysées du 30 mai 1968 – alors que l'on craignait son échec – avait suscité joie et exaltation chez Kaeppelin et moi. En raccompagnant mes parents, j'avais vu devant la grille du Coq – celle qui, au fond du parc de l'Élysée, donne sur les jardins des Champs-Élysées – une foule énorme scandant : « De Gaulle, tu n'es pas seul ! » À ce moment-là, de Gaulle se trouvait seul devant la fenêtre ouverte de son bureau, écoutant l'immense rumeur qui parvenait jusqu'à lui. Il demeurait là, comme figé. Plus les événements étaient grands, plus il était impassible. Mais, « sous la cuirasse », nous savions qu'il était bouleversé. Image pathétique que celle de ce vieil homme « recru d'épreuves, détaché des entreprises, sentant venir le froid éternel », entendant cette foule hurler : « Vive de Gaulle ! », alors que depuis plus d'un mois, depuis l'embrasement de Nanterre, il se faisait conspuer aux cris de : « Dix ans, ça suffit ! » Image encore plus pathétique quand Mme de Gaulle le rejoignit : « Le spectacle du couple, me dira plus tard Kaeppelin, écoutant leur nom acclamé après l'avoir entendu hier traîné aux gémonies, me bouleversa. »

L'Élysée était comme déserté, îlot silencieux dans l'immense grondement d'une marée humaine qui remontait vers le tombeau du Soldat inconnu. Le service de presse était vide : pas une secrétaire, pas un seul journaliste. Tous se trouvaient sur les Champs-Élysées. J'étais seul et attendais Kaeppelin qui était allé « aux nouvelles » chez les aides de camp. Il arriva enfin. Je lui laisse la parole : « L'aide de camp de service, le commandant

Tallon, est aux côtés du Général devant la fenêtre. Il lui dit : “J'en suis heureux pour vous.” De Gaulle répond : “Oh ! Vous savez, si ce n'était que pour moi...” ».

Je demandai à Kaeppelin l'autorisation de rendre publique cette phrase dont l'importance ne m'échappait pas. Il me la refusa. Je sentais que je tenais là une dépêche extraordinaire. Je me souviens de notre discussion comme si elle avait eu lieu hier. J'arrivai à convaincre Kaeppelin que cette citation était « bonne » pour le Général, qu'elle allait émouvoir tous les Français. Il réfléchit encore, puis me dit : « Allez-y ! » Dans la seconde qui suivit, toutes les radios, toutes les télévisions reproduisirent ma dépêche.

Le lendemain matin, de Gaulle convoqua Tallon. La dernière page de *France-Soir* était étalée sur son bureau avec un titre énorme : « Ils étaient un million » – et qui reprenait, à peu de chose près, l'échange que j'avais rapporté : « C'est pour vous, mon Général. – Si ce n'était que pour moi... » Le Général demanda à Tallon, tout penaud : « Comment cela est-il arrivé aux oreilles des journalistes ? » Tallon bafouilla. « Ne tergiversez pas. Répondez-moi ! – C'est Kaeppelin, mon Général. »

Dénoncé, Thierry s'attendait aux foudres du Général. Il n'en fut rien. Xavier de La Chevalerie, ancien Français libre et directeur du cabinet du Général, se borna à demander à Kaeppelin de « se montrer discret » pendant quelques jours. Rien de plus. Kaeppelin reprit son travail à l'Élysée comme si de rien n'était, le Général lui témoignant dans le travail la même confiance, et dans les relations personnelles la même gentillesse.

Seul le malheureux Tallon continua à « agiter le secteur » à propos de cet incident, sans que personne ne comprît jamais ses raisons. À moi, Dieu merci, il n'osa jamais s'en prendre directement. Il aurait été mal reçu !

Le Général n'a jamais rien dit de cette affaire à Kaeppelin directement. Et à vous ?

Bien sûr que non. Je connais le Général et je suis certain qu'il a été enchanté de l'indiscrétion de Kaeppelin et de l'usage qu'en a fait la presse. Comme ce dernier me l'a dit à ce moment-là : « Il est évident qu'en disant : "Si ce n'était que pour moi...", le Général pensait à la France qu'il incarnait. » Et non pas à Pompidou, comme certains journalistes ont voulu le faire croire ! Et Thierry Kaeppelin m'a récemment écrit à propos de cette exclamation du Général : « Dans mon esprit, elle était de nature à toucher les Français en soulignant la dimension historique d'un de Gaulle écoutant depuis sa fenêtre la rumeur du défilé qui a mis fin à la révolution des soixante-huitards... »

Dans le climat de fin de règne où l'on se trouvait à ce moment-là, votre père restait fidèle au Général, mais il ne se cachait pas d'une certaine sympathie à l'égard de Pompidou. Comment viviez-vous cette situation ?

Je la vivais très mal, et garde un mauvais souvenir de cette époque. Je tentais de tenir tête à mon père : « Pompidou a trahi le Général ! » lui répétais-je, un peu provocateur, il est vrai. François Mauriac supportait très mal la contradiction et préférait se dérober lors de nos discussions. Mais je ne perdais rien pour attendre. Il me répondit dans son *Bloc-Notes*. Il faut avoir été l'objet d'une attaque de François Mauriac pour en bien connaître le poids et la dureté, pour en bien mesurer le mépris et peut-être la méchanceté. Ainsi ai-je rejoint la cohorte immense de ceux que mon père attaquait avec un esprit féroce et joyeux et qui n'avaient pas la possibilité de lui répondre.

Il s'agit du *Bloc-Notes* du 20 novembre 1969 dans lequel mon père ne me nomme pas, mais comment m'y tromperais-je ? Il s'agit bien de moi. Évoquant « le jeu de ceux qui entretiennent une rumeur ces temps-ci », il ajoute : « Elle naît doucement, glisse, s'insinue ; cela se joue et se chante, c'est le grand air de la calomnie : "Je tiens d'une source absolument sûre ce que le Général pense de son successeur..." Nous ne connaîtrons jamais le nom de l'informateur. Quant aux propos du Général, chacun peut les imaginer à sa guise. Ce travail de sape qui ne s'interrompt jamais, impossible à parer, est plus redoutable à mes yeux que les grèves. Pourtant, ce sont des gaullistes qui l'inspirent, qui se veulent, qui se croient les seuls orthodoxes, les seuls purs. En France, sous tous les régimes, l'équipe évincée ne pardonne jamais à ceux qui occupent sa place. » Voici François Mauriac soulagé. Mais ce soulagement a un prix : près de quarante ans après, son fils cadet – rancunier, il est vrai – s'en souvient !

C'est mon frère Claude qui a entraîné François Mauriac vers Pompidou et l'a dressé peu à peu contre de Gaulle. Et cela – pour employer une expression que mon père aimait bien – « par les moyens les plus bas » : lettres flatteuses de Pompidou, « travail de sape » auprès d'un François Mauriac diminué par une fracture de l'épaule le 27 avril 1969, suivie d'une très grande fatigue, d'une immobilisation forcée et de l'impossibilité d'écrire un seul mot (il dictait son *Bloc-Notes* qui, de ce fait, avait perdu toute saveur). Jusqu'à ce que Claude finisse par organiser un dîner Mauriac-Pompidou, chez lui, quai de Béthune.

Pompidou, qui habitait le même immeuble, n'eut qu'à descendre un escalier, en pantoufles. Le compte rendu de ce dîner existe dans l'un des nombreux tomes du *Journal* de Claude [1]. Ce soir-là, Pompidou a raconté l'histoire de Baden à sa manière. À tel point que Claude, après l'avoir écouté, s'est écrié : « Comment peut-on être gaulliste, après cela ? » Interrogation tout à fait inutile, car Claude avait quitté de Gaulle depuis bien longtemps. Le plus triste est que François Mauriac est rentré chez lui, conquis par le monologue de Pompidou et désormais méfiant à

1. *Le Temps immobile 2, Les Espaces imaginaires*, Grasset, 1975.

l'égard du général de Gaulle lui-même. Rien ne pouvait me faire plus de peine. Je ne fus entouré alors, chez mes parents, que de silence et de chuchotements. Mais j'ai envie de vous dire aujourd'hui ce que François Mauriac écrivait à la fin d'une lettre adressée à l'un de ses amis : « Poussière ! Poussière ! Poussière ! »

À propos de Georges Pompidou et du conflit manifeste qui s'était installé entre de Gaulle et lui depuis Mai 1968, vous avez été le témoin d'une scène assez révélatrice.

Oui, c'était à l'Élysée, le 9 janvier 1969, à quelques jours du départ de Pompidou pour Rome où il allait précipiter la chute du Général en déclarant par avance sa candidature à l'Élysée. J'appris que les deux hommes avaient rendez-vous ce soir-là après le dîner dans le plus grand secret. Nous étions alors en pleine affaire Markovitch, affaire qui acheva d'envenimer les relations entre de Gaulle et Pompidou au lendemain de Mai 1968.

Leur rencontre s'est tenue dans les appartements privés du Général et je me postai en bas de l'escalier. À cette heure-là, l'Élysée était naturellement interdit à tout visiteur, mais les gardes, qui me connaissaient bien, m'avaient laissé entrer sans difficulté.

Quand Pompidou sortit, à l'issue de l'entretien, il avait la mine réjouie. Il ne parut pas surpris de me voir et je lâchai une banalité du genre : « Cela doit vous émouvoir de vous retrouver à l'Élysée. » C'est alors qu'il me répondit tout de go : « Tranquillisez-vous, vous m'y reverrez bientôt ! » Ce qui ne laisse aucun doute sur le fait que son plan était déjà soigneusement prémédité et que ses déclarations de Rome, le 17 janvier suivant, ne durent rien à l'improvisation.

Vous avez pourtant publié, il y a quelques années, dans Le Nouvel Observateur, *un article intitulé « Le suicide du Général », qui privilégie en quelque sorte, contre la thèse du complot pompidolien, celle d'un départ voulu par de Gaulle lui-même. Est-ce cela qui s'est vraiment passé ?*

L'erreur du Général fut de vouloir retrouver la confiance du peuple en s'appuyant sur un vote lié à un sujet déjà difficile et qui fut formulé de façon obscure et, pour beaucoup, tout à fait incompréhensible. Le texte, établi par Jean-Marcel Jeanneney, était une monstruosité : un document de trente pages, soit neuf mille mots. Qui, aujourd'hui encore, se risquerait à se lancer dans l'analyse d'un pareil document ? À la complexité extrême du problème s'ajoutait le fait que les Français devaient répondre en une seule fois à deux questions – les régions et le Sénat – totalement distinctes, sans parler de la participation, trame du référendum. Comment n'auraient-ils pas été découragés ? Ainsi que l'avait dit Giscard d'Estaing, la France était devant le référendum « comme quelqu'un à qui on a mis un oursin entre les doigts ».

Si le Général n'avait pas lié son maintien au pouvoir à cette affaire compliquée des régions et du Sénat, le référendum aurait-il pu être gagné ? C'est l'avis de beaucoup. Il aurait fallu que le vieil homme prenne les Français une fois de plus aux tripes, qu'il ne fasse surtout pas un chantage à son départ. Bref, s'il avait été le de Gaulle des grands jours, le de Gaulle éternel, la victoire était possible.

Mais il ne l'était plus. Le choc avait été trop rude. Après Mai 1968 et ses suites, il ne retrouva plus sa volonté de poursuivre sa tâche. Philippe de Gaulle, citant son père, l'a fort bien dit dans une interview au *Figaro* : « Les Français sont fatigués de moi et je suis lassé d'eux... »

Le début de ce second acte du drame – le premier étant Mai 1968 – se situe à Quimper, le 2 février 1969, comme nous l'avons vu, où le Général annonce : « Enfin, puisqu'il s'agit d'ouvrir la voie à une espérance nouvelle, nous le ferons [le référendum] au printemps. » Ses ministres proches avaient vainement tenté de le détourner de son projet. Rien n'y fit. De Gaulle, résolu à quitter le pouvoir à quatre-vingts ans – « Je ne serai pas un chef d'État octogénaire », avait-il dit à son fils – avait décidé envers et contre tout de terminer sa « tâche nationale » par cette réforme des régions et du Sénat qu'il jugeait essentielle pour l'avenir du pays.

Ce discours semblait l'engager définitivement. Le Général montrait bien que ce qui était en cause, bien plus que le contenu du référendum, c'était sa légitimité. Il voulait un nouveau sacre. Et, s'il ne l'obtenait pas, il s'en irait.

Dès lors, la tension augmente chaque jour. C'est bien un chemin de croix conduisant à un calvaire que gravit le chef de l'État. Le 10 avril, devant les caméras de la télévision, le Général déclare à Michel Droit : « Si donc, par aventure – c'est bien le mot qui convient –, le peuple français s'y opposait [à la réforme proposée], quel homme serais-je si je ne tirais pas sans délai la conséquence d'une aussi profonde rupture ? »

Le 14 avril, Valéry Giscard d'Estaing donne le coup de grâce. Le Général ne s'y trompe pas. À ses enfants qu'il reçoit le dimanche suivant à l'Élysée, il déclare : « Je sais avec certitude que ce référendum sera perdu depuis que Giscard d'Estaing a déclaré qu'il n'approuverait pas le projet de loi référendaire. Il me manquera les voix des indépendants qui suivront Giscard. »

Ainsi la déclaration de Giscard est bien à l'origine du rejet du référendum. Elle n'est pas, loin de là, le seul motif. L'engagement de Pompidou, à Rome et à Genève, d'assurer la relève, a été aussi l'une des causes déterminantes du « non ». « Georges Pompidou n'a pas été correct », déclara de Gaulle à l'un de ses collaborateurs.

C'est la raison pour laquelle des gaullistes avaient demandé à Georges Pompidou de déclarer qu'en cas d'échec du référendum il ne serait pas candidat. Il faut ajouter à tous ces motifs du « non » les séquelles monétaires et économiques des accords de Grenelle, et une situation politique qui allait en se dégradant. D'ailleurs, des craquements se faisaient déjà entendre dans la majorité, même tout près du Général. L'un de ses ministres – UDR, de surcroît – déclarait à qui voulait l'entendre que le Général avait fini son temps et qu'il ferait mieux de partir. « Le vieux sénile commence à nous faire chier », alla jusqu'à dire un gaulliste historique...

Pendant ce temps, l'atmosphère de la campagne référendaire s'alourdit. Michel Debré menace : « Répondre non, c'est accepter le retour à la violence. » Couve de Murville est plus nuancé : « Les conséquences d'un vote négatif seraient à coup sûr dramatiques. » Les partisans du « non » dans l'opposition donnent tous de la voix. Mitterrand déclare : « Le régime actuel est frappé à mort. » Et Rocard : « Non au pouvoir dynastique ! » Les ministres républicains indépendants se désolidarisent de Giscard qui, le 23 avril, déclare à *Paris-Match* : « Je ne dis pas aux gens : votez non. Je dis : ne votez pas oui. » Peut-on être plus pervers ? Jacques Duhamel – qui sera le ministre de l'Agriculture de Georges Pompidou –, président du groupe « Progrès et Démocratie moderne » à l'Assemblée nationale, appelle à voter non, ainsi qu'Alain Poher. Celui-ci, qui dissimule mal sa joie à la pensée de s'asseoir bientôt à l'Élysée dans le fauteuil de Charles de Gaulle, déclare non sans raison que, si ce référendum était remporté, le Sénat serait en fait supprimé. Le Général, il est vrai, n'avait jamais caché son aversion à l'égard du Sénat, « assemblée, avait-il dit un jour à un membre de son entourage, qui ne fait rien, si ce n'est d'apporter la contradiction à tout ce que l'on veut faire, et qui représente les notabilités dans ce qu'elles ont de plus sclérosé »...

La vérité sort de la bouche d'André Malraux. Au dernier meeting UDR au palais des Sports de la Porte de Versailles, il s'écrie : « Il est grand temps de comprendre qu'il n'y a pas d'après-gaullisme contre le général de Gaulle. » M. Pompidou qui, la veille, avait rappelé qu'il avait « une certaine existence », applaudit discrètement, comme le relève alors *Le Monde*. Ce même journal observe, le 26 avril, qu'à Lyon « l'ancien Premier ministre a été follement acclamé par l'assistance qui se lève à plusieurs reprises pour scander son nom avec une sorte de passion qu'on croyait réservée, il y a encore peu de temps, à la personne du chef de l'État »...

À l'Élysée, dans le silence, le drame se noue. Le mercredi 23 avril, le général de Gaulle sait donc qu'il préside pour la dernière fois le Conseil des ministres. À deux jours de son départ – un départ qu'il sait sans retour –, il ne change rien à son programme. Après le Conseil, lors d'un déjeuner dans ses appartements privés, il est impassible et se montre courtois, aimable avec ses invités, comme à l'accoutumée, en dépit d'un nouveau sondage donnant une majorité encore plus forte au « non ». Les audiences se déroulent normalement. Le lendemain, c'est une ultime entrevue avec Michel Debré qui le supplie de lutter encore dans son dernier discours télévisé : « Ne parlez pas aux Français de régionalisation, lui dit-il. Dites-leur simplement que vous avez besoin de leur soutien. – Les dés sont jetés, lui répond le Général. Je n'y peux plus rien. Les Français ne veulent plus de moi. Je n'ai donc plus qu'à m'en aller. » Le soir, il fait ses adieux à Maurice Couve de Murville. Il lui apparaît serein, comme détaché de tout. Mais le Premier ministre ne s'y trompe pas : il le sent déchiré, en proie au chagrin, le chagrin de se savoir désavoué par le pays. Comme toujours avec le général de Gaulle, le drame est d'autant plus intense qu'il se joue silencieusement, sobrement, pudiquement. Il n'apparaît ni nerveux ni tendu, mais grave et triste. Après avoir pris un déjeuner rapide avec Mme de Gaulle, sans prendre congé de personne, comme s'il partait pour un week-end ordinaire à Colombey, le général de Gaulle s'apprête à quitter l'Élysée sachant qu'il n'y reviendra jamais.

Jacques Foccart, à qui on venait de communiquer un sondage meilleur, marquant une légère progression des « oui », guette le Général au pied de l'escalier des appartements privés pour lui faire part de ces informations avant son départ : « Mais non, Foccart, c'est perdu, je vous dis, c'est perdu ! » Le Général et Mme de Gaulle traversent le petit salon d'argent. La voiture est là, sans fanion, attendant devant la roseraie, côté parc. Le Général regarde un instant le palais et se tourne vers son chauffeur, Paul Fontenil : « Vous roulerez doucement. » Dans le palais présidentiel, quelques collaborateurs sont derrière les fenêtres fermées, légèrement en retrait, et quelques secrétaires ne retiennent pas leurs larmes. Tous entendent pour la dernière fois les pneus crisser sur le gravier. Il est alors 13 h 45. La DS noire, très lentement, comme le Général l'a demandé, suit l'allée du parc qui longe la grande prairie incurvée et conduit à une grille donnant sur l'avenue de Marigny. Comme toujours, le colonel Laurent, commandant militaire du palais depuis cinq années, se trouve là, saluant au garde-à-vous. Pour la première fois, le Général prie le chauffeur de s'arrêter, baisse la vitre et, sans un mot, serre la main du colonel. La DS franchit le portail sans éveiller l'attention des promeneurs qui flânent sous les marronniers en fleur.

Quelle est votre réaction, à ce moment-là ?

Comme un fou, je quitte l'Élysée et cours le long de l'avenue Marigny. J'arrive à temps : au moment où la voiture franchit la grille, traverse le trottoir, sans qu'aucun agent n'arrête les passants, et tourne à gauche. À travers la vitre, j'ai pu apercevoir pour la dernière fois le général de Gaulle, président de la République encore en exercice, et Mme de Gaulle. La voiture attend le feu vert pour franchir les Champs-Élysées. L'agent au milieu de l'avenue – képi et pèlerine – reconnaît le Général. Il se met au garde-à-vous et salue militairement. La voiture prend de la vitesse. Je la suis du regard entre les deux palais, puis filant sur le pont Alexandre III. C'est fini. Quelques instants après, le drapeau qui flotte sur le toit de l'Élysée est amené. Il ne sera plus hissé que le lundi 28 avril à 15 h 5, à l'arrivée de M. Alain Poher.

Dans la nuit précédente, à minuit dix, dès lors que les résultats du référendum paraissent irréversibles, le général de Gaulle a fait diffuser le communiqué suivant : « Je cesse d'exercer mes fonctions de président de la République. Cette décision prend effet aujourd'hui à midi. » J'ai dicté le texte historique – le plus triste que j'aie jamais donné – à l'AFP depuis le bureau du chef du service de presse de l'Élysée. J'ai demandé à la sténo de le relire très lentement. Quelques instants après, le communiqué est « tombé » sur les téléscripteurs des capitales du monde entier.

Le projet de loi référendaire sur la réforme du Sénat et des régions aura été repoussé par 52,41 % des suffrages exprimés. Le général de Gaulle a perdu deux millions de voix par rapport à l'élection présidentielle de 1965, l'opposition en gagnant un million et demi. Aux adversaires habituels s'étaient joints tous les conservateurs, les notables favorables au maintien du Sénat et tous ceux qui, tout en restant fidèles au régime, souhaitaient un changement de personne, c'est-à-dire avaient préféré Pompidou à de Gaulle.

Après cette mort politique, l'autre mort, la vraie, viendra rapidement. Un grand choc moral peut entraîner la mort. Tous les témoins d'alors, dans les semaines qui ont suivi l'échec du référendum, sont unanimes à le penser. Souvenez-vous des paroles de Mme de Gaulle, alors que le Général venait d'expirer : « Il a tant souffert depuis deux ans. »

CHAPITRE X

La fin d'une aventure

Vous avez retrouvé le Général en Irlande, peu après son départ du pouvoir, et longuement raconté, dans Mort du général de Gaulle, *ce voyage sur lequel nous ne reviendrons donc pas ici dans le détail. Quelles images en gardez-vous aujourd'hui ?*

L'Irlande, c'est pour nous tous ces images désolantes sur une plage du sud de l'Irlande, celle de Derrynane : le Général et Mme de Gaulle un peu courbés par le vent, une canne à la main, marchant sur une grève déserte, le 12 mai 1969.

Le Général, bien sûr tête nue – a-t-on revu le Général coiffé d'un chapeau mou depuis son premier départ du pouvoir en 1946 ? –, revêtu d'un ample manteau noir, son aide de camp, le commandant Flohic, coiffé d'un ridicule petit chapeau tyrolien (soyons justes, sans plume). Mais le plus triste se trouvait sans doute sur la route dominant la plage : une route embouteillée par les voitures des journalistes qui avaient suivi celle du général de Gaulle depuis son départ de Parknasilla.

Comment la police irlandaise aurait-elle pu prévoir pareille aventure ? Quel visiteur, dans l'histoire de l'Irlande – courte, il est vrai –, a-t-il jamais entraîné pareil rodéo ? Les policiers perdirent en un instant la bataille. Ils ne purent empêcher les photographes de dévaler la dune et d'encercler le Général et

Mme de Gaulle qui continuèrent leur marche quelques instants comme si de rien n'était. Mais, très vite, de Gaulle, consterné, donna l'ordre de la retraite. Les policiers irlandais, furieux, eurent quelque mal à écarter les photographes pour permettre au Général de regagner sa voiture.

Beaucoup, en Irlande comme en France, critiquèrent ces photographes qui avaient empêché le général de Gaulle de faire sa première promenade depuis son départ de l'Élysée et compromis ainsi la suite du séjour. Remercions-les aujourd'hui : nous leur devons les photos les plus dramatiques qui aient jamais été prises du Général. Ces photos disaient beaucoup plus que n'importe quel article : l'exil, d'abord, dans un pays étranger au décor tragique : une mer houleuse et grise, un ciel noir annonçant la pluie, une plage déserte à l'infini, de galets et de varech. Et puis, l'homme, l'homme de Gaulle que jamais nous n'avions encore revu depuis que les Français l'avaient chassé du pouvoir. Il nous était brusquement livré, le chagrin visible sur son visage raviné, la tristesse marquant tous ses traits.

L'Irlande reste pour moi le plus grand regret de ma vie. Un regret qui ne m'a jamais quitté. L'aide de camp, l'homme au petit chapeau tyrolien, arrive à l'hôtel de Parknasilla où campaient plusieurs centaines de journalistes venus du monde entier. Il demande à la ronde : « Mauriac est-il là ? – Non, il vient de repartir pour Paris – Ah ! C'est dommage, le Général l'avait invité à déjeuner aujourd'hui... »

Je connais bien le Général : s'il m'avait invité, c'est qu'il avait des choses à me dire. Des choses importantes dans la situation douloureuse qu'il vivait depuis le référendum perdu. Entre son départ du pouvoir et sa mort, a-t-il reçu un journaliste ? Aucun. A-t-il fait une déclaration à la presse à ce moment-là ? Aucune. Je ferme les yeux. Je ne peux m'empêcher d'imaginer aujourd'hui encore ce déjeuner manqué. Je pense que le Général m'aurait d'abord demandé des nouvelles de mon père – qui, en allant voter le 27 avril, s'était cassé le bras – et de ma famille. Et sans doute m'aurait-il interrogé : « Alors, que pensez-vous de mon départ ? Qu'est-ce qu'on dit ? » Il m'aurait écouté, mais pas longtemps. Il aurait rapidement commencé un très long monologue sur sa décision de maintenir ce référendum, sur les gens mêlés à cette affaire, sur son départ de l'Élysée, son retour à Colombey, son chagrin. Après le déjeuner, je lui aurais posé quelques questions précises : « Pourquoi avez-vous maintenu ce référendum alors que vous le saviez d'avance perdu ? N'avez-vous pas craint que l'on dise : il voulait s'en aller de toute façon ? Comment voyez-vous la suite ? Et Pompidou, qu'en pensez-vous ? » Comme toujours, lors de nos brefs échanges, le Général n'aurait même pas pris la peine de me dire : « Tout ça, c'est pour vous seulement. » À mon retour à l'hôtel, les camarades que j'aurais pu croiser m'auraient demandé : « Qu'est-ce que t'a dit le Général ? – Rien, vraiment rien. » Et je me serais enfermé dans ma chambre où j'aurais noirci tout un cahier de notes.

Bien sûr, si j'avais décidé de quitter Parknasilla, c'était pour une raison « incontournable », comme on dit aujourd'hui : ma femme attendait un enfant. Nous en étions au neuvième mois. Il avait été entendu avec Jean Marin qu'il me ferait rapatrier dès les premiers signes annonciateurs de la naissance, et me remplacerait aussitôt. C'est ce qui est arrivé. Mon premier enfant, Laurent, est né très vite. Il ne me restait plus qu'à écrire au Général pour le remercier de son invitation, lui exprimer mes regrets de n'avoir pu y répondre et lui annoncer la venue au monde de Laurent.

Laurent, ce fut lui qui marqua mon retour en Irlande. Et, grâce au Général, il entra un peu dans l'Histoire ! À l'issue de son séjour dans ce pays, le Général était venu à Dublin pour remercier le président de Valera de son hospitalité. Et aussi pour se trouver dans la capitale irlandaise le 18 juin, date à laquelle il avait en effet décidé de ne jamais plus être en France.

C'était le 17. Le Général venait de quitter son dernier lieu de séjour en Irlande, Dairy Cottage, dans la région de Kenmare, pour Dublin. Dans la soirée, le président de Valera le reçoit dans sa résidence, ancien château des vices-rois d'Irlande. Juste avant le dîner, ils font tous deux une petite promenade le long d'une grande prairie où paissent des daims et courent de tous côtés des lapins. Un petit groupe de journalistes et de photographes est là. De Gaulle lâche le bras de Valera, s'approche des journalistes.

J'ai précieusement gardé l'article paru dans *Le Figaro* sous la signature d'Yves Cuau : « ... Et soudain, le Général s'adresse aux journalistes français présents et leur demande : “Mauriac est-il là ?” C'était pour féliciter notre confrère de l'Agence France-Presse de la naissance de son fils et aussi pour lui demander des nouvelles de son père, l'académicien François Mauriac.

« Au moment où Jean Mauriac prend congé du Général, celui-ci lâche de sa grosse voix caverneuse : Laurent. C'était le prénom du petit garçon dont il s'est souvenu... »

En fait, il l'avait oublié. Manifestement, il s'en voulait de ne pas se rappeler le prénom de mon fils. Cela l'inquiétait, non pas bien sûr pour moi, mais parce qu'il voyait là une défaillance de sa prodigieuse mémoire. Je vais vous étonner : au cours de notre bref entretien, je le sentais préoccupé. Il recherchait le prénom qu'il ne retrouvait pas. C'est quelques instants après m'avoir quitté qu'il s'est brusquement arrêté. Il est revenu sur ses pas, d'une marche rapide, est arrivé à ma hauteur, a pointé son doigt vers moi, et, tout joyeux, n'a lancé qu'un seul mot, un seul nom : Laurent !

Un an plus tard, vous suivez son voyage en Espagne, mais, cette fois, sans avoir l'occasion de le rencontrer. Votre présence, même à distance, a, semble-t-il, irrité Mme de Gaulle...

C'était au début du voyage en Espagne. Il était alors harcelé par les journalistes. Au point de renoncer à certaines visites qu'il avait projetées. Un jour, c'était aux environs de Malaga, Mme de Gaulle s'écria : « Charles, je viens de voir le petit Mauriac !

[J'avais près de cinquante ans !] Il est là... C'est incroyable ! Je vous assure que je l'ai reconnu. » La réaction du Général m'a été rapportée par son aide de camp, mon ami Emmanuel Desgrées du Loû : « Mais, Yvonne, comprenez les choses, s'il est là, c'est parce que Jean Marin l'a envoyé. En me suivant, discrètement comme toujours, il ne fait que son devoir. » Et le Général ajouta quelque chose de gentil à mon égard, qui prouvait qu'il m'aimait bien.

Au demeurant, la lettre qu'il m'adressera, le 6 octobre 1970, après la mort de mon père, en fait foi :

« Mon cher ami,

Votre lettre m'a touché comme m'a ému votre peine. Pour moi, je ne me consolerai pas de la perte de François Mauriac, non seulement à cause de son immense talent, mais aussi en raison de tout ce que je lui dois.

Si je ne vous ai pas appelé à causer pendant le voyage d'Espagne, c'est, vous le savez bien, parce que je veux, vis-à-vis de chacun et de moi-même, être détaché entièrement de l'"actualité". Mais je ne le suis pas de l'amitié. Soyez bien certain que la mienne vous est fidèle. »

Charles de Gaulle

On sait que le Général ressentit avec une grande tristesse la mort de François Mauriac, le 1er septembre 1970, qui précéda la sienne d'à peine deux mois. Comment se sont passés les derniers mois de votre père, qui ne sortait plus guère, depuis sa chute accidentelle, de sa propriété de Vémars à laquelle il était devenu très attaché ?

Vémars est désormais inséparable du souvenir de François Mauriac. La vieille maison du Val-d'Oise, qui fut celle de sa belle-mère, le parc aux arbres centenaires s'insèrent dans l'univers mauriacien aux côtés des « maisons fugitives » girondines, des pins et des vignes de sa Guyenne natale. Non qu'il y ait jamais placé ses personnages (à l'exception de ceux du *Fleuve de feu*), mais simplement parce que, dans la deuxième partie de sa vie, il aima Vémars, il y séjourna souvent, au point de délaisser, au moins tout à la fin de son existence, un Malagar devenu trop lointain, au climat qu'il jugeait, l'été, « abominable » et peut-être chargé de trop de souvenirs, de trop d'amour et de trop de souffrances.

C'est à Vémars que François Mauriac entendit son dernier rossignol, son dernier coucou – « qui chantait dans le jardin et dans les années » – qu'il respira ses derniers lilas. Et les dernières photos que nous gardons de lui ont été prises dans ce jardin de Vémars – vaste béret basque ou panama, lourd manteau à chevrons, couverture sur les genoux –, attentif toujours aux odeurs, aux bruits, aux couleurs de la campagne, assis dans un fauteuil au milieu d'une prairie, sous des tilleuls bruissant d'oiseaux. « Ce beau jour d'été, dans un jardin du Val-d'Oise où, dès trois heures, je peux m'asseoir et même rechercher le soleil... », a-t-il écrit quelques jours avant sa mort. C'est à Vémars qu'il fit ses derniers pas, jeta un dernier regard sur le ciel et les arbres.

François Mauriac avait eu jadis, à l'époque du *Fleuve de feu* paru en 1923, de cruelles paroles pour le décor vémarois, cette « campagne empoisonnée d'engrais et où tournent les corbeaux à peine plus noirs que le ciel autour des instruments aratoires émergeant de la boue ». Plus récemment, alors que l'on construisait l'autoroute du Nord, il avait dénoncé, dans un *Bloc-Notes* célèbre de mai 1964, l'agonie, ici à Vémars, de la nature. Il n'empêche : pour lui, le jardin aux arbres immenses demeurait intact, « gouffre odorant », « lac d'odeurs grâce aux lilas que le soleil ne dévore pas en quelques jours, comme à Malagar ».

C'est de ce soleil dévorant, de l'embrasement des fins d'été girondines, que Vémars l'avait délivré. Et cela depuis longtemps : « Dans ce pays du Valois, écrivait-il avant la guerre, l'été n'est que le trouble confluent du printemps et de l'automne. Les dernières cerises que nous mangeons sont mouillées d'une brume qui déjà sonne au matin l'odeur de la rentrée. Même au soleil, je ne puis m'étendre sur la prairie sans être saisi du froid de l'argile. Il me plaît de savoir que la fournaise existe encore, mais aussi d'en être délivré. Le pays de la soif ne m'attire plus. Entre le printemps et l'automne, dans ce Valois qui n'a que trois saisons, j'ai établi ma demeure. Je sais que sous ces ombrages saturés d'eau et dans ce soleil trouble, l'esprit jouit de son propre éveil[1]. »

François Mauriac devait connaître à Vémars, lorsque, en 1950, la maison devint la sienne, les mêmes joies – celles de l'éternelle jeunesse – que, jadis, à Malagar : la joie, après le prix Nobel, de bouleverser de fond en comble la maison, de se débarrasser du décor « bonbonnière Second Empire » dont il se moquait dans une lettre à Marcel Proust[2], et d'y planter le sien, fait de murs blancs et des tableaux qu'il aimait et dont, indéfiniment, il changeait les places. Joie de transformer un vieux potager abandonné en un petit bois qu'il baptisa « la forêt ». Il surveillait la vie des pins vémarois comme, jadis, celle de ses cyprès de Malagar, avec le même amour. Et, comme à Malagar, il planta une allée de peupliers d'Italie...

Mais ce qu'il préféra peut-être dans Vémars, ce fut, à la fin de sa vie, ce paysage qui ne se souvenait d'aucun visage détruit, une maison qu'aucun de « ses » morts n'avait habitée, où ses grands-parents, ses parents, ses frères et sa sœur ne l'escortaient plus de chambre en chambre, comme à Malagar. Il fut heureux dans son cabinet de travail « en haut de la maison, avec une vue agréable sur le Valois », dans le jardin, « merveille de fraîcheur, de paix, de solitude », ce jardin d'où il découvrait le petit cimetière voisin, ancré en pleine argile, où il décida, en août 1958, de « faire creuser sa tombe », là où il repose pour l'éternité auprès

1. *Le Figaro,* 4 août 1937.
2. *Lettres d'une vie,* Grasset, 1981.

de sa femme, presque à l'ombre des arbres de « sa » forêt, et où le rejoindront un jour ses enfants.

Vous me parlez de la mort de François Mauriac. J'ai toujours répondu aux questions quand il s'agissait de la mort des autres, par exemple de celle du général de Gaulle ou d'André Malraux. Mais la mort de mon père, la discrétion, la pudeur les plus naturelles m'ont toujours retenu de l'évoquer. Et aussi la simple douleur à cette seule évocation.

Le 3 août 1970, après avoir passé un mois auprès de lui, je quittai Vémars où François Mauriac, très affaibli, passait l'été, pour mes vacances familiales dans le Sud-Ouest. Au moment des adieux, j'étais en larmes. Je pressentais que je ne le reverrais pas vivant. Le 23 août, il était hospitalisé à Pasteur, non pas parce que son état s'était particulièrement aggravé, mais pour de simples examens. Il descendit seul, s'appuyant sur la rampe, se tenant très droit, l'escalier de la maison de Vémars embaumée par un vase d'œillets que Claire avait cueillis pour lui et disposés dans l'antichambre. C'est peu de temps après son arrivée à l'hôpital qu'il commença à décliner.

Le 28, j'arrivai à Paris. Il venait d'entrer dans le coma et je ne pense pas qu'il m'ait reconnu. Le général de Gaulle fit, ce jour-là, parvenir à ma mère un message : « *Ma pensée est auprès de vous.* » À dix-neuf heures, il recevait le sacrement des malades que l'on appelait autrefois, si poétiquement, l'extrême-onction. Le 31 août, j'étais de garde auprès de mon père pour la nuit, pourchassant les photographes qui avaient réussi à s'introduire dans l'hôpital par les sous-sol. Il entra en agonie au début de la soirée et j'appelai aussitôt mon frère Claude. Sa respiration bruyante comme une forge se ralentit et s'éteignit doucement. À 1 h 40, le 1er septembre, c'était la fin. Des sœurs, au pied de son lit, priaient à genoux. Une heure après, sa dépouille était déposée sur un divan du salon de l'avenue Théophile-Gautier. Et, dès les premières heures de la matinée, un interminable défilé commençait.

Permettez-moi d'évoquer juste le souvenir de deux visiteurs. Le premier arriva au début de l'après-midi de ce 1er septembre, se recueillit auprès de la dépouille de mon père. Puis il gagna la pièce voisine et se laissa tomber lourdement sur un divan où il passa une grande partie de la journée, ému, songeur et les yeux embués de larmes : c'était Michel Simon. De temps à autre, j'allais m'asseoir à ses côtés pour lui tenir compagnie. Avec sa voix, son ton de toujours, son bougonnement éternel, il me disait la place que François Mauriac avait tenue dans sa vie : il l'admirait, il l'adorait. Le second, Maurice Schumann, en larmes, agenouillé et priant.

Le Général voulut que sa lettre de condoléances arrivât le jour même de la mort de mon père. Il l'écrivit à Colombey, assis à son bureau, d'un seul jet, sans brouillon bien sûr, comme toujours lorsqu'il s'agissait de sa correspondance. Sans doute l'avait-il déjà dans sa tête et ne lui restait-il qu'à l'écrire de mémoire. Il appela son aide de camp, le colonel Emmanuel Desgrées du Loû, et lui remit l'enveloppe ouverte : « Voulez-vous, lui dit-il, partir immédiatement pour Paris et remettre cette lettre dès ce soir à Mme Mauriac après l'avoir photocopiée avenue de Breteuil ? » (c'était le siège de son secrétariat).

Il était tard dans la soirée, près de vingt et une heures, quand Emmanuel arriva. J'étais seul avec ma mère dans la demi-obscurité du salon désert et silencieux. Nous lûmes en tremblant, sous l'abat-jour d'une lampe :

« ... Quant à moi, je lui voue une reconnaissance extrême pour m'avoir si souvent enchanté, pour être un des plus beaux fleurons de la couronne de notre pays, pour m'avoir honoré et aidé, dans mon effort national, de son ardente adhésion, de sa généreuse amitié, de son immuable fidélité. Ce concours m'aura été sans prix. »

Que le général de Gaulle n'a-t-il dit cela à François Mauriac de son vivant ?

Avez-vous jamais parlé de la mort avec votre père ?

La mort a été présente, au-delà de toute expression, dans l'œuvre de François Mauriac, depuis les premiers vers des *Mains jointes* jusqu'aux bouleversantes lignes du *Bloc-Notes* dictées à maman cinq jours avant son départ pour l'hôpital Pasteur : « Croire à la vie éternelle, ça n'est pas forcément croire qu'il y a le moindre trait commun entre ce qui est réellement et les représentations que notre anthropomorphisme enfanta. » Ma sœur Claire, qui a été à ses côtés pendant tout le mois d'août, me le confirma : l'esprit de François Mauriac est demeuré tout à fait intact jusqu'à son irréversible entrée dans le coma. Comme celui d'André Malraux.

Mon père et moi n'avons, bien sûr, jamais parlé de la mort entre nous. Je dis « bien sûr », car nous n'avons jamais parlé de rien. De rien d'essentiel. Mais les questions que j'aurais pu lui poser au sujet de la mort auraient été inutiles, puisque je n'avais qu'à ouvrir ses *Mémoires* et *Nouveaux Mémoires intérieurs* pour trouver ses réponses.

Est-il mort chrétiennement ? Comment en douter ? Mais comment le savoir ? À quel moment sa pensée s'est-elle, une dernière fois, tournée vers le Christ dont il n'a cessé de parler, dont il a écrit la vie terrestre dans sa *Vie de Jésus* et, au fond, qu'il a aimé comme on peut aimer un être humain.

Pendant « ma longue vie » – selon l'expression de mon père –, qui n'aurai-je pas vu mourir ? Jamais pendant les comas ou les agonies auxquels j'assistai je n'ai senti un signe indiquant que les moribonds se tournaient vers Dieu et entraient dans la vie éternelle. Je vous le dis : jamais je n'ai eu autant la certitude du néant qu'en entendant tant de derniers soupirs.

Mon père avait la manie, un peu naïve à mes yeux, de toujours vouloir que ses amis meurent « chrétiennement » ou au moins se tournent, ne serait-ce qu'un instant, vers Dieu. Pour moi, les agnostiques mouraient tous dans leur agnosticisme, les athées dans leur athéisme. Et les autres – les chrétiens – dans le silence. Ainsi mon père voulut absolument que Gide, au moment de sa mort, ait eu au moins une pensée chrétienne. Il s'appuyait sur une citation du professeur Jean Delay qui, trois jours avant la mort de Gide, s'était trouvé quelques moments seul au chevet de son malade : « Son visage semblait douloureux. Je lui demandai s'il souffrait. Il murmura, mais distinctement : "C'est toujours la lutte entre ce qui est raisonnable et ce qui ne l'est pas." Que voulait-il dire ? Il était las, poursuit Jean Delay et de nouveau s'assoupit. Quand je revins vers la fin de l'après-midi, l'agonie avait commencé. » Là-dessus, mon père, en bon croyant, s'empara de cette citation et tenta un essai d'interprétation tendancieuse dans un article du *Figaro* du 27 novembre 1951 au titre prometteur : « Une parole de Gide mourant ». Quelle volée de bois vert il reçut de la part de Martin du Gard dans une dédicace de cinq pages à ses *Notes sur André Gide* : « Au sympathique et irritant François Mauriac [...] à qui tout prétexte est bon pour insinuer dans l'esprit de ses cinq cent mille lecteurs [ceux du *Figaro*] un doute, si inconsistant soit-il, sur l'exemplaire sérénité de cette fin. » La suite est pire : « Non, Mauriac, ne prenez pas tant de peine et n'illusionnez pas vos lecteurs... »

On a beaucoup écrit sur François Mauriac. Mais jamais sur « François Mauriac et la mort » (encore moins sur François Mauriac et la nature), alors qu'il n'a cessé d'en parler. Il m'a dit un jour : « La vieillesse ce n'est rien, c'est le grand âge qui est insupportable. » Le grand âge, il le voyait commencer vers les quatre-vingts ans. Moi qui suis au-delà, je peux vous dire que mon père avait raison !

Pendant l'été 1970, à quelques semaines de sa mort, Claire lui faisait faire le tour du parc de Vémars dans un fauteuil roulant, celui-là même qui avait servi à ma grand-mère maternelle. Quand un vieillard ne peut plus marcher, la fin n'est plus loin. Il lui a dit un jour : « Je sais que je vais mourir, mais on croit toujours que cette mort ne peut être dans l'instant... » Et il disait encore à Claire, sa seule confidente, la seule qu'il aimait vraiment avoir à ses côtés à la fin de sa vie : « Je vais mourir sans avoir le temps de me retourner. » Il est vrai qu'à la fin d'une vie les jours, les semaines, les mois défilent dans un insupportable vertige.

Je l'ai vérifié jadis, par exemple à chaque fin de semaine, quand j'allais à la campagne. J'ouvrais la porte de la grille à mon arrivée et il me semblait l'avoir fermée la veille, au moment de mon départ. La semaine avait passé comme un éclair. Aujourd'hui où je demeure calfeutré dans mon appartement parisien, seuls les changements de programme à la télévision et à la radio, les samedis et dimanches, pourraient m'indiquer le temps qui passe : je n'ai plus mes programmes habituels. Les sports envahissent tout dans les hurlements des supporters avinés. Pour le reste de la semaine, le temps n'existe plus parce que les jours, tous les jours sont exactement les mêmes...

Je reviens à François Mauriac parce que j'aime cette phrase de lui par-dessus tout : « Ainsi atteignons-nous la vieillesse comme un pauvre mouton qui a laissé de la laine à toutes les ronces du chemin. » Je l'atteins comme il l'a atteinte, après avoir perdu beaucoup de laine. Comme lui, je vis aujourd'hui avec un plaid sur les genoux, et souvent dans un « abîme d'épuisement ». Et comme lui, je porte maintenant « cette croix de la vieillesse, plus lourde à chaque pas que nous faisons ».

La mort ? J'y pense depuis l'enfance. Il ne s'agissait pas alors de ma mort, mais de celle de ma mère. Je l'aimais tant que la pensée de vivre sans elle ne me paraissait pas envisageable. Ce que je tente de vous dire est ceci : l'idée de la mort, on arrive à s'en accommoder tant mal que bien, tout au long de sa vie. Mais quand on devient très âgé, c'est une tout autre affaire. Quand on devient octogénaire, la réalité est là : nous n'avons plus d'avenir. Cette fois-ci, pas de littérature, pas d'échappatoire. On a beau croire, quand la mort arrive, comme le disait François Mauriac, qu'elle ne peut arriver « dans l'instant ». Mais on est sûr qu'elle doit arriver d'un jour à l'autre. « On tremble ainsi qu'à l'hiver le bouleau », pas à cause de la mort elle-même, bien sûr, mais de l'angoisse, de la tristesse de ne plus vivre : l'*Ave Verum* de Mozart continuera d'être joué, mais je ne l'entendrai plus. Plus jamais. Pas plus que je n'entendrai la voix de mes enfants. Ma détresse est grande à la pensée que Laurent et Isabelle continueront à vivre sans moi. Ils vivront et je ne serai plus là pour les voir vivre. Pensée si douloureuse, si insoutenable que j'aimerais presque qu'ils s'en aillent avec moi ! J'ai aimé ce titre d'un recueil de poèmes d'Alain Bosquet : *Demain sans moi*. Et aussi celui du dernier livre de souvenirs de Jean Guéhenno, débordant d'une insupportable nostalgie : *Dernières lumières, derniers plaisirs*.

Aujourd'hui, je vide mes tiroirs. Et, après avoir recueilli l'avis de mes enfants et de ma femme, je vais donner à la Fondation Charles-de-Gaulle mes archives concernant le Général, la Résistance, l'Occupation, Vichy et sa police, la Libération, le RPF, la Cinquième République. Les lettres reçues aussi de tant de gens connus.

Je fais table rase. J'ai trop souffert, à la mort de mes parents, de trouver tous les tiroirs de tous les meubles, à Paris, à Malagar, à Vémars, pleins à craquer. Dans les bureaux de mon père, sur ses tables de travail, c'était un inimaginable désordre de papiers où des manuscrits et un courrier vieux de plusieurs mois se mélangeaient aux papiers de banque, reçus et factures de toutes sortes. Je crois même avoir trouvé une lettre toute poussiéreuse de Pompidou sous son lit. Ma mère, elle, avait gardé toutes les fiches de paie de ses domestiques depuis la Première Guerre mondiale, tous les mots croisés – soigneusement découpés – que mon père avait faits au cours de sa vie, tous les faire-part de mariage et d'enterrement depuis un siècle, toutes les cartes de Noël soigneusement empaquetées par année. Le tri le plus difficile a été celui des lettres : que d'hésitations avant de choisir la corbeille ou de rutilants dossiers...

Le général de Gaulle, qui n'a pas atteint ses quatre-vingts ans, était tout à fait conscient, dans ses dernières années, que la fin de sa vie était toute proche. À soixante-trois ans, il écrivait déjà : « Désormais, tout ce qui se rapporte à moi s'organise en fonction de ma mort. » À partir du milieu des années soixante, il répétait souvent : « Pour le temps qui me reste à vivre... » J'ai retrouvé l'une de mes notes à ce sujet : « 6-10 juillet 1960 – Le toubib du Général, celui de l'Élysée, le docteur Flament, me dit combien le Général est hanté par la mort. Et cela depuis la mort de son frère [1]. De Gaulle sait qu'il va mourir bientôt... » Lors de la dernière année de sa vie, il ne cessait d'exprimer la crainte de n'avoir pas le temps de terminer ses *Mémoires d'espoir*. « Si Dieu me laisse le temps, si Dieu me prête vie... », répétait-il à sa femme et à ses enfants. Mais il savait que Dieu, dans sa cruauté et non dans l'« infinie bonté » que lui prêtent les chrétiens, ne lui laisserait pas le temps qu'il demandait.

Vivre avec sa fatigue, ses malaises, ses infirmités, suffit à occuper celui qui est entré dans le grand âge. Ma mort, cela veut dire surtout, pour moi, la mort des autres au cours de toute ma vie. Malraux, dans sa lettre à ma mère, au lendemain de la mort de François Mauriac, avait écrit : « La mort m'est trop familière pour ignorer que les paroles ne s'accordent pas à elle. » À la vérité, plus on vieillit, plus, toute réflexion faite, l'idée de la mort nous est au fond supportable. La mort est si proche qu'elle nous devient familière, comme le dit encore Malraux. Je ne souffre plus de la disparition presque quotidienne de tant d'amis. Je demeure froid, comme déjà glacé : moi, je suis encore là, mais j'y suis comme guettant le jour de l'exécution d'une sentence,

1. Pierre de Gaulle, en décembre 1959.

alerté par le moindre bruit. Et je me pose à mon tour la question que François Mauriac se posait : « Comment le reste du troupeau continue-t-il de s'ébattre alors que tant sont frappés chaque jour ? »

En novembre 1970, vous avez été le seul journaliste à pouvoir vous recueillir à La Boisserie devant le cercueil du général de Gaulle. Un honneur réservé à ses plus proches compagnons, dont vous faisiez partie, en somme, depuis la Libération...

Je suis allé à La Boisserie en compagnie de deux anciens chefs du service de presse de l'Élysée, Jean Chauveau et Gilbert Pérol et de l'adjoint de ce dernier, Thierry Kaeppelin, – tous trois de grands amis –, à la fin de la matinée du 12 novembre, jour de l'enterrement.

Je l'ai remarqué au cours de ma longue vie : c'est souvent dans les instants les plus dramatiques que l'on est le moins ému. Je me suis trouvé impassible, sans ciller, dans le salon, devant le cercueil du général de Gaulle recouvert du drapeau tricolore. Peut-être ne pouvais-je réaliser que le Général se trouvait là dans son uniforme, son visage aux yeux clos que la mort devait commencer à abîmer, un chapelet de nacre – celui-là même qui était dans sa chambre – glissé entre ses doigts longs et minces.

Le salon – la première pièce à droite dans l'entrée – était plongé dans l'obscurité, éclairé seulement par deux cierges. Sur une petite table, à côté du cercueil, un crucifix et une soucoupe d'eau bénite dans laquelle trempait une branche de buis. Au pied du cercueil, un gros livre, à la couverture en argent, contenant tous les noms des compagnons de la Libération. Je ne me souviens plus si j'ai béni le cercueil. Je ne me souviens plus qui de sa famille était là.

En quittant la dépouille, nous sommes entrés dans la bibliothèque. Rien n'avait été changé. Je regardais la table de jeu sur laquelle le Général faisait une réussite au moment de sa mort, il y avait seulement trois jours. Le matelas, à même le sol, sur lequel on avait étendu le Général, avait bien sûr été enlevé. Dans ce décor devenu tragique, je demeurai immobile. C'est très difficile de vous expliquer. Je regardais cette pièce où le Général venait de mourir comme un décor derrière une vitrine. Une sorte de glace me séparait de la réalité. Au fond, comme on dit, j'étais là et je n'y étais pas.

Cela changea du tout au tout quand je pénétrai dans le bureau du Général. J'ai regardé la table de travail bien ordonnée, les rayons de la bibliothèque, les objets familiers et, par la fenêtre, au-delà du jardin, le paysage de champs et de bois. Le cœur battant, muet, comme statufié, je contemplais le décor de ce simple cabinet de travail où le Général « passait la plupart des heures du jour », comme si je voulais m'en imprégner à jamais.

Avez-vous pu assister dans l'après-midi à la messe d'enterrement dans la petite église de Colombey ?

Oui. J'allais vous dire : oui, bien sûr. Mais, avant la messe, je me suis retrouvé avec tous les anciens collaborateurs du Général dans une petite maison donnant sur la place du village, où logeaient les officiers de sécurité et les gardes du corps. La télévision fut allumée. À Notre-Dame était célébrée la messe solennelle à sa mémoire. Nous regardions ces images, absolument stupéfaits. Sous nos yeux, en gros plan, le shah d'Iran, le négus d'Éthiopie, dans leurs uniformes, ployant sous les décorations, le président Nixon – qui, quelques semaines avant, avait qualifié de Gaulle de « géant de l'Histoire » –, Indira Ghandi, David Ben Gourion, des rois, des reines. Pas celle d'Angleterre, mais mieux : les anciens ministres Anthony Eden, toujours jeune, beau, charmeur, et le vieux Harold MacMillan, toujours courbé. « Ne pleurez pas, milord », lui avait dit le Général après une conférence à Rambouillet. Mais, fait absolument unique dans l'Histoire, à la croisée du transept, le mort n'était pas là. Il était à Colombey où, tous, nous allions le retrouver dans la plus petite et modeste église de village qui puisse être.

Je ne pense jamais aux obsèques du Général sans entendre le grondement de l'engin blindé transportant sa dépouille. Ce bruit sourd, ample, prolongé, tragique, m'emplit encore tout entier. Nous avions commencé à l'entendre dès qu'il eut franchi les grilles de La Boisserie. Il était si fort qu'il couvrait même le glas de l'église et, au loin, les croassements des corbeaux. À ce moment, nous étions tous à nos places dans l'église. Au-dehors, un tout petit détachement formé de saint-cyriens, gendarmes, fusiliers-marins, soldats des armées de terre et de l'air, présentait les armes. Pas de sonnerie, pas de musique, pas de clairon : ainsi l'avait voulu de Gaulle.

Le service d'ordre m'avait laissé entrer comme si c'était la chose la plus naturelle. Aucun ministre n'était là, selon la volonté du Général, sauf, bien entendu, ceux qui avaient été faits compagnons de la Libération. Pour les autres, je me souviens d'Edgar Faure, de Jean-Marcel Jeanneney et d'Alain Peyrefitte parlementant avec le service d'ordre, tentant malgré tout d'entrer dans l'église, et tous trois fermement repoussés. C'est rare de voir un ministre repoussé. J'en ressentais bizarrement une certaine satisfaction...

L'engin blindé avançait très lentement. Son sourd grondement emplissait maintenant l'église. Toute l'assistance était debout, comme figée, comme si les cœurs avaient cessé de battre. Jamais je n'avais « entendu » pareil silence. Jamais je n'avais entendu pareil grondement non plus. Soudain, les portes de l'église s'ouvrirent et le soleil inonda la nef. Ce n'était pas la dépouille du Général. C'était André Malraux, en retard, accompagné de Romain Gary, tous deux compagnons de la Libération.

Je ne prenais aucune note. Seul journaliste présent, je regardais la scène attentivement, malgré l'émotion, pour m'en souvenir toujours. Malraux entra, cheveux défaits, buste incliné, manteau noir ouvert, la démarche saccadée, les bras ballants ou mangeant sa main, l'air égaré. Romain Gary était à ses côtés, complètement boudiné dans l'uniforme bleu d'aviateur de la France libre qu'il portait au temps de la guerre. Comment avait-il pu y entrer, près de trente ans après ? Spectacle incroyable ! Malraux me dira, au lendemain de cet enterrement : « C'étaient les obsèques d'un chevalier. Il y avait seulement l'ordre, la famille, la paroisse. Mais il aurait fallu que la dépouille du Général ne soit pas dans un cercueil, mais déposée, comme celle d'un chevalier, sur des rondins de bois... »

Le général Fourquet, chef d'état-major général des armées, au premier rang des compagnons, se leva pour céder sa place à Malraux. C'est alors que les portes, qu'on avait à peine eu le temps de refermer, se rouvrirent. Le grondement du char s'était tu. Dans un éclatant soleil d'automne qui avait subitement éclairé l'église, le long et mince cercueil du général de Gaulle, porté sur les épaules de douze jeunes gens de Colombey – dont les profils de médaille se dessinaient sur les couleurs du drapeau –, pénétra lentement. Dans l'assistance figée, comme au garde-à-vous, personne n'osa tourner la tête.

À nos places, sur les vieux bancs de bois troués par les vers, nous avions trouvé une petite feuille bleue polycopiée, plus que modeste, pauvre à un point que personne n'aurait pu imaginer. Cette feuille, la voici : un dessin, comme un dessin d'enfant, représentant l'église de Colombey, une croix de Lorraine, un titre : « Messe d'enterrement du général Charles de Gaulle, Colombey-les-Deux-Églises, le jeudi 12 novembre 1970 ». Et aussi, un extrait du testament : « Je veux que mes obsèques aient lieu à Colombey-les-Deux-Églises... » Ce testament est à mes yeux une des plus belles pages que le Général ait écrites.

Ce document ravive ma mémoire. Rassurez-vous, je ne vais pas vous lire les prières en latin et en français de cette messe entre les messes : « Accorde-lui, Seigneur, le repos éternel. Et que brille sur lui la lumière sans déclin... », jusqu'au dernier cantique entonné par toute l'assistance au sortir de l'église et jusqu'au cimetière : « Dieu est amour, Dieu est lumière, Dieu notre père ! »

Comme l'avait voulu le Général, c'était l'enterrement le plus simple qui puisse être. J'allais dire le plus pauvre : pas de sermon, pas de fleurs, pas de couronnes, pas de textes sacrés anonnés par les enfants de la famille, pas de représentant officiel. Seulement une messe chantée par une chorale de la région, dans une église ni belle ni même laide, qui a conservé son décor de tous les jours : un grand Christ de plâtre blanc domine l'autel, entouré de deux drapeaux tricolores frangés d'or. La messe est concélébrée par l'abbé Jaugey, curé de la paroisse, le père blanc François de Gaulle, neveu du Général, et, hélas, par l'évêque de Langres. Que venait faire ici ce prélat de haut rang que Mme de Gaulle avait voulu, selon son fils, écarter, car il « avait engagé les catholiques à voter "non" au référendum » ? Le Général, dans ses dernières volontés, aurait dû rajouter : surtout pas d'évêque !

Une exception cependant à cette simplicité : de chaque côté du cercueil se tenaient au garde-à-vous, sabre au clair, quatre saint-cyriens – dont un Français africain. L'un d'eux, au moment où l'assistance entonna en latin le *Sanctus*, s'évanouit et tomba d'un coup de toute sa hauteur.

L'émotion était indicible quand, à la place de l'homélie, l'évêque de Langres demanda quelques instants de silence. Pendant ces interminables minutes, pas un souffle, pas un sanglot. Mais des larmes roulaient silencieusement sur bien des visages. Cette émotion demeura jusqu'à la fin de la messe, quand le prêtre se tourna une dernière fois vers l'assistance : « Seigneur, ordonne à tous les anges de venir à la rencontre de Charles de Gaulle et de le conduire au Ciel, sa vraie patrie. » Nous fûmes quelques-uns à penser : Le Ciel, peut-être. Mais le Général n'eut, vivant et mort, qu'une seule patrie : la France.

Après la messe, je dus écrire et téléphoner mon papier. Il fallait faire très vite. C'est un de mes camarades qui « couvrit » – pour employer notre jargon – la cérémonie au cimetière. Je ne fus pas déçu de la « manquer », en réalité, ne souhaitant pas, par pudeur, être témoin de la douleur muette de Mme de Gaulle et de ses enfants.

La mort du Général marquait pour moi la fin d'une longue aventure vécue à ses côtés pendant vingt-six ans. Et à cet instant-là me revenait en mémoire une prière qu'il avait prononcée au cours d'un discours, pendant la guerre : « À la France, à Notre-Dame de France... Nous n'avons rien à lui demander, excepté, peut-être, que, le jour de la Liberté, elle veuille bien nous ouvrir maternellement ses bras pour que nous y pleurions de joie, et qu'au jour où la mort sera venue nous saisir elle nous ensevelisse doucement dans sa bonne et sainte terre. »

Index

L'éditeur remercie Jacqueline Cieutat.

Table des matières

Photocomposition Nord Compo
Villeneuve-d'Ascq

« Pour l'éditeur, le principe est d'utiliser des papiers composés de fibres naturelles, renouvelables, recyclables et fabriquées à partir de bois issus de forêts qui adoptent un système d'aménagement durable.

En outre, l'éditeur attend de ses fournisseurs de papier qu'ils s'inscrivent dans une démarche de certification environnementale reconnue. »

Impression réalisée sur CAMERON par
BRODARD ET TAUPIN
La Flèche

pour le compte des Éditions Fayard
en janvier 2008

Dépôt légal : janvier 2008
N° d'édition : 95855 – N° d'impression : 45132
Imprimé en France
35-18-3441-9/01